Xpert.press

Springer-Verlag Berlin Heidelberg GmbH

Gerhard Versteegen (Hrsg.)

Andreas Esslinger, Katja Häußer
und Grace Pampus

Marketing
in der IT-Branche

Springer

Herausgeber
Gerhard Versteegen
High Level Marketing Consulting
Säntisstr. 27
81825 München

Mit 34 Abbildungen

Bibliografische Information Der Deutschen Bibliothek
Die Deutsche Bibliothek verzeichnet diese Publikation in der Deutschen
Nationalbibliografie; detaillierte bibliografische Daten sind im Internet über
<http://dnb.ddb.de> abrufbar.

ISSN 1439-5428

ISBN 978-3-642-62420-9   ISBN 978-3-642-55493-3 (eBook)
DOI 10.1007/978-3-642-55493-3

http://www.springer.de

© Springer-Verlag Berlin Heidelberg 2003
Ursprünglich erschienen bei Springer-Verlag Berlin Heidelberg New York 2003
Softcover reprint of the hardcover 1st edition 2003
Die Wiedergabe von Gebrauchsnamen, Handelsnamen, Warenbezeichnungen usw. in
diesem Werk berechtigt auch ohne besondere Kennzeichnung nicht zu der Annahme,
daß solche Namen im Sinne der Warenzeichen- und Markenschutz-Gesetzgebung als
frei zu betrachten wären und daher von jedermann benutzt werden dürften.

Umschlaggestaltung: KünkelLopka Werbeagentur, Heidelberg
Satz: Word-Daten vom Autor, Belichtung: perform, Heidelberg
Gedruckt auf säurefreiem Papier   33/3142SR – 5 4 3 2 1 0

Vorwort

Ziele dieses Buches

Dieses Buch ist ein umfassender Leitfaden für Praktiker, die in der IT-Branche ein professionelles Marketing aufbauen wollen. Es wird dargestellt, welche unterschiedlichen Marketingstrategien mit welchen Marketinginstrumenten wie umgesetzt werden können. Der Schwerpunkt liegt dabei auf der IT-Branche – also einer jungen Branche, in der das Marketing noch in der Anfangsphase ist, wo man also einiges noch ausprobieren kann (allerdings auch sehr viel falsch machen kann).

Der Leser des Buches soll – sofern Marketing zu seinem Aufgabenbereich oder Verantwortungsbereich gehört – dazu angeregt werden, einige seiner bisher verfolgten Strategien zu überdenken oder auch stärker zu verfolgen. Ferner sollen ihm Alternativen aufgezeigt werden, wie mit weniger Budget höhere Effekte erzielt werden können.

Zusätzlich werden einige Analyseinstrumente besprochen, mit denen die einzuschlagende Marketingstrategie festgelegt werden kann und auch der Erfolg des Marketings messbar wird.

Wer dieses Buch lesen sollte

Dieses Buch soll auf der einen Seite allen Lesern, die im Marketingumfeld der IT-Branche tätig sind, eine Hilfestellung geben. Auf der anderen Seite sind auch diejenigen Leser angesprochen, die im Vertrieb tätig sind, da ein enger Zusammenhang zwischen Marketing und Vertrieb besteht. Als letzte Zielgruppe werden natürlich auch diejenigen Leser angesprochen, die als Geschäftsführer eines Unternehmens dafür verantwortlich sind, entweder eine Marketingposition zu besetzen oder eine Agentur zu beauftragen.

Inhalte dieses Buches

Das vorliegende Buch gliedert sich in die folgenden Teilbereiche:

- Kapitel 1 gibt einen Überblick über die gängigsten Begriffe im Marketing.
- Kapitel 2 ist der Schwerpunkt dieses Buches. Hier werden die drei Marketingstrategien Leadsgenerierung, Awareness Marketing und Guerilla-Marketing besprochen. Ferner werden mit den Adaptionskurven, dem Boston-Portfolio und dem HLMC-Portfolio drei wichtige Analyseinstrumente vorgestellt.
- Kapitel 3 bespricht das Thema Corporate Design und Kommunikation.
- Kapitel 4 geht auf die unterschiedlichen Möglichkeiten der Aufhängung des Marketings innerhalb eines Unternehmens ein. Besonders in der IT-Branche sind hier immer wieder unterschiedliche Ansätze festzustellen. Ein weiterer Schwerpunkt dieses Kapitels ist das Thema Telemarketing sowie Personalführung im Bereich Marketing.
- Kapitel 5 beschäftigt sich mit einem der wichtigsten Aufgabengebiete des Marketings – der Pressearbeit. Vorgestellt werden die wichtigsten Elemente, die einem Unternehmen hier zur Verfügung stehen.
- Kapitel 6 beleuchtet die Zusammenarbeit des Marketings mit externen Agenturen. In Zeiten, wo besonders im Marketing häufig an Personal eingespart wird, erhalten externe Agenturen einen immer höheren Stellenwert.
- Kapitel 7 betrachtet ein weiteres wichtiges Aufgabengebiet im Marketing, das Eventmarketing. Events sind eins der wichtigsten Mittel zur Leadsgenerierung.
- Kapitel 8 geht auf das Partnermanagement ein, das heutzutage ebenfalls dem Marketing zugeordnet wird und von immer größerer Bedeutung wird. Dabei werden auch die Gefahren des Partnermanagements angesprochen.
- Kapitel 9 behandelt ein sehr kritisches Gebiet im Marketing – die Erstellung des Marketingbudgets. In Krisenzeiten ist das Marketingbudget immer wieder ein Kostenfaktor, an dem als aller Erstes gespart wird.
- Im Anhang werden die wichtigsten Magazine, die sich derzeit in der IT-Branche befinden, aufgelistet. Ferner werden die wichtigsten Instrumente, die innerhalb des Marketings zur Verfügung stehen, zusammengefasst.

Danksagungen

In erster Linie danken wir natürlich allen, die dieses Buch gekauft haben. Des Weiteren danken wir natürlich auch allen, die dazu beigetragen haben, dass wir die in diesem Buch festgehaltenen Erfahrungen sammeln konnten, insbesondere sind hier die Unternehmen Interactive Objects, Rational Software (mittlerweile von IBM gekauft) und Telelogic AB zu nennen.

Inhaltsverzeichnis

1 Einführung in das Marketing

Gerhard Versteegen

1.1
Grundlagen zum Marketing in der IT-Branche

Marketing bedeutet etwas umgangssprachlich formuliert: das Bekanntmachen eines Produktes oder einer Dienstleistung auf dem Markt – also die Vermarktung eines Produktes oder einer Dienstleistung. Nun sind aber alle Märkte durchgängig unterschiedlich – dementsprechend unterschiedlich sind auch die anzuwendenden Marketingstrategien.

In diesem Buch konzentrieren wir uns auf die zuletzt so sehr gebeutelte IT-Branche und stellen dar, welche Marketingstrategien hier verfolgt werden und mit welchen Marketinginstrumenten sie umgesetzt werden.

Schwerpunkt IT-Branche

Ein wichtiger Punkt jedoch schon vorweg – Marketing ist nur dann erfolgreich, wenn eine enge Zusammenarbeit mit dem Vertrieb existiert. Beide Organisationseinheiten müssen Hand in Hand arbeiten und es darf keinerlei hierarchische Abhängigkeit zwischen Marketing und Vertrieb herrschen. Der Hintergrund wird in Kapitel 4 näher erläutert.

Wir werden in diesem Buch auch auf eine der erfolgreichsten Vertriebsstrategien – das so genannte SPIN Selling – eingehen, da hier ein direkter Zusammenhang mit dem Marketing aufgezeigt wird.

SPIN Selling

Das vorliegende Buch behandelt sowohl das Produktmarketing als auch die erfolgreiche Vermarktung von Dienstleistungen, es existieren zwar zum Teil erhebliche Unterschiede doch auch viele Gemeinsamkeiten zwischen diesen beiden Marketingansätzen.

Nach einer notwendigen Begriffsklärung, in der auf die wesentlichen Fachbegriffe sowohl aus dem Marketing als auch aus dem Vertrieb eingegangen wird, werden wir kurz auf die Unterschiede im Produkt- und Dienstleistungsgeschäft bzw. ihre Auswirkungen auf das Marketing zu sprechen kommen.

1.2
Begriffsklärungen

1.2.1
Allgemeines

Im Laufe dieses Buches werden einige Begriffe verwendet, die im Marketing innerhalb der IT-Branche gängig sind. Die meisten stammen – wie auch nahezu alle Innovationen innerhalb der IT-Branche – aus dem amerikanischen Sprachgebrauch. An dieser Stelle werden die wichtigsten Begriffe eingeführt, auf Spezialbegriffe wird im jeweiligen Kapitel dann eingegangen. Die wichtigsten Begriffe sind im Einzelnen:

Die wichtigsten Begriffe im Marketing

- Marketingplan
- Lead
- Salescycle
- Clipping
- Case Studies
- Success Stories
- Corporate Design
- Mediadaten
- Marketingmix

1.2.2
Marketingplan

Der Marketingplan eines Unternehmens beschreibt im Wesentlichen die Vision eines Unternehmens. Der Marketingplan setzt sich dabei aus den folgenden sieben zentralen Elementen zusammen [Levi2000]:

Sieben zentrale Elemente

- Welchen Nutzen hat der Kunde durch den Einsatz des Produktes oder die Inanspruchnahme der Dienstleistung?
- Positionierung des Unternehmens auf dem Markt
- Die Zielgruppen, die mit dem Produkt oder Dienstleistung angesprochen werden sollen.

- Die Werbestrategie, mit der die Zielgruppen angesprochen werden sollen.

- Das Marketingbudget, das jährlich bereitgestellt wird, um die Werbestrategie umzusetzen.

- Die einzelnen Instrumente des Marketings, die zum Einsatz kommen werden.

- Ein Zeitplan, wann welches Marketinginstrument zu Einsatz kommen soll.

Interessanterweise ist festzustellen, dass eine Vielzahl von Unternehmen in der IT-Branche auf die Erstellung eines solchen Marketingplans verzichten. Die Begründung liegt meist in dem ständigen Wandel, dem diese noch junge Branche unterliegt.

Marketingplan wird nicht häufig genutzt

1.2.3
Lead

Unter einem Lead versteht man einen Kontakt zu einem potentiellen Kunden. Leads sind in der Regel auch eine Messgröße für den Erfolg eines Events. Häufig wird der Erfolg von Marketingmanagern bzw. Marketingabteilungen anhand der Anzahl der in einem Jahr abgeschlossenen Leads gemessen.

Erfolgsmessung über Leads

Bis hierhin ist der Begriff des Leads noch unumstritten, doch sobald man ins Detail geht, sieht das schon wieder anders aus. So sind die folgenden Unterschiede[1] festzustellen, die sich in erster Linie dadurch differenzieren, dass der Begriff des Leads immer enger gefasst wird:

- Die meisten Firmen zählen bei einem Messeauftritt jeden Standbesucher als Lead.

Unterschiedliche Auffassungen

- Manche Firmen sprechen nur von einem Lead, wenn es sich um einen echten Neukontakt handelt. Kommt ein bestehender Kunde auf den Messestand, so wird er nicht zu den Leads hinzugezählt. Es werden ausschließlich Neukontakte als Lead gewertet.

- Einige wenige Firmen sprechen bei einem Messebesucher noch nicht von einem Lead, sondern erst von einem Point of Contact (PoC) oder Point of Interest (PoI). Erst wenn dieser Point of Contact qualifiziert wurde und sich herausstellt, dass er echtes

---

[1] Der Einfachheit halber wird bei dieser Aufzählung als durchgängiges Beispiel ein Messeauftritt benutzt.

Interesse[2] an dem Produkt oder der Dienstleistung des Ausstellers hat, wird er zu einem Lead.

Unterschiedliche Messweisen Aber auch auf einer anderen Ebene werden Leads unterschiedlich behandelt. Bleiben wird bei dem Beispiel Messe. Angenommen es kommen von einem Kunden drei Mitarbeiter an den Stand eines Software-Werkzeugherstellers, der mehrere Produkte anbietet. Wie soll das nun gezählt werden? Was wenn sich die Standbesucher nicht nur für ein Produkt, sondern für mehrere interessieren? Eine mögliche Antwort lautet: Je Produkt und Besucher wird ein Lead erstellt – angenommen der Hersteller bietet 5 Produkte an und alle Produkte werden von den drei Besuchern angesehen, so sind dies insgesamt 15 Leads.

Realistische Begründung Das mag auf den ersten Blick unsinnig klingen, doch es lässt sich realistisch begründen: Angenommen jeder der drei Mitarbeiter ist in einem anderen Projekt tätig, dann kann der Hersteller im Extremfall alle fünf Produkte in alle drei Projekte verkaufen.[3]

Im Consultinggeschäft sähe das schon anders aus, hier würde man maximal von 3 Leads sprechen (sofern es sich um 3 Projekte handelt).

Entwicklung innerhalb des Salesprozesses [RaVin1999] ist eine gute Übersicht zu entnehmen, wie sich ein Salesprozess, angefangen von der Produktentwicklung bzw. Weiterentwicklung bis hin zur Unterstützung des Kunden, entwickelt und inwieweit Marketing hier involviert ist. Zu unterscheiden sind hierbei die folgenden Prozesse und Zuständigkeiten, siehe auch Abbildung 1:

- Produktmarketing – zuständig für die Anforderungssammlung zur Weiterentwicklung des Produktes

- Marketing – zuständig für die Ermittlung des Marktbedarfs

- Telemarketing – zuständig für die Generierung des Leads

- Sales – zuständig für die Weiterentwicklung des Leads bis hin zum Abschluss des Geschäftes

- Technischer Support – zuständig für die Anpassung des Produktes an die Kundenumgebung

---

[2] Aber auch der Begriff des „echten Interesses" ist noch eingrenzbar, hierauf wird in Kapitel 4 näher eingegangen. Eine typische Kenngröße ist meist der konkrete Bedarf des Kunden, also wann kommt es zum Abschluss des Geschäftes.

[3] Die meisten Geschäfte im Bereich des Toolverkaufs werden nicht unternehmensorientiert, sondern projektorientiert vorgenommen. Nur in den seltensten Fällen werden heutzutage noch Unternehmenslizenzen angeschafft.

Produktmarketing — Anforderungsermittlung zur Produktweiterentwicklung

Marketing — Ermittlung des Marktbedarfs

Telesales — Leadsgenerierung

Sales — Weiterentwicklung des Leads bis zum Abschluss

Support — Anpassung des Produktes an die Kundenumgebung

Abbildung 1:
Der Prozess von der Produktentwicklung bis hin zur Anpassung des Produktes an die Kundenumgebung

Mehr zum Thema Leads und Leadsgenerierung ist dem weiteren Verlauf dieses Buches zu entnehmen.

1.2.4
Salescycle

1.2.4.1
Einführung in die Thematik

Unter einem Salescycle versteht man die Dauer des Vertriebsprozesses, angefangen von der ersten Kontaktaufnahme bis hin zur endgültigen Vergabe des Auftrages bzw. zur Buchung des Auftrages.

Die Dauer des Vertriebsprozesses

Die Dauer des Salescycles hängt von unterschiedlichen Einflussfaktoren ab, die im folgenden kurz besprochen werden sollen. Dabei sind im Wesentlichen zwei Gruppen zu unterscheiden:

Zwei unterschiedliche Gruppen

- Harte Einflussfaktoren, also Einflussfaktoren, die vom zu verkaufenden Produkt oder der verkaufenden Dienstleistung abhängen oder auch vom Kunden bzw. der Situation beim Kunden.

- Weiche Einflussfaktoren, die in erster Linie als persönliche Stärke innerhalb des Marketings oder des Vertriebs zu finden sind.

1.2.4.2
Harte Einflussfaktoren auf den Salescycle

Der wichtigste Punkt ist die aktuelle Problemsituation beim Kunden. Steht zum Beispiel der Kunde kurz vor Abschluss eines Projektes und läuft dann beim Testen der Software in Engpässe, so ist der Salescycle für ein Consultingunternehmen, das hier entsprechende Dienstleistungen anbieten kann, nur wenige Tage. Überlegt hingegen ein Kunde eine mittelfristige Umstellung seines Rechenzentrums, beläuft sich der Salescycle auf etliche Monate bis hin zu Jahren.

Erklärungsbedürftigkeit eines Produktes oder einer Dienstleistung

Ein ebenfalls sehr wichtiger Aspekt ist die „Erklärungsbedürftigkeit" eines Produktes oder einer Dienstleistung. Muss der Kunde erst über einen längeren Zeitraum sich während einer Evaluierungsphase in den Funktionsumfang des Produktes einarbeiten und anschließend diesen noch mit dem Funktionsumfang konkurrierender Produkte vergleichen, so ist mit einem sich über einige Monate hinziehenden Salescycle zu rechnen. Ist jedoch das Produkt leicht verständlich, wie zum Beispiel ein Virenschutzprogramm, so ist der Salescycle erheblich kürzer.

Neukunde oder Bestandskunde

Ebenfalls von Bedeutung ist, ob es sich um einen Neukunden oder einen Bestandskunden handelt. Hat der Kunde zum Beispiel bereits ein CASE-Tool (Computer Aided Software Engineering) im Einsatz, will jedoch im weiteren Verlauf des Projektes noch zusätzliche Entwickler einbinden, so beträgt der Salescycle für die weiteren Lizenzen nur wenige Tage. Gleiches gilt für ein Consultingunternehmen, das bereits in einem Projekt erfolgreich seine Dienstleistungen umgesetzt hat, wenn in einem Folgeprojekt beim gleichen Kunden wieder der Bedarf nach externen Dienstleistungen entsteht. Bei einem Neukunden hingegen wäre der Salescycle erheblich länger.

Flexibilität des Lieferanten bei der Vertragsgestaltung

Die Flexibilität des Lieferanten bei der Vertragsgestaltung kann sich ebenfalls auf den Salescycle auswirken. Ist man zum Beispiel bereit, die Vertragsbedingungen (Einkaufsbedingungen) des Kunden zu akzeptieren, so kann hier wertvolle Zeit gewonnen werden. Besteht man jedoch auf den eigenen Vertragsbedingungen, so können langwierige Vertragsverhandlungen mit dem Einkauf des Kunden sich negativ auf den Salescycle auswirken.

1.2.4.3
Weiche Einflussfaktoren auf den Salescycle

Zu den weichen Einflussfaktoren gehören in erster Linie persönliche Schwächen und Stärken des Vertriebs. So ist es – besonders in Krisenzeiten – unerlässlich, dass die Vertriebsmannschaft nicht nur aus Kostengründen straff organisiert ist, sondern auch hervorragend ausgebildet und ständig weitertrainiert wird.

So gehört es zu den wichtigsten Grundvoraussetzungen, dass Vertriebsmitarbeiter in der Lage sind, sich mit den richtigen Personen (Entscheidungsträgern) beim Kunden in Verbindung zu setzen und entsprechende Fragen hartnäckig zu stellen:

- Ist das Budget für das Projekt bzw. die Produkteinführung bereits freigegeben? *Wichtige Fragen*
- Wird das Projekt zum geplanten Zeitpunkt durchgeführt?
- Welche Wettbewerber sind noch in der Angebotsphase involviert?
- Welche Informationen fehlen noch?
- Was kann noch dazwischen kommen (genauer gesagt: Wer kann noch das Projekt bzw. die Produkteinführung verhindern)?
- usw.

Ein weiterer wichtiger Aspekt ist der Ruf, den das Unternehmen auf den Markt hat. Gilt der Lieferant als arrogant und überheblich, so wird es für den Vertriebsmitarbeiter schwierig. Kommt dann noch hinzu, dass die Chemie zwischen den beiden Verhandlungspartnern nicht stimmt, wird es nahezu unmöglich, hier zu einem zügigen Abschluss zu kommen.

1.2.4.4
Fazit

Viele Faktoren bestimmen derzeit die Länge des Salescycles, sowohl die harten als auch die weichen Einflussfaktoren können erhebliche Auswirkungen haben. Abbildung 2 fasst noch mal die unterschiedlichen Einflussfaktoren auf den Salescycle zusammen.

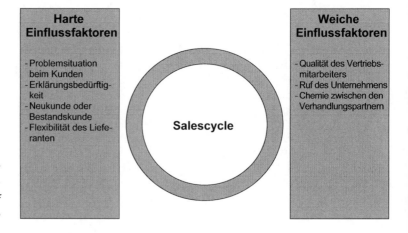

Harte Einflussfaktoren	Weiche Einflussfaktoren
- Problemsituation beim Kunden - Erklärungsbedürftigkeit - Neukunde oder Bestandskunde - Flexibilität des Lieferanten	- Qualität des Vertriebsmitarbeiters - Ruf des Unternehmens - Chemie zwischen den Verhandlungspartnern

Abbildung 2:
Die unterschiedlichen
Einflussfaktoren auf
den Salescycle

1.2.5
Clipping

Ein zentraler Bestandteil innerhalb des Marketings ist die Pressearbeit, diese wird in Kapitel 5 ausführlich beschrieben. Das Ergebnis der Pressearbeit sind veröffentlichte

Unterschiedliche
Ergebnisse der Presse-
arbeit

- Fachartikel,

- Produkttests,

- Produktmeldungen,

- Personalmeldungen,

- Interviews,

- Case Studies (siehe Kapitel 1.2.6),

- Success Stories (siehe Kapitel 1.2.7)

- usw.

Clipping Hier hat sich der Begriff des Clippings eingebürgert, also jedes Mal wenn in einer Zeitschrift (neuerdings auch im Web) das Unternehmen oder ein Produkt des Unternehmens genannt wird, spricht man von einem Clipping. Hier gibt es mittlerweile professionelle Clippingagenturen, die sich darauf spezialisiert haben, nach bestimmten Suchbegriffen zu suchen. Auf die Auswertung solcher Clippinglisten wird im Kapitel 5 im Rahmen der Pressearbeit genauer eingegangen.

1.2.6
Case Studies

Case Studies sind ein zentrales Element des Marketings – sie beschreiben anhand eines konkreten Kunden, wie zum Beispiel die Auswahl eines bestimmten Werkzeuges stattgefunden hat und warum sich der Kunde für den Lieferanten entschieden hat. Der Vorteil von Case Studies ist wie folgt:

- Der Lieferant kann einem Interessenten, der unter ähnlichen Bedingungen ein Produkt auswählt, aufzeigen, warum sein Produkt hier „das beste[4]" ist.

- Sind in der Case Study Kenngrößen zu Wettbewerbsprodukten enthalten, kann sich der Wettbewerber diesen gegenüber „auf neutrale" Art abheben.

Vorteil von Case Studies

Auf die Inhalte von Case Studies sowie die Erstellung wird im Kapitel 5 näher eingegangen, da Case Studies ein ideales Hilfsmittel für die Pressearbeit sind.

1.2.7
Success Stories

Success Stories sind vom Stellenwert noch höher anzusiedeln, als dies bei Case Studies der Fall ist, da hier nicht nur die Auswahl des Werkzeuges betrachtet wird, sondern auch über den erfolgreichen Einsatz des Produktes berichtet wird. Im Idealfall ist eine Success Story immer mit einer Return-on-Investment-Rechnung versehen. Success Stories dienen häufig als Vorlage für Anwenderberichte in einschlägigen Computerzeitschriften.

Hoher Stellenwert

1.2.8
Corporate Design

Unter Corporate Design wird ein einheitlicher Auftritt auf dem Markt verstanden. Besonders bei international operierenden Unternehmen ist ein Corporate Design von Bedeutung. Derartige Unternehmen verfügen meist über ein umfangreiches CI-Handbuch, das in jeder Niederlassung verfügbar ist. Kapitel 3 geht aus-

Einheitlicher Auftritt auf dem Markt

---

[4] Oder zumindest aus Sicht des Kunden, der die Case Study geschrieben hat, das beste ist.

führlich auf diese Thematik ein, insbesondere auch auf die Problematik amerikanischer Designvorgaben[5].

1.2.9
Mediadaten

Anzeigenpreise und Anzeigenformate

Mediadaten werden von Verlagen für ihre Magazine herausgegeben. Sie enthalten Angaben über Anzeigenpreise und mögliche Anzeigenformate. Einige Mediadaten geben auch Auskunft über die geplanten redaktionellen Inhalte. Die Mediadaten erscheinen meist gegen Ende des Jahres, einige wenige Magazine veröffentlichen regelmäßig so genannte Themenvorschaus.

1.2.10
Marketingmix

Aufeinander abgestimmte Mischung unterschiedlicher Marketingaktivitäten

Unter einem Marketingmix wird die aufeinander abgestimmte Mischung unterschiedlicher Marketingaktivitäten (also der aufeinander abgestimmte Einsatz harmonisierender Marketinginstrumente) verstanden. So bringt es zum Beispiel nicht viel, wenn ein Unternehmen ausschließlich über Messen auf dem Markt präsent ist, ansonsten jedoch keinerlei andere Marketingaktivitäten durchführt.

1.3
Unterschiede im Produkt- und Dienstleistungsgeschäft aus Sicht des Marketings

1.3.1
Die zwei wichtigsten Unterschiede

Bereits eingangs wurde erwähnt, das zum Teil gravierende Unterschiede zwischen dem Produkt- und Dienstleistungsgeschäft existieren, die zum Teil auch Einfluss auf das Marketing haben. Die beiden wichtigsten Unterschiede aus Sicht dieses Buches sind wie folgt:

Unterschiedlicher Geldfluss

- Nach Abschluss eines Vertrages findet im Produktgeschäft der Geldfluss meist unmittelbar danach statt. Hingegen muss im Dienstleistungsgeschäft die zu bezahlende Leistung erst erbracht

---

[5] Böse Zungen behaupten, dass amerikanische Unternehmen ihre Flyer genauso grell gestalten, wie sich ihre Frauen anmalen.

werden. Der Geldfluss findet erst nach Projektabschluss (oder nach Abschluss im Vorfeld vereinbarter Meilensteine) statt. Allenfalls eine prozentuale Anzahlung kann hier erzielt werden. Damit steigt natürlich auch das Risiko, da bei einem möglichen Scheitern des Projektes überhaupt kein Zahlungsfluss erfolgt. Im Produktgeschäft steht dann die Software im Schrank und wurde auf den Arbeitsplätzen durch eine andere – bessere – Software ersetzt, ein Regressanspruch besteht nur in den seltensten Fällen.[6]

- Wenn ein Vertriebsmitarbeiter zwei Quartale keine Lizenzen verkauft, dann aber im dritten Quartal eine Unternehmenslizenz, die den 3fachen Umsatz des Quartalsziels erwirtschaftet, dann hat er die zwei Quartale zuvor wieder kompensiert[7]. Wenn hingegen ein Consultant ein halbes Jahr nicht produktiv zum Einsatz gebracht werden kann, lässt sich das ohne weiteres nicht mehr kompensieren.

Kompensation nur schwer möglich

Natürlich gibt es noch hunderte von anderen Unterschieden, aber das würde in diesem Buch zu weit führen, diese im Einzelnen darzustellen. Nach einem kurzen Blick auf die Gemeinsamkeiten soll im Folgenden darauf eingegangen werden, welche Auswirkungen diese Unterschiede auf das Marketing haben.

1.3.2
Gemeinsamkeiten

Natürlich existieren auch Gemeinsamkeiten – so bietet jeder Produkthersteller in einem gewissen Maße auch Dienstleistungen[8] an. Diese beschränken sich meist jedoch auf die folgenden beiden Schwerpunkte:

---

[6] Wenn zum Beispiel im Vertrag festgelegt wurde, dass das nächste Release gewisse Funktionalitäten enthalten muss, die derart essentiell sind, dass bei Nichtvorhandensein dem Kunden ein Rücktrittsrecht vom Kaufvertrag zugesichert wird. Allerdings werden solche Verträge nur sehr selten geschlossen, da börsenorientierte Produkthersteller hier Schwierigkeiten bekommen, solche Aufträge zu buchen.

[7] Es stellt sich jedoch die berechtigte Frage, ob ein Vertriebsmitarbeiter es überhaupt überlebt, wenn er zwei Quartale hintereinander keinen Umsatz tätigt. In der heutigen Zeit wird er da ziemlich schnell wieder dem Arbeitsmarkt zugeführt.

[8] Manche Hersteller haben jedoch selbst diese elementaren Dienstleistungen outgesourct, um die dafür notwendigen Ressourcen – sowohl personell als auch hinsichtlich der Ausstattung wie Schulungsräume, Hardware etc. – nicht vorhalten zu müssen.

- Trainings: Hier sind sowohl Methoden- als auch Tooltrainings im Angebot.

- Produkteinführungen: Hierunter ist nicht nur die Installation des Produktes zu verstehen, sondern auch eine spezifische Anpassung des Produktes an die Umgebung des Kunden (sofern notwendig, wie zum Beispiel bei SAP).

Die meisten Produkthersteller beschränken die Dienstleistung am Stück auf wenige Wochen bei ein und demselben Kunden. Wünscht dieser eine längere und intensivere Beratung, so wird oft auf Partner zurückgegriffen. Mehr dazu ist dem Kapitel 8 zu entnehmen.

Das Marketing für diese Dienstleistungen wird jedoch meist sehr stiefmütterlich betrieben, da es nicht das Kerngeschäft des Unternehmens darstellt – allenfalls eine Schulungsbroschüre und vereinzelte Anzeigen im Seminarteil von einschlägigen IT-Magazinen deuten darauf hin, dass ein wenig Marketing betrieben wird.

Bei Dienstleistungsunternehmen sieht dies natürlich anders aus, da es sich beim Consulting um das Kerngeschäft handelt, wird hier dementsprechend auch im Marketing der Schwerpunkt gesetzt. Wenn – was durchaus öfters vorkommt – innerhalb der Projektarbeit ein Produkt entsteht, das auch für andere Unternehmen von Interesse sein kann, so steht nun der Dienstleister vor dem Problem, ob er nun ein Produktmarketing aufbauen soll oder nicht. Meist wird aus den folgenden Gründen auf ein Produktmarketing verzichtet:

- Das Produkt muss, wenn es denn als Produkt auch vermarktet wird, entsprechend gepflegt, gewartet und weiterentwickelt werden.[9]

- Die Kosten eines Produktmarketings und der oben angesprochenen Produktpflege übersteigen einen möglichen Erlös des Produktes.

- Das Produkt ist zu sehr kundenspezifisch, so dass es nicht ohne erheblichen Aufwand allgemein gültig gestaltet werden kann.

1.3.3
Auswirkungen der Unterschiede

Entscheidend ist der oben aufgeführte Sachverhalt des Risikos, denn dieses Risiko entsteht in jedem Projekt bei jedem Kunden neu. Doch geht nicht nur der Dienstleister ein Risiko ein, selbstverständlich ist ein Scheitern des Projektes auch für den Kunden ka-

---

[9] Siehe auch Produkthaftungsgesetz!

tastrophal. Daher zielen die wichtigsten Marketingstrategien im Dienstleistungsbereich auf den Aufbau von Vertrauen zum Lieferanten. Im Vertriebsprozess bedeutet dies, dass in der Regel die Consultants, die beim Kunden vor Ort sind, dafür verantwortlich sind, dass ein Folgegeschäft generiert wird. Hat man einmal unter Beweis gestellt, dass ein Projekt erfolgreich abgewickelt wurde, ist die Vertrauensstellung beim Kunden sichergestellt. Dies muss (je nach Größe des Kunden) dann intern kommuniziert werden.[10]

Im Vergleich zu Produkthäusern ist das Marketing von Dienstleistungsunternehmen sehr personenbezogen[11] – dies fängt an bei der Auswahl der Anzeigenmotive und geht bis zur Pressearbeit.

Personenbezogenes Marketing

Bei einem Produkthaus sieht dies wiederum anders aus, insbesondere wenn dieses nicht über eine sich ergänzende Produktpalette verfügt (Möglichkeit zum Cross Selling), sondern nur über ein einzelnes Produkt. Hier muss man ständig auf der Suche nach Neukunden sein.

Für das Marketing bedeutet dies, dass ständig neue Kontakte generiert werden müssen (siehe auch Kapitel 2.2). Dabei gilt es unbedingt zu vermeiden, dass das Unternehmen den Ruf „Take the money and go" bekommt. Dieser Ruf entsteht sehr schnell, wenn sich ein Unternehmen direkt nach Vertragsabschluss beim Kunden nicht mehr sehen lässt.

Leadsgenerierung

Die Ausrichtung des Marketings von Produkthäusern geht immer häufiger in die Herausstellung des RoI (Return on Investment). Der Hintergrund dafür ist einleuchtend – immer mehr Unternehmen scheuen in der heutigen Zeit die Investition in neue Produkte. Ist jedoch innerhalb kürzester Zeit ein RoI zu verzeichnen, kann man eventuell noch den Kunden überzeugen.

Return on Investment

Generell ist auf dem Markt festzustellen, dass Dienstleistungsanbieter wesentlich kleinere Marketingabteilungen haben, als dies bei Produkthäusern der Fall ist. Auch die Position in der Hierarchie des Unternehmens ist oft nicht von der Bedeutung wie bei Produkthäusern. Dementsprechend niedrig sind auch die Marketingbudgets von Dienstleistungsunternehmen.

Unterschiedliche Marketingbudgets

---

[10] Hier helfen die zuvor erwähnten Success Stories weiter (Case Studies weniger). Die Success Stories sind dann zusätzlich bei der Akquise von Neukunden einsetzbar, um auch dort das notwendige Vertrauen aufzubauen.

[11] Schließlich verkauft das Dienstleistungsunternehmen in erster Linie ja auch Personen.

1.3.4
Tendenzen

Zweites Standbein Es ist davon auszugehen, dass immer mehr Produkthäuser den Dienstleistungsbereich[12] innerhalb ihres Portfolios erweitern, um sich ein zweites Standbein aufzubauen. Dies bedeutet für das Marketing, dass zusätzliche Strategien in den Marketingplan integriert werden müssen, die speziell auf das Dienstleistungsgeschäft ausgerichtet sind.

Wiederverwendbare „Elemente" Auf der anderen Seite werden Dienstleistungsunternehmen versuchen, sich wiederverwendbare „Elemente" anzueignen, die in Richtung eines Produktes gehen können. Auch diese Aktivität wird den entsprechenden Einfluss auf das Marketing des Dienstleistungsunternehmens haben.

Somit ist zu erwarten, dass sich in den nächsten Jahren die Marketingstrategien von Produkthäusern und Dienstleistungsunternehmen angleichen werden.

1.4
Fazit

Nachdem in diesem einführenden Kapitel auf die wesentlichen Grundbegriffe des Marketings eingegangen wurde, widmen wir uns im nächsten Kapitel den unterschiedlichen Marketingstrategien, die in der IT-Branche zum Einsatz kommen.

---

[12] Also nicht nur Schulungen und Produkteinführungsberatungen, sondern auch die konkrete Projektarbeit.

2 Marketingstrategien und Marketinginstrumente in der IT-Branche

Gerhard Versteegen

2.1 Einführung

In der IT-Branche sind die verschiedensten Marketingstrategien zu erkennen, die sich in drei Gruppen einteilen lassen und die in diesem Kapitel besprochen werden. Zu unterscheiden sind im Einzelnen die folgenden Strategien:

- Leadsgenerierung
- Awareness Marketing
- Guerilla-Marketing

Drei Gruppen

Alle diese drei Marketingstrategien werden mit einer Kombination von unterschiedlichen Marketinginstrumenten durchgeführt, die in den folgenden Kapiteln besprochen werden. Der Zusammenhang zwischen Marketinginstrumenten und Marketingstrategien ist in Abbildung 3dargestellt. Generell lässt sich festhalten, dass sich eine Marketingstrategie aus einer gewissen Anzahl von Marketinginstrumenten zusammensetzt, die aufeinander abgestimmt sind. Dabei kann ein und dasselbe Marketinginstrument Bestandteil verschiedener Marketingstrategien sein.

Kombination von unterschiedlichen Marketinginstrumenten

Am häufigsten ist in der IT-Branche jedoch die Strategie des „reagierenden Marketings" zu beobachten, man kann auch sagen des „strategielosen" Marketings. Das heißt, dass das Marketing immer nur reagiert, niemals agiert. Beispiel: Es wird keine zielorientierte Mediaplanung vorgenommen, sondern vielmehr nur auf Anrufe von Anzeigenverkäufern reagiert – ist der Preis besonders günstig, ok, dann wird mal eine Anzeige geschaltet, ist der Preis noch zu hoch, dann eben nicht. Diese Strategie wird oft dadurch verursacht, dass mal eben jemand aus dem Unternehmen, der in

Strategie des „reagierenden Marketings"

seiner bisherigen Position eigentlich überflüssig geworden ist, zum Marketing „strafversetzt" wird.

Vielzahl
von Quereinsteigern

Wenn man sich die Marketingabteilungen bzw. die Ausbildung der Mitarbeiter innerhalb dieser Abteilungen mal genauer ansieht, so wird man feststellen, dass hier im Vergleich zu anderen Branchen eine Vielzahl von Quereinsteigern anzutreffen sind.

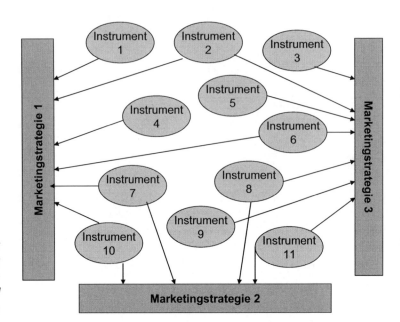

Abbildung 3:
Der Zusammenhang
zwischen Marketing-
instrumenten und
Marketingstrategien

Am Ende dieses Kapitels gehen wir auf drei wichtige Analyseinstrumente des Marketings ein, die dazu verhelfen, sich auf dem Markt zu positionieren und die richtige Marketingstrategie festzulegen:

Drei wichtige Analyse-
instrumente

- Adaptionskurve
- Boston-Portfolio
- HLMC-Portfolio

2.2
Leadsgenerierung

2.2.1
Einführung

Die Strategie der Leadsgenerierung (im vorherigen Kapitel wurde bereits erläutert, was ein Lead ist) ist die am häufigsten in der IT-Branche anzutreffende Marketingstrategie. Oberstes Ziel dieser Marketingstrategie ist es, die Vertriebsmannschaft (neudeutsch auch als Sales Force bezeichnet) mit so viel wie möglich Neukontakten zu potentiellen Kunden zu versehen. Man spricht in diesem Zusammenhang auch von einer Marketingmaschine oder Leadsgenerierungsmaschine.

Neukontakte zu potentiellen Kunden

2.2.2
Vorgehensweise bei der Leadsgenerierung

Auch wenn das Ziel der Leadsgenerierung zuvor etwas lapidar formuliert wurde, so sind bei der Verwendung dieser Marketingstrategie zahlreiche Planung vorzunehmen, wenn nicht die folgenden Situationen eintreten sollen:

- Es werden zwar jede Menge Leads generiert, doch letztendlich verbirgt sich hinter den Kontakten nicht das entsprechende Zielpublikum des Unternehmens. Gelangen solche Leads zum Vertrieb, hat dieser dann erhebliche Aufwendungen, den korrekten Ansprechpartner innerhalb des Kontaktunternehmens zu finden.

Nicht das entsprechende Zielpublikum

- Es werden immer wieder dieselben Personen als Lead erfasst. Dies hilft der Vertriebsmannschaft ebenfalls nicht weiter.

- Es werden hauptsächlich bereits existierende Kunden und keine Neukontakte erfasst. Dies hilft dem Vertrieb allenfalls dann weiter, wenn das Unternehmen über unterschiedliche Produkte verfügt und somit eventuell ein Cross Selling ermöglicht wird, ansonsten sind diese Leads unbrauchbar.

Cross Selling

- Es werden jede Menge Leads erfasst, die von Anfang an unbrauchbar sind. Ein typisches Beispiel sind hier Marketingaktionen im Internet, wo sich die Kontaktpersonen registrieren müssen und als Namen Donald Duck eingeben. Es erübrigt sich, auf den Nutzen solcher Leads für den Vertrieb einzugehen.

Von Anfang an unbrauchbar

Leadsgenerierungs-
maschine

Welche Instrumente hat das Marketing zur Verfügung, um eine große Anzahl an Leads zu generieren? Nun – als absolute Leadsgenerierungsmaschine bekannt ist die CeBIT. Diese gehört zum absoluten Pflichtprogramm jedes Unternehmens, das den Ansatz der Leadsgenerierung verfolgt. Mehr zur CeBIT (bzw. überhaupt zum Thema Messen als Marketinginstrument ist dem Kapitel 7 zu entnehmen)

Cost per Lead

Es sei jedoch jetzt schon darauf hingewiesen, dass bei der Leadsgenerierung ein wichtiger Faktor zu beachten ist: die Kosten, die eine Marketingaktivität zur Leadsgenerierung hervorruft. Hier gibt es eine typische Kenngröße: Cost per Lead (CpL). Diese setzt sich zusammen aus den Gesamtkosten der Marketingaktivität geteilt durch die Anzahl der Leads. Bei einer CeBIT, die mindestens mit ca. 50.000,00 Euro zu veranschlagen ist – dabei sind Personalkosten noch gar nicht berücksichtigt –, müssen also ca. 1.000 Leads generiert werden, um den CpL nicht zu hoch werden zu lassen. (50,00 Euro als Kosten für einen einzelnen Lead sind in der IT-Branche ungefähr üblich)[13].

Webleads

Bereits oben wurde auf das Internet als Instrument für die Leadsgenerierung aufmerksam gemacht. Hier liegt der CpL natürlich deutlich niedriger. Allerdings ist die Qualität von so genannten Webleads auch deutlich geringer. Dies zeigt, dass ein CpL nicht die alleinige Messgröße im Marketing sein kann und darf. Es kommt noch eine weitere Messgröße hinzu, die mit in die Bewertung einer Leadsgenerierung einfließt: die Qualität der Leads! Oder anders ausgedrückt: Wie hoch ist die Abschlusswahrscheinlichkeit eines Leads, der bei einer Marketingaktivität x im Vergleich zu einer Marketingaktivität y generiert wurde?

Closed Loop
Marketings

So langsam nähern wir uns einem sehr heiklen Thema – der Messbarkeit des Erfolgs von Marketingstrategien. Hierauf soll im nächsten Kapitel genauer eingegangen werden, wo wir den Ansatz des Closed Loop Marketings vorstellen werden.

Zurück zur Vorgehensweise bei der Leadsgenerierung: Generell existiert das in Abbildung 4 aufgezeigte Vorgehensmodell zur Leadsgenerierung, das sich aus den folgenden Aktivitäten zusammensetzt:

---

[13] Wobei dies natürlich in direktem Zusammenhang zum Umsatz steht, den man mit einem Lead generieren kann. Ist dieser nur im drei- bis vierstelligen Bereich, so sind 50,00 Euro natürlich deutlich zu viel. Ein Unternehmen, das seine Kunden aus dem Endverbrauchermarkt bezieht, wird hier einen deutlich niedrigeren CpL haben. Ganz anders sieht das wiederum im Consultingbereich aus, hier kann eine deutlich geringere Anzahl an Leads ausreichen, als das im Produktgeschäft der Fall ist, dementsprechend verändert sich dann natürlich auch der CpL.

- Festlegung einer Gesamtzahl an Leads, die über das Jahr hinweg generiert werden sollen. Diese Gesamtzahl wird dabei nicht einfach festgelegt, sondern kann ziemlich genau aus Erfahrungswerten berechnet werden. Mehr zur Festlegung der zu generierenden Leads ist Kapitel 2.2.3 zu entnehmen.

Aktivitäten der Leadsgenerierung

- Festlegung eines Marketingbudgets, mit dessen Hilfe die Aktivitäten zur Leadsgenerierung durchgeführt werden sollen. Auch hier existieren klare Richtlinien, anhand derer ein Unternehmen sein Marketingbudget festlegt. Mehr zum Thema Marketingbudget ist dem Kapitel 9 zu entnehmen.

- Und ganz wichtig: Harmonisierung der beiden zuvor festgelegten Größen – die Anzahl der zu generierenden Leads muss in einem realistischen Verhältnis zum Marketingbudget stehen.

Diese drei Aktivitäten sind die Grundvoraussetzung zur Planung einer Marketingstrategie für die Leadsgenerierung. Stehen die erforderlichen Kennzahlen nicht fest oder steht die Geschäftsleitung nicht hinter diesen Zahlen, so kann die Leadsgenerierung nicht funktionieren bzw. wird zu einem einzigen Lotteriespiel.

Grundvoraussetzung zur Planung einer Marketingstrategie

Als Nächstes werden die folgenden Aktivitäten zur Planung der Leadsgenerierung durchgeführt:

- Analyse der durchzuführenden Marketingaktivitäten – welches Event wird durchgeführt, wie viel Budget soll in die Pressearbeit investiert werden, mit welchen Magazinen soll die Mediaplanung durchgeführt werden, welche Messen und Kongresse sollen besucht werden usw. Die hier zu treffenden Entscheidungen hängen natürlich in hohem Maße von dem Marketingbudget ab.

Analyse der durchzuführenden Marketingaktivitäten

- Aufteilung der Gesamtzahl an zu generierenden Leads auf die einzelnen Marketingaktivitäten, die im Geschäftsjahr durchgeführt werden sollen. Dies sind im Einzelnen:

Aufteilung der Gesamtzahl

- Messen
- Kongresse
- Seminare
- Mailings mit Respondern
- Informationsveranstaltungen
- usw.

- Festlegung der Ziele für den Marketingleiter und sein Team. Das bedeutet, dass der (eventuell vorhandene) variable Anteil der Marketingmitarbeiter in direktem Zusammenhang mit der Anzahl der zu generierenden Leads gebracht wird. Mehr zum Thema variabler Anteil und dessen Festsetzung ist Kapitel 4 zu ent-

Festlegung der Ziele für den Marketingleiter

nehmen. Wichtig hierbei ist, dass jedes Teammitglied für einen Themenkomplex verantwortlich zeichnet, ansonsten ist eine individuelle Leadsquote nicht sinnvoll.

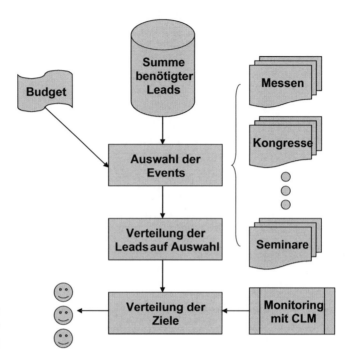

Abbildung 4:
Vorgehensmodell zur
Leadsgenerierung

Im Laufe des Geschäftsjahres wird dann üblicherweise quartalsweise eine Messung über das Closed Loop Marketing (CLM) vorgenommen, wie, darüber gibt Kapitel 2.2.4 Auskunft. Wenden wir uns nun zunächst der Ermittlung der benötigten Leads zu.

2.2.3
Festlegung der benötigten Leads

2.2.3.1
Grundlegende Formel

Wichtigste Variable ist
der zu erzielende
Gesamtumsatz

Die Ermittlung der benötigten Leads ist eine komplexe Formel, die von einer Vielzahl von Variablen abhängt, auf die nun im Einzelnen eingegangen werden soll. Als wichtigste Variable geht hier natürlich der zu erzielende Gesamtumsatz des Unternehmens ein. Die nächste wichtige Variable ist die durchschnittliche Auftragsgröße, die das Unternehmen erzielt. Anhand dieser beiden Variablen lässt sich errechnen, wie viele Aufträge erzielt werden müssen, um den Gesamtumsatz zu erreichen.

Im nächsten Schritt wird dann die durchschnittliche Wahrscheinlichkeit betrachtet, mit der ein Angebot zu einem Auftrag wird. Auf Basis dieser Zahlen kann dann ermittelt werden, wie viele Angebote die Vertriebsmannschaft schreiben muss, um den geforderten Umsatz zu erreichen.

Durchschnittliche Wahrscheinlichkeit

Der letzte Schritt besteht darin, zu ermitteln, wie viele Leads durchschnittlich benötigt werden, um ein Angebot zu erstellen. Nun weiß man die Gesamtzahl der zu generierenden Leads. Sie berechnet sich also wie folgt:

`Anzahl benötigter Aufträge = Gesamtumsatz / durchschnittliche Auftragsgröße`

Berechnung der Gesamtzahl der zu generierenden Leads

`Anzahl abzugebender Angebote = Anzahl benötigter Aufträge / durchschnittliche Abschlusswahrscheinlichkeit`[14]

`Gesamtanzahl Leads = Anzahl abzugebender Angebote / Anzahl benötigter Leads zur Erstellung eines Angebots`[15]

2.2.3.2
Beispiel

Das folgende Beispiel erklärt obige Formel: Ein Produkthaus will einen Umsatz von 18 Millionen Euro im neuen Geschäftsjahr erzielen, die durchschnittliche Auftragsgröße beträgt 50.000,00 Euro. Also müssen insgesamt 360 Aufträge abgeschlossen werden.

Die durchschnittliche Trefferquote bei Angeboten liegt bei 70%. Es müssen also von den Vertriebsmitarbeitern 515 Angebote erstellt werden, um die 360 Aufträge zu erhalten.

Beispiel

Die Erfahrung hat gezeigt, dass durchschnittlich 5% der Leads so qualifiziert sind, dass man ein Angebot erstellen kann. Damit ergibt sich die Anzahl von Leads, die das Marketing für die Vertriebsmannschaft generieren muss: Es sind 10.300 Leads[16].

---

[14] In Prozent

[15] In Prozent

[16] Wobei hier der Begriff Leads eigentlich falsch ist, es sind Point of Contacts.

Ein kleiner Vorgriff auf das Thema Marketingbudget: Bei einigen Unternehmen ist es üblich, dass ein gewisser Prozentsatz des Umsatzes (meist 3% ohne Personalkosten) für das Marketingbudget investiert werden. Für unser Beispiel bedeutet das:

- Das Marketingbudget, mit dem die 10.300 Leads generiert werden sollen, beträgt 570.000,00 Euro.

- Daraus wiederum ergibt sich ein CpL von 55,34 Euro. Dies ist eine wichtige Ausgangsbasis für die gesamte Planung der Marketingaktivitäten.

2.2.3.3
Die Realität

Die Realität sieht natürlich so aus, dass diese Formel mehrfach angewendet werden muss, sobald eine der folgenden Situationen eintritt:

- Das Vertriebsteam ist branchenorientiert aufgestellt. Da jede Branche mit anderen Variablen konfrontiert wird, ist die Formel auf jede Branche anzuwenden.

- Die Vertriebsteams haben unterschiedliche Zielvorgaben hinsichtlich des zu erzielenden Umsatzes. In diesem Fall sind Gewichtungen bezüglich der Erreichung des Gesamtumsatzes vorzunehmen.

- Das Unternehmen vertreibt unterschiedliche Produkte mit unterschiedlichen Saleszyklen.

Somit ist die Festlegung der benötigten Leads bis zu einem gewissen Grad berechenbar – die Betonung soll hier auf dem „gewissen Grad" liegen, da die berühmt-berüchtigten „Zufälle" auch mit der detailliertesten Formel nicht auszuschließen sind.

Eine dieser Zufälle sind die so genannten „Blue Birds". Hierbei handelt es sich um eine konkrete Anfrage eines Interessenten, der vorher nie als Lead erfasst wurde, der also von sich aus auf das Unternehmen zugegangen ist und anschließend bestellt hat. Diese Blue Birds zeichnen sich meist durch einen extrem kurzen Salescycle aus, da der erste Kontakt bereits mit der Nachfrage für ein Angebot beginnt.

2.2.4
Closed Loop Marketing

2.2.4.1
Herkunft des Closed Loop Marketings

Schon der Name Closed Loop Marketing bringt zum Ausdruck, dass es sich hierbei um eine Vorgehensweise im Marketing handelt, die aus den USA stammt. Ziel dieser Vorgehensweise ist es, eine ständige Kontrolle über den Erfolg der einzelnen Marketingaktivitäten zu haben, um in den Folgejahren die Marketingstrategien optimieren zu können.

Ständige Kontrolle über den Erfolg der einzelnen Marketingaktivitäten

2.2.4.2
Vorgehensweise beim Closed Loop Marketing

Die Vorgehensweise beim Closed Loop Marketing kann in drei Hauptaktivitäten untergliedert werden:

- Nach jedem durchgeführten Event werden die geknüpften Kontakte festgehalten.

Drei Hauptaktivitäten

- Nach jedem erhaltenen Auftrag werden die Kundendaten mit den zuvor erfassten Kontaktdaten abgeglichen.

- Nach einem gewissen Zeitraum (abhängig vom üblichen Salescycle des Unternehmens) werden die erzielten Umsätze der Kontaktdaten addiert und dem Event wird ein erwirtschafteter Umsatz zugeordnet.

Auf dieser Basis kann also jedes Event, das von einem Unternehmen durchgeführt wird, bewertet werden. Geht man von den üblichen 3% Marketingbudget aus, so kann man diese Schlussfolgerung treffen: Hat das Event weniger als 3% des resultierenden Umsatzes gekostet, war es erfolgreich und sollte im nächsten Jahr wieder durchgeführt werden.[17] Hat es hingegen mehr gekostet, stehen zwei unterschiedliche Varianten zur Verfügung:

- Das Event hat einen hohen Stellenwert (wie zum Beispiel eine CeBIT) und wird trotzdem durchgeführt, weil man es sich nicht leisten kann, auf einer CeBIT nicht präsent zu sein.

Zwei unterschiedliche Varianten

- Das Event hat keinen hohen Stellenwert und wird als nicht wirtschaftlich betrachtet und folgerichtig im nächsten Jahr nicht mehr durchgeführt.

---

[17] Oder, falls es sich zum Beispiel um ein Seminar gehandelt hat, öfters durchgeführt werden.

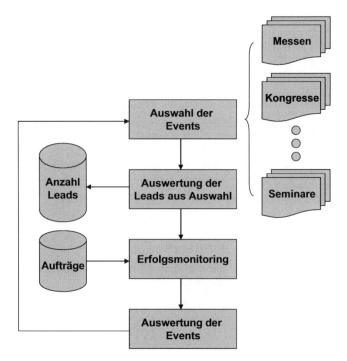

Abbildung 5:
Vorgehensweise beim
Closed Loop Marketing

Natürlich sind auch noch weitere Analysen möglich, so kann man beispielsweise auch feststellen, zu welchen Jahreszeiten Seminare besonders sinnvoll sind oder an welchen Standorten Seminare weniger erfolgreich sind. Abbildung 5 visualisiert die Vorgehensweise beim Closed Loop Marketing.

2.2.4.3
Voraussetzungen für das Closed Loop Marketing

Customer Relationship Management

Eine der wichtigsten Voraussetzungen für das Closed Loop Marketing ist, dass das Unternehmen über ein Customer-Relationship-Management (CRM)-System verfügt UND dass dieses gewissenhaft gepflegt wird.

Nehmen wir das Beispiel aus der Leadsgenerierung, wo 10.300 Leads im Jahr generiert wurden. Diese in einer Excel-Tabelle zu pflegen und auch noch „händisch" mit den Auftragsdaten abzugleichen ist schier unmöglich. Daher muss hier mit einem professionellen Werkzeug gearbeitet werden.

Eine weitere wichtige Voraussetzung für den Erfolg eines Closed Loop Marketings ist, dass sowohl vom Marketing als auch von der Auftragsabwicklung die entsprechenden Daten gewissenhaft gepflegt und miteinander abgeglichen werden.

2.2.4.4
Sinnvolle Ergänzungen des Closed Loop Marketings

Im nächsten Abschnitt wird dediziert auf die Probleme des Closed Loop Marketings eingegangen. An dieser Stelle sei schon mal darauf hingewiesen, dass nicht alle Marketingaktivitäten dadurch messbar gemacht werden, so zum Beispiel die Pressearbeit oder die Anzeigenschaltung. Daher ist es sinnvoll, das Closed Loop Marketing durch zusätzliche Maßnahmen zu ergänzen. *Nicht alle Marketingaktivitäten sind messbar*

Eine der wichtigsten Ergänzungen ist in regelmäßigen Kundenbefragungen zu sehen. Diese können entweder selbstständig durchgeführt werden oder auch einem Call-Center übertragen werden. Innerhalb solcher Kundenbefragungen sollte darauf geachtet werden, dass sich die Themen nicht überschneiden – es macht zum Beispiel keinen Sinn, dass auf der einen Seite marketingrelevante Fragen gestellt werden und gleichzeitig noch Fragen hinsichtlich der Zufriedenheit mit dem Produkt oder der angebotenen Dienstleistung, da hier zum Teil andere Ansprechpartner befragt werden müssten. Typische Fragestellungen aus der Marketingsicht wären: *Regelmäßige Kundenbefragungen*

- Welche Fachzeitschriften aus dem IT-Markt lesen Sie? *Typische Fragestellungen*

- Wann haben Sie das letzte Mal über unser Unternehmen in einer Fachzeitschrift etwas gelesen und in welcher?

- Erinnern Sie sich noch an unser letztes Anzeigenmotiv und wenn ja, in welcher Zeitschrift haben Sie es gesehen?

- Wie oft besuchen Sie unsere Webseite in der Woche?

- Was gefällt Ihnen an unserer Webseite besonders?

- Was vermissen Sie auf unserer Webseite?

- Welche Messen besuchen Sie?

- Welche Kongresse besuchen Sie?

- Sind für Sie Webinare interessant?

- usw.

Die Ergebnisse dieser Befragung können dann in das Closed Loop Marketing integriert werden. Besonders wichtig dabei ist, dass man auch Vergleiche anstellen und wichtige Rückschlüsse ziehen kann. Wird zum Beispiel ein bestimmtes Event, das die Befragten besuchen, sehr häufig genannt und das gleiche Event schneidet beim Closed Loop Marketing eher schlecht ab, so muss sich das noch nicht widersprechen, dieses Ergebnis ist eher ein Indiz dafür, dass dieses Event zur allgemeinen Information beiträgt und einen wichtigen Stellenwert hat. Wenn hingegen das Event nicht so häufig genannt wird und es auch zusätzlich beim Closed Loop Marketing *Wichtige Rückkoppelung* schlecht abschneidet, so ist die Kundenbefragung eine wichtige Rückkopplung und letztendlich die erforderliche Bestätigung für das Streichen des Events aus den Marketingaktivitäten.

Wettbewerbsanalyse — Eine weitere ergänzende Maßnahme zum Closed Loop Marketing ist sicherlich auch die Wettbewerbsanalyse. Auch hier gilt, dass dies nichts mit einem Produkt- oder Dienstleistungsvergleich zu tun hat, wichtig sind vielmehr die folgenden Beobachtungen:

- Auf welchen Messen treten die verschiedenen Wettbewerber mit welcher Standgröße auf?

Messen und Kongresse — Auf welchen Kongressen sind die Wettbewerber in welcher Form[18] vertreten?

- In welchen Zeitschriften schaltet der Wettbewerber Anzeigen?

- In welchen Zeitschriften ist der Wettbewerber besonders häufig redaktionell vertreten?

- Wie hat der Wettbewerber seine Webseite gestaltet, stehen zum Beispiel kostenlose Produkte zum Download bereit?

- Wann und wo führen die Wettbewerber ihre Seminare durch?[19]

- usw.

Regelmäßige Beo-bachtung der Websei-ten der Wettbewerber — Zur Ermittlung dieser Daten reicht schon häufig eine regelmäßige Beobachtung der Webseiten der Wettbewerber aus, denn dort sind die meisten Informationen aufgelistet.

2.2.4.5
Probleme beim Closed Loop Marketing

Theorie und Praxis klaffen weit auseinander — Die im vorherigen Abschnitt dargestellte Vorgehensweise beim Closed Loop Marketing klingt zwar sehr vielversprechend, aber wie es nun mal so ist – Theorie und Praxis klaffen hier zum Teil weit auseinander. Dies soll anhand eines Beispiels erläutert werden:

Ein Projektleiter besucht mehr oder weniger zufällig ein Unternehmen auf der CeBIT und knüpft dort den ersten Kontakt. Das Produkt interessiert ihn zwar, aber im Moment ist innerhalb seines Projektes kein Bedarf für dieses Produkt. Einige Zeit später übernimmt der Projektleiter ein neues Projekt und liest zufällig einen

---

[18] Unter Form ist hier zu verstehen: Tritt der Wettbewerber nur als Aussteller auf oder ist er Sponsor oder hält er noch einen Vortrag – vielleicht sogar eine Keynote?

[19] Hier ist es alleine schon aus planerischen Gründen sinnvoll, sowohl den Zeitpunkt als auch die Ortsauswahl den Wettbewerbern anzupassen, damit nicht in ein und derselben Woche an einem Ort 2 Seminare zum gleichen Thema stattfinden.

Artikel in einer Fachzeitschrift über dieses Produkt. Er erinnert sich an seinen Messebesuch und erforscht die Webseite des Herstellers. Dort sieht er die Ankündigung eines kostenlosen Seminars, zufällig direkt in seiner Heimatstadt. Also besucht er das Seminar und holt sich nähere Informationen über das Produkt ein.

Auf dem Seminar erhält er eine Success Story über das Produkt, das bei einem Unternehmen aus der gleichen Branche, in der auch der Projektleiter arbeitet, zum Einsatz kam. Sein Interesse wird größer und er stellt einen Beschaffungsantrag. Kurz darauf erhält er ein Mailing, wo das Produkt in einer befristeten Promotionaktivität zu einem besonders günstigen Preis angeboten wird (zum Beispiel im Bundle mit der Schulung oder Ähnliches). Der Beschaffungsantrag ist mittlerweile bewilligt und das Unternehmen kauft eine bestimmte Anzahl an Lizenzen. Ein durchaus üblicher Verlauf eines Salescycles, doch welcher Marketingaktivität wird nun der „Erfolg" zugeschrieben? Betrachten wir mal die einzelnen Aktivitäten, die hier wirksam waren:

Ein Lead entwickelt sich

- Messeauftritt, hier wurde der Erstkontakt geknüpft.

- Pressearbeit, der Projektleiter hat einen Artikel gelesen[20].

- Besuch der Webseite, sofern der Hersteller über eine personalisierte Webseite verfügt und der Projektleiter seine Daten korrekt eingegeben hat, kann der Besuch vom Hersteller nachvollzogen werden, ansonsten bleibt er verborgen.

- Besuch des kostenlosen Seminars, da sich der Projektleiter hierfür anmelden musste, ist der Seminarbesuch vom Hersteller erfasst worden.

- Erhalt der Success Story, diese hat zumindest den Beschaffungsantrag bewirkt, aber auch das weiß der Hersteller nur, wenn ihm das offen kommuniziert wird.

- Erhalt des Promotionmailings, hier war der Projektleiter in der Adressdatenbank erfasst[21].

---

[20] Besonders problematisch bei dieser Aktivität ist, dass diese dem Hersteller gar nicht bekannt wird, es sei denn, dass der Projektleiter in einem Gespräch dies explizit erwähnt.

[21] Es stellt sich jedoch die Frage, ob es besonders geschickt war, den Projektleiter ebenfalls anzumailen. Dem Hersteller war bereits bekannt, dass der Projektleiter sich für das Produkt interessiert, und er hätte eventuell einen besseren Preis erzielen können. Aber es gibt auch eine plausible Erklärung: Das Mailing wurde zum Quartalsende erstellt, um noch offene Projekte abzuschließen. Allerdings ist die wahrscheinlichere Variante die, dass man auf Herstellerseite gar nicht darauf geachtet hat.

Somit müsste der Abschluss des Auftrages 6 verschiedenen Marketingaktivitäten zugeordnet werden, doch zu welchem Prozentsatz? Die Marketingaktivität, die letztendlich zum Erfolg geführt hat, war das Promotionmailing. Doch wären die anderen Aktivitäten im Vorfeld nicht gelaufen, wäre das Mailing wirkungslos verpufft. Der Erstkontakt wurde auf der Messe geknüpft, doch zu diesem Zeitpunkt war das Produkt überhaupt noch nicht von Interesse für den Projektleiter. Es wird offensichtlich, dass hier einige Probleme einer sinnvollen Zuordnung auftauchen, besonders wenn man berücksichtigt, dass das Lesen des Fachartikels, der Besuch der Webseite sowie die Auswirkung der Success Story dem Hersteller eventuell gar nicht bekannt sind.

Ein weiteres Problem des Closed Loop Marketings ist darin zu sehen, dass viele Unternehmen die für den Erfolg dieser Methode notwendige Kundendatenpflege nicht betreiben. Nur wenn jeder Kontakt zum Kunden gewissenhaft festgehalten wird, lassen sich hier sinnvolle Ergebnisse erzielen.

Aber auch die Zuordnung von einer Bestellung zu einem (oder auch mehreren) Event(s) ist problematisch, so wird zum Beispiel eine fachliche Entscheidung für ein bestimmtes Produkt sicherlich auf der Projektebene getroffen, aber letztendlich wird die Bestellung des Produktes aus der Einkaufsabteilung vorgenommen. Problem ist jetzt, dass die Person, die aus der Einkaufsabteilung die Bestellung aufgibt, bisher im Customer-Relationship-System keiner Marketingaktivität zugeordnet wurde. Somit muss die Zuordnung zu den Mitarbeitern der Fachabteilung vorgenommen werden, was wiederum gar nicht so einfach herauszufinden ist. Die dafür notwendige Disziplin, solche Recherchen gewissenhaft zu betreiben, ist auch nicht überall vorhanden.

2.2.5
Ausblick

Closed Loop Marketing macht bis zu einem gewissen Punkt Sinn – man kann so den Erfolg einzelner Marketinginstrumente messen. Es ist jedoch nicht möglich, alle Marketingaktivitäten zu messen, da zum Teil die Rückkopplung fehlt. Hinzu kommt, dass ein professionelles Marketing sich genau dadurch auszeichnet, dass der Kunde bzw. der Interessent durch verschiedene Aktivitäten zur Kaufentscheidung gebracht wird.

Um halbwegs vernünftige Ergebnisse zu liefern, muss das Closed Loop Marketing durch einige Maßnahmen ergänzt werden. Die im nächsten Kapitel vorgestellte Strategie des Awareness Marketings lässt sich zum Beispiel überhaupt nicht durch das Closed Loop Marketing messen.

2.3
Awareness Marketing

2.3.1
Einführung

Eine ebenfalls häufig anzutreffende Marketingstrategie ist das Awareness Marketing. Das Awareness Marketing setzt sich aus dem Einsatz einer Vielzahl von Marketinginstrumenten zusammen, die alle eins gemeinsam haben: Sie sollen die Sichtbarkeit des Unternehmens schaffen. Ganz wichtig: Hier treten die Produkte des Unternehmens oder das angebotene Dienstleistungsportfolio in den Hintergrund – hier wird das Unternehmen vermarktet.[22]

Sichtbarkeit erhöhen

In diesem Kapitel wird zunächst auf die wichtigsten Voraussetzungen eingegangen, die erfüllt sein müssen, bevor ein Awareness Marketing erfolgreich durchgeführt werden kann. Dann wird aufgezeigt, was die einzelnen Inhalte des Awareness Marketings sind und inwieweit sich die Marketinginstrumente im Vergleich zur Leadsgenerierung unterscheiden. Zum Schluss wird noch auf die Besonderheiten im Awareness Marketing hingewiesen.

Voraussetzungen und Inhalte

2.3.2
Wichtige Voraussetzungen beim Awareness Marketing

Das Awareness Marketing hat eine wesentliche Voraussetzung: Es bedarf eines erheblich höheren Marketingbudgets sowie einer wesentlich genaueren Planung, als dies bei der Marketingstrategie der Leadsgenerierung der Fall ist.

Hohes Marketingbudget erforderlich

Ferner muss das Unternehmen und seine Produkte bzw. Dienstleistungen bereits einen gewissen Bekanntheitsgrad auf dem Markt haben, ansonsten werden die Kosten noch höher. Denn je unbekannter ein Produkt auf dem Markt ist, desto höher sind die Aufwendungen (und damit natürlich auch die Kosten), es auf dem Markt bekannt zu machen.

Bekanntheitsgrad auf dem Markt

---

[22] Sicherlich gibt es Ausnahmen, auf die kommen wir im späteren Verlauf dieses Unterkapitels zu sprechen.

Die dritte – und unbedingt zu beachtende – Voraussetzung besteht darin, dass wenn man sich einmal dazu entschieden hat, Awareness Marketing zu betreiben, man diesen Entschluss so schnell nicht wieder rückgängig machen kann. Denn es ist sehr schwer, ein Produkt auf dem Markt bekannt zu machen, aber eine Leichtigkeit, es innerhalb kürzester Zeit wieder unbekannt werden zu lassen, indem es nicht mehr so vermarktet wird, wie das zuvor der Fall war.

So hat zum Beispiel der Geschäftsführer eines weltbekannten Lebensmittelherstellers mal auf die Frage: „Ihr Produkt ist doch jetzt so bekannt und in aller Munde – warum sparen Sie jetzt nicht etwas an den Marketingkosten?" geantwortet: „Würden Sie nach dem Start eines Flugzeuges die Turbinen abschalten, nur weil es gerade so schön fliegt?" Dieses Beispiel sollte sich jedes Unternehmen zu Gemüte führen, bevor es anfängt unmotiviert am Marketingbudget zu kürzen.

2.3.3
Inhalte des Awareness Marketings

2.3.3.1
Die einzelnen Elemente

Wie bereits erwähnt setzt sich Awareness Marketing aus einer Vielzahl von Marketingaktivitäten zusammen. Besonders in den Vordergrund treten die folgenden Marketinginstrumente:

- Anzeigenschaltung
- Radio- und Fernsehspots
- Erstellung von Imagebroschüren
- Sponsorings
- Veranstaltung von so genannten Topevents
- usw.

Natürlich werden die Marketinginstrumente, die bei der Leadsgenerierung zum Einsatz kommen, nicht vernachlässigt, sie werden jedoch mit einer anderen Zielsetzung und zum Teil auch auf eine andere Art und Weise durchgeführt.

Im Folgenden sollen die einzelnen Marketinginstrumente unter dem Aspekt des Awareness Marketings und im Vergleich zur Leadsgenerierung vorgestellt werden.

2.3.3.2
Anzeigenschaltung im Awareness Marketing

Die Anzeigenschaltung im Awareness Marketing hat einen wesentlich höheren Stellenwert als bei der Leadsgenerierung, im Vergleich werden hier keine Produkt- oder Dienstleistungsanzeigen geschaltet, sondern ausschließlich Imageanzeigen. So ist es zum Beispiel bei der Leadsgenerierung üblich, im Seminarteil eines IT-Magazins, die jeweils aktuellen Seminare, Workshops und Roadshows zu bewerben, hingegen liegt beim Awareness Marketing der Schwerpunkt auf ganzseitigen Imageanzeigen, in denen das Renommee der Firma angepriesen wird.

Wesentlich höherer Stellenwert

Im Awareness Marketing spricht man auch nicht mehr von einer Anzeigenschaltung, sondern von einer Anzeigenkampagne. Das erfordert die folgenden Maßnahmen:

- Die Anzeigenkampagne wird über einen längeren Zeitraum (zwischen einem halben und einem ganzen Jahr) geplant.

- Die zu schaltenden Motive werden bereits im Vorfeld festgelegt und sind aufeinander abgestimmt.

Elemente einer Anzeigenkampagne

- Die Kampagne wird über unterschiedliche Magazine hinweg geschaltet.

- Die Kampagne wird über eine Mediaagentur beauftragt, die die besten Konditionen verlagsübergreifend aushandeln kann.[23]

Es erübrigt sich, zu bemerken, dass das für eine Anzeigenkampagne bereitzustellende Budget deutlich im sechsstelligen Bereich liegt. Hingegen ist bei der Leadsgenerierung ein fünfstelliger Bereich je nach Unternehmensgröße schon ausreichend.

Sechsstelliges Budget notwendig

2.3.3.3
Radio- und Fernsehspots

Radio- und Fernsehspots liegen preislich gar nicht so hoch, wie mancher Marketingmanager dies befürchten mag. Hingegen die Erstellung des Spots nimmt einen gewaltigen Anteil des Budgets in Anspruch. Bei der Schaltung der Spots sind die folgenden Regeln zu beachten:

- Zu welcher Uhrzeit sitzt das Zielpublikum vor dem Fernseher bzw. vor dem Radio? Für die IT-Branche gilt hier sicherlich, dass Radiosposts während der Berufsverkehrszeiten und Fernsehspots ab 19 Uhr geschaltet werden sollten.

Regeln zur Schaltung von Spots

---

[23] Hier ist es durchaus üblich, dass man eine Agentur gegen die andere ausspielt, um zum wirklich optimalsten Preis zu gelangen.

- Von großer Bedeutung ist der Sender – für die IT-Branche sind eher Sender wie ntv von Bedeutung, hier liegen auch die Schaltungspreise erheblich günstiger, als dies zum Beispiel bei RTL oder SAT 1 der Fall ist.[24]

- Die Schaltungskosten hängen in erster Linie von den folgenden Parametern ab:

- Länge des Spots

- Uhrzeit

- Anzahl der Zuschauer während der Ausstrahlung[25]

- Der Inhalt des Spots sollte an die Anzeigenkampagne angelehnt sein, um den Wiedererkennungseffekt zu erhöhen.

Erhebliche Streuverluste

Bei der Leadsgenerierung sind Radio- und Fernsehspots sicherlich nicht angebracht, da sie einerseits keine direkten Kontakte bringen und andererseits erhebliche Streuverluste haben. Von den Kosten erst gar nicht zu reden.

2.3.3.4
Erstellung von Imagebroschüren

Ausschließlich für das Awareness Marketing geeignet

Die Erstellung von Imagebroschüren ist eine Marketingaktivität, die eigentlich ausschließlich für das Awareness Marketing geeignet ist. Bei der Leadsgenerierung ist die einzige Imagebroschüre oft das Firmenprofil[26]. Unter Imagebroschüren werden hochwertige Prospekte (teures Papier und aufwendiges Layout) verstanden, die nicht ein Produkt oder eine bestimmte Dienstleistung vorstellen, sondern eine Lösung oder eine Theorie.

Imagebroschüren können zum Beispiel für die unterschiedlichen Branchen erstellt werden. Sie gehen auf die Problematik ein, die in diesen Branchen existieren, und stellen Lösungsansätze vor. Sie zeigen auf, welche Vorteile die Branche hat, mit dem Unternehmen zusammenzuarbeiten.

---

[24] Im Vergleich zu amerikanischen Preisen sind aber auch diese Sender noch günstig.

[25] Der derzeit teuerste Spot ist der erste Spot innerhalb einer Formel-1-Übertragungspause bei RTL, da aufgrund der „Schumacherfaszination" hier in Deutschland dann die meisten Zuschauer vor dem Fernseher sitzen.

[26] Eventuell noch ein Jahresbericht, sofern das Unternehmen an der Börse notiert ist.

2.3.3.5
Sponsorings

Sponsorings sind ebenfalls sehr beliebt im Awareness Marketing, zu unterscheiden sind dabei zwei unterschiedliche Ansätze, die im Sponsoringgeschäft existieren:

- Sponsoring von Veranstaltungen, wo man selbst vertreten ist, wie zum Beispiel einem Kongress, bei dem man gleichzeitig noch Aussteller ist und einen oder zwei Vortragende stellt.

- Externes Sponsoring, also außerhalb der IT-Branche, wie zum Beispiel innerhalb der Formel 1.

Zwei unterschiedliche Ansätze

Das Sponsoring von externen Events ist zwar extrem kostspielig, hat aber den Vorteil, dass die Verbreitung des Namens des Unternehmens deutlich über die IT-Branche hinausgeht. Im Prinzip sind dadurch auch die Streuverluste sehr hoch, aber man erreicht auch die Entscheidungsträger der Kundschaft, die man allein durch Sponsoring von IT-Events nicht erreicht.

Extrem kostspielig

Der Vorteil des Sponsorings von Veranstaltungen, bei denen man selber vertreten ist, liegt darin, dass das Publikum in hohem Maße auf das Unternehmen aufmerksam wird. Je nach Veranstaltung existieren nur geringfügige Streuverluste.

2.3.3.6
Veranstaltung von Top-Events

Unter Topevents werden solche Veranstaltungen verstanden, zu denen in erster Linie das Topmanagement des Kundenstamms eingeladen wird. Solche Events finden meist in einem luxeriösen Rahmen statt und werden von einem aufwendigen Rahmenprogramm begleitet.

Aufwendiges Rahmenprogramm

Ziel von Topevents ist, dass ein Erfahrungsaustausch der Topmanager untereinander stattfindet, bei dem natürlich die Dienstleistungen bzw. die Produkte des veranstaltenden Unternehmens im Mittelpunkt stehen.

Problematisch bei der Organisation solcher Topevents ist, dass das einzuladende Kundenpotential einerseits sehr klein ist und andererseits mit der Einladung zu solchen Topevents geradezu überschüttet wird. Man muss also ein wirklich interessantes Programm bieten, um hier aus der Masse hervorzustechen. Damit sind natürlich dann auch die entsprechenden Kosten verbunden.

Der Erfolg solcher Topevents ist nicht unumstritten – so wäre es durchaus interessant einen Topmanager nach einem Jahr zu befragen, welche Firmen welche Events veranstaltet haben, bei denen er anwesend war.

Erfolg von Topevents ist nicht unumstritten

2.3.3.7
Messeauftritte beim Awareness Marketing

Die Messeauftritte beim Awareness Marketing unterscheiden sich erheblich von einem Auftritt, wenn man nach dem Prinzip der Leadsgenerierung vorgeht. So ist bei der Leadsgenerierung das oberste Ziel, dass ausreichend Demopoints auf dem Stand zur Verfügung stehen, um möglichst vielen Interessenten gleichzeitig die angebotene Dienstleistung bzw. das Produktportfolio vorstellen zu können. Dies hat erhebliche Auswirkungen auf den Standbau – jeder Quadratzentimeter wird genutzt.

Anderer Standbau   Hingegen gestaltet sich der Standbau beim Awareness Marketing völlig anders. So ist hier zum Beispiel ein doppelstöckiger Stand Pflicht, die oberste Ebene dient ausschließlich zur Gesprächsführung – hier finden keine Produktpräsentationen statt. Die Bewirtung der Standbesucher in dieser Etage ist wesentlich umfangreicher, neben einer reichhaltigen Getränkeauswahl werden auch kleine Snacks angeboten – der Besucher soll zum Verweilen eingeladen werden. Bei der Leadsgenerierung hingegen ist das Ziel, dass der Besucher seine Kontaktdaten da lässt und so schnell wie möglich dann Platz für den nächsten macht.

Andere Bewerbung   Auch die Bewerbung der Messe wird unterschiedlich vorgenommen, so werden bei der Leadsgenerierung Projektleiter als Zielgruppe definiert, dagegen beim Awareness Marketing Entscheider. Schließlich wird ja das Unternehmen und nicht die Produkte oder Dienstleistungen des Unternehmens beworben. Beim Awareness Marketing kann es durchaus sinnvoll sein, wenn zum Beispiel ein Produkthersteller das Produkt auf der Messe gar nicht zeigt, sondern vielmehr das direkte Gespräch mit dem Messebesucher sucht. Einen individuellen Präsentationstermin kann man dann immer noch im Anschluss an die Messe vereinbaren[27].

Eine sehr imageträchtige Marketingaktivität, die parallel zu der Messe durchgeführt werden kann, ist die Plakatierung der Messezufahrtswege. Hierbei muss jedoch Folgendes beachtet werden:

Bei der Plakatierung zu beachten
- Die lukrativsten Plakatwände sind zum Teil Jahre im Voraus ausgebucht, daher handelt es sich hier um eine langfristig zu planende Aktivität.

---

[27] Diese Vorgehensweise hat auch noch eine Reihe weiterer Vorteile. So kann eine Produktpräsentation sich nicht nur ewig in die Länge ziehen und in einer technischen und damit kontraproduktiven Diskussion ausarten, auch die Gefahr, dass ein Besucher sich bereits vier oder fünf vergleichbare Produkte angesehen hat und nun die Vor- und Nachteile der unterschiedlichen Produkte verwechselt, ist sehr groß.

- Besonders U-Bahnhöfe und S-Bahnhaltestellen sind geeignet, da die Messebesucher hier nicht nur vorbeifahren, sondern auch verweilen, bis die U-Bahn oder S-Bahn kommt.

- Die Anmietungskosten der Plakatwände sind vernachlässigbar, wesentlich höher sind die Kosten für die Produktion der Plakate.

- Die Botschaft, die das Plakat übermittelt, muss mit der Anzeigenkampagne übereinstimmen, damit ein Wiedererkennungseffekt entsteht. Der Messestand sollte über einen Einklinker beworben werden.

2.3.3.8
Fazit

Dieses Kapitel hat aufgezeigt, dass die Marketingaktivitäten im Awareness Marketing zumindest zwei Dinge gemeinsam haben:

- Sie sind extrem außenwirksam.

Außenwirksam und

- Sie sind extrem teuer.

teuer

Sie erfüllen aber auch ihren Zweck, denn das Unternehmen wird in einem völlig anderen Licht dargestellt, als dies bei der Leadsgenerierung der Fall ist. Die bewusste Suche und Kontaktaufnahme zu Entscheidungsträgern vereinfacht den Vertriebsprozess und kann den Salescycle verkürzen.

Auf der anderen Seite schwebt wie ein Damoklesschwert die Bedingung über dem Awareness Marketing, dass man eigentlich nie mehr zurück kann.

2.3.4
Besonderheiten beim Awareness Marketing

Wie bereits im vorherigen Kapitel angedeutet, gibt es auch Ausnahmen im Awareness Marketing, wo nicht das Unternehmen, sondern viel mehr das Produkt im Mittelpunkt der Marketingstrategie steht. Dies ist besonders dann der Fall, wenn das Produkt bereits einen sehr hohen Bekanntheitsgrad auf dem Markt hat, der den des Herstellers bei weitem übersteigt.

Hoher Bekanntheitsgrad des Produktes

Ein klassisches Beispiel hierfür ist die Taschentuchmarke *Tempo* – seien Sie ehrlich? Fällt Ihnen sofort der Hersteller ein? Uns zumindest nicht![28] Es hat sich sogar umgangssprachlich eingebürgert, dass man nicht fragt: „Hast Du mal ein Taschentuch?", sondern „Hast Du mal ein Tempo?"

Beispiel Tempo

---

[28] Es handelt sich dabei um *Procter & Gamble*.

Dieses Beispiel zeigt auf, dass Awareness Marketing hier auf alle Fälle weiter produktorientiert betrieben werden muss, plötzlich das Unternehmen in den Vordergrund zu stellen wäre fahrlässig und könnte größeren Schaden anrichten.

Ein weiteres Beispiel, wo der Markenname deutlich im Vordergrund vor dem Firmennamen steht: *Marlboro* – der Name dieser Zigarette dürfte deutlich bekannter sein als der Name des Unternehmens *Philip Morris*.

2.3.5
Fazit

Awareness Marketing beansprucht eine genau aufeinander abgestimmte Planung der einzelnen Marketingaktivitäten sowie ein relativ hohes Budget. Im Vordergrund steht das Unternehmen – nicht das Produkt oder die Dienstleistung. Wenn man einmal mit Awareness Marketing auf dem Markt ist, kann man nicht so leicht dieses wieder durch die Leadsgenerierung ersetzen, da der Schaden größer wäre als der Nutzen.

2.4
Guerilla-Marketing

2.4.1
Einführung

Das Guerilla-Marketing stammt, wie sollte es auch anders sein, aus dem Amerikanischen. Oft wird fälschlicherweise angenommen, dass Guerilla-Marketing nur für kleinere Unternehmen geeignet sei. Dies ist jedoch ein Irrglaube, wie der folgende Abschnitt aufzeigen wird.

Eine plastische Gegenüberstellung zwischen Guerilla-Marketing und herkömmlichem Marketing ist [Levi2000][29] zu entnehmen:

Herkömmliches Marketing richtet sich an Märkte. Es werden Werbespots geschaltet, Kongresse oder Events gesponsert und ganzseitige Anzeigen in klassischen IT-Magazinen geschaltet. Alles in der Hoffnung, die potentiellen Interessenten zu beeinflussen.

Guerilla-Marketing richtet sich an Individuen, also direkt an den Kunden selber. Es sollen Produkte oder Dienstleistungen an be-

---

[29] Jay Conrad Levinson gilt als der Papst des Guerilla-Marketings.

stimmte Personen verkauft werden – Kunde für Kunde. Das Guerilla-Marketing ist persönlich, maßgeschneidert und sehr werbewirksam.

Herkömmliches Marketing ist mit einer Rücklaufquote von 2% bei einem Direktmailing mehr als zufrieden. Herkömmliches Marketing benutzt für solche Mailings die gesamte zur Verfügung stehende Datenbank.

Niedrige Rücklaufquote

Guerilla-Marketing steuert eine Rücklaufquote von 15% an. Die Direktmailings sind personalisiert und auf eine bestimmte Zielgruppe ausgerichtet, die Briefumschläge sind von Hand beschriftet und mit Sondermarken versehen.

Hohe Rücklaufquote

Herkömmliches Marketing budgetiert nach Quartalen und stellt eine Aktivität sofort ein, wenn sie nicht den gewünschten Erfolg bringt.

Guerilla-Marketing ist geduldig. Es wird das ganze Jahr im Zusammenhang betrachtet und es wird die erforderliche Zeit investiert, um Kunden separat zu kontaktieren.

Langfristig ausgerichtet

Herkömmliches Marketing geht immer auf Nummer Sicher. Das zu tun, was vorher bereits erfolgreich war, ist die bevorzugte Strategie.

Guerilla-Marketing ist innovativ, jede neue und erfolgversprechende Idee wird umgesetzt.

2.4.2
Grundlagen des Guerilla-Marketings

Das wesentliche Ziel von Guerilla-Marketing besteht darin, mit möglichst geringen Kosten einen möglichst großen Effekt zu erzielen. Das klingt erst einmal gut und sollte eigentlich der Grundsatz jedes Marketingansatzes sein. Ist es aber definitiv nicht, da um Kosten gering zu halten oder sie zu reduzieren, gewisse Maßnahmen notwendig sind, die im Folgenden besprochen werden.

Im Anschluss werden die folgenden Techniken des Guerilla-Marketings besprochen:

- Guerilla-Mailings

- Guerilla-Werbung

- Guerilla-Pressearbeit

- Sonstige Guerilla-Techniken

Techniken des Guerilla-Marketings

Hoher Grad an Perso-
nalisierung

Guerilla-Marketing zeichnet sich durch einen hohen Grad an Personalisierung aus, es wird also der Kunde bzw. Interessent direkt mit einem Thema angesprochen, das nicht allgemein gehalten ist, sondern auf ihn zugeschnitten ist.

Ferner ist Guerilla-Marketing dadurch geprägt, dass keine Möglichkeit ausgelassen wird, in irgendeiner Form Werbung zu betreiben (siehe auch „sonstige Guerilla-Techniken"). Dabei steht meist der Kostenaspekt im Vordergrund – man versucht, die Kosten so gering wie möglich, aber die Wirkung so groß wie möglich zu halten.

Geringe Streuverluste

Die Streuverluste der einzelnen Techniken des Guerilla-Marketings sind demzufolge sehr gering, auf der anderen Seite ist die Neukundengewinnung durch Guerilla-Techniken deutlich niedriger, als dies bei der Marketingstrategie der Leadsgenerierung der Fall ist, weil die meisten Guerilla-Techniken sich an Bestandskunden richten.

2.4.3
Guerilla-Mailings

Herkömmliche Mailings zeichnen sich durch die folgenden Eigenschaften aus:

Eigenschaften her-
kömmlicher Mailings

- Sie richten sich an eine extrem große Zielgruppe.
- Sie werden über einen portogünstigen Weg versendet[30].
- Sie sind mit einer mehr oder weniger allgemein gültigen, die breite Masse ansprechenden Botschaft versehen.
- Sie haben eine Rücklaufquote von maximal 2%.
- Sie sind extrem teuer (Porto).

Dem gegenüber differenziert sich ein Mailing, das nach dem Prinzip des Guerilla-Marketings verfasst wird, wie folgt:

Unterschiede bei
Guerilla-Mailings

- Addressaten des Mailings sind eine im Vorfeld klar definierte Zielgruppe, die über eine Vielzahl von Gemeinsamkeiten verfügt. Die Anzahl ist auf keinen Fall größer als 100.
- Der Inhalt des Mailings wird ganz klar auf diese Zielgruppe abgestimmt, die Rücklaufquote kann dadurch im Idealfall bis zu 15% betragen.

---

[30] Zum Beispiel aus dem Ausland oder als (leider auch so gekennzeichnetes) Massenmailing.

- Das Schreiben endet immer mit einer Aufforderung zur Tat, also entweder eine Webseite zu besuchen, jemanden anzurufen, eine Veranstaltung zu besuchen usw.

- Jedes einzelne Schreiben ist handschriftlich unterschrieben.

- Die Briefumschläge werden mit Sondermarken beklebt (im Idealfall wird sogar der Adressat per Hand auf den Umschlag geschrieben).

Es liegt auf der Hand, dass Guerilla-Mailings wesentlich erfolgreicher (und aufwendiger) sind, als dies bei herkömmlichen Mailings der Fall ist. Nun stellt sich die Frage, warum werden dann überhaupt noch herkömmliche Mailings durchgeführt? Hier gibt es eine Reihe von nachvollziehbaren Gründen:

Guerilla-Mailings sind wesentlich erfolgreicher

- Guerilla-Mailings richten sich an eine bekannte Zielgruppe, herkömmliche Mailings richten sich auch an Adressaten, die weniger bekannt sind (oder überhaupt nicht, wenn man zum Beispiel Adressen hinzugekauft hat). Die Wahrscheinlichkeit, dass man Neukunden mit einem herkömmlichen Mailing gewinnt, ist also wesentlich höher.

- Je mehr Vertriebsmitarbeiter ein Unternehmen beschäftigt, umso größer wird die Kontaktbasis, so dass irgendwann ein Guerilla-Mailing ad absurdum geführt wird.

- Wendet sich das Mailing an eine größere Zielgruppe (oder gar an den Endverbraucher), so sind Guerilla-Mailings unbrauchbar, da der Aufwand in keinem Verhältnis zum Nutzen steht.

Im weiteren Verlauf dieses Kapitels kommen wir auch noch auf die Mischung der unterschiedlichen Marketingstrategien zu sprechen – so viel sei schon mal vorweggenommen: Man kann abhängig von der Zielsetzung des Mailings auch beide Strategien parallel verwenden.

Mischung der unterschiedlichen Marketingstrategien

2.4.4
Guerilla-Werbung

Werbung im Guerilla-Marketing ist ebenfalls sehr zielgruppenbezogen und kostenbewusst. Wie heißt es so schön in [Levi1998]: Jede Werbemark wird optimal genutzt! So werden bei der Guerilla-Werbung keine großflächigen Anzeigenkampagnen gestartet, denn der daraus resultierende Streuverlust ist eigentlich ein Fremdwort im Guerilla-Marketing.

Zielgruppenbezogen und kostenbewusst

Im Folgenden sollen ein paar typische Beispiele und Vorgehensweisen für Guerilla-Werbung aufgelistet werden:

- Guerilla-Werbung nutzt den Seminarteil in IT-Magazinen für Anzeigen, diese sind von den Kosten her deutlich geringer als Anzeigen im redaktionellen Teil. Um die Aufmerksamkeit zu erhöhen, wird die Anzeige in einem knalligen rot gestaltet.

- Guerilla-Werbung ist oft von zwei (oder auch mehr) Partnerunternehmen, die beide mit Guerilla-Techniken arbeiten, gemeinsam geschaltet. Einerseits, um Synergieeffekte zu nutzen, und andererseits, um das Budget zu schonen.

- Guerilla-Werbung nutzt hauptsächlich kostenneutrale Werbezeit, so zum Beispiel die Telefonwarteschlange – üblicherweise mit einer musikalischen Untermalung versehen, nutzen Guerilla- Profis diese „Zeit" für Werbung.

- Guerilla-Werbung nutzt oft Gratisangebote in Zusammenhang mit dem Kauf eines Produktes oder der Beauftragung einer Dienstleistung.

- Guerilla-Marketing wird extrem gemonitort – bei jedem Neukontakt wird zunächst nachgefragt, wie der Interessent auf das Unternehmen aufmerksam wurde. Nach einem gewissen Zeitraum wird dann der Erfolg den jeweiligen Werbemaßnahmen gegenübergestellt.

Guerilla-Werbung zielt also immer auf eine ganz bestimmte Zielgruppe ab. Ferner hebt sich Guerilla-Werbung immer von der Werbung anderer (Wettbewerbs-)Unternehmen sowohl vom Text als auch von der Gestaltung ab.

2.4.5
Guerilla-Pressearbeit

Auch in der Pressearbeit lassen sich Techniken des Guerilla-Marketings anwenden. Hier hat sich bereits der Begriff Guerilla-PR etablieren können. Die folgenden Techniken sind Bestandteile einer guten Guerilla-Pressearbeit:

- Die Pressemitteilungen werden elektronisch per E-Mail versendet, anstatt auf dem teuren Postweg.

- Einmal im Monat wird ein eigener Newsletter per E-Mail an alle Journalisten und Redakteure – aber auch an alle Kunden versendet.

- Nur an einen relativ kleinen Verteiler (ca. 5 bis 10 IT-Magazine) werden die Pressemeldungen per Post verschickt.

- Die persönliche Kontaktaufnahme zu den wichtigsten Redakteuren und Journalisten ist das zentrale Element der Guerilla-Pressearbeit.

- Es wird ein informatives Presseportal bereitgestellt mit zahlreichen Möglichkeiten zum Download.

- Die Kerngeschäfte des Unternehmens werden in sämtlichen Suchmaschinen platziert. Bei den wichtigsten Suchmaschinen sowie den wichtigsten Begriffen wird dabei auch mit so genannten „sponsored" Links gearbeitet.[31]

- Jeder Pressemitteilung wird ein Artikelangebot beigefügt.

- Jede Veröffentlichung wird kopiert und an die Kunden und Interessenten versendet, für die diese Meldung von Bedeutung ist.

Weitere Informationen zur professionellen Pressearbeit sind dem Kapitel 5 zu entnehmen.

2.4.6
Sonstige Guerilla-Techniken

Give aways

Eine der effektivsten Guerilla-Techniken betrifft die so genannten „Werbegeschenke" oder auf neudeutsch: Give aways! Hier ist der Guerilla-Experte besonders kreativ. Statt einer Massenbestellung von tausenden langweiligen Kulis, Tassen oder ähnlich einfallslosen Präsenten, wird beim Guerilla-Marketing individuell vorgegangen. Ein Beispiel:

Klassisches Beispiel

Dem IT-Leiter eines großen Konzerns (es war dem Marketing bekannt, dass er einen dreijährigen Sohn hat) wurde als Weihnachtsgeschenk ein Legobaukasten geschenkt. Dies war eine wirkliche Hilfe für den IT-Manager, der im Jahresendgeschäft nur schwer sich Zeit nehmen konnte, um Geschenke zu kaufen. Der Erfolg ließ nicht lange auf sich warten, kurz darauf konnte ein

---

[31] Auch wenn „sponsored" Links Geld kosten – dem Guerilla-Profi, dessen Kerngeschäft die Beratung im Projektmanagement ist, ist durchaus bewusst, dass wenn jemand sich über Projektmanagement im Internet informieren will, es sich um einen hochwertigen Kontakt handelt. Damit ist das Geld gut investiert, wenn man ihn durch den „sponsored" Link auf die eigene Webseite locken kann. Das Gleiche gilt in der Pressearbeit für einen Journalisten oder Redakteur, der einen redaktionellen Beitrag über Projektmanagement verfassen möchte – durch den Link wird er auf die Webseite gebracht, auf der dann aber auch entsprechendes Material bereitgestellt sein muss, das für den Journalisten von Interesse ist. Mit dem Link alleine ist es hier nicht getan!

Großauftrag mit dem Konzern abgeschlossen werden. Ermöglicht wurde dieses spezielle Geschenk natürlich auch dadurch, dass bei den vielen Vertriebsgesprächen der Vertriebsmitarbeiter auch private Themen angesprochen hatte und so in Erfahrung gebracht hatte, dass der IT-Leiter einen dreijährigen Sohn hatte.

Maximales Gesamt-gewicht beim Porto ausnutzen

Eine weitere beliebte Guerilla-Technik besteht darin, das maximale Gesamtgewicht beim Porto auszunutzen. Was heißt das? Ein einfaches Beispiel: Ein Unternehmen sendet eine 1-seitige Rechnung an einen Kunden – portotechnisch gesehen wäre also noch Platz für zwei weitere Seiten! Warum also nicht zwei zusätzliche Seiten beilegen? Möglicher Inhalt könnte sein:

Möglicher Inhalt zusätzlicher Beilagen

- Werbung für ergänzende Dienstleistungen, wie zum Beispiel Schulungen oder spezielle Trainings.

- Kombiangebot – zugegebener Maßen sehr gefährlich, aber die Idee sieht wie folgt aus: Die erste Seite enthält das geforderte Angebot, auf den beiden weiteren Seiten wird ein zusätzlicher Rabatt eingeräumt, wenn mit der Bestellung eine weitere Bestellung (zum Beispiel eines weiteren Produktes oder einer ergänzenden Dienstleistung) vorgenommen wird.[32]

- Hinweis auf eine wichtige Veranstaltung, wie zum Beispiel eine Anwenderkonferenz oder eine Kongressteilnahme.

- usw.

Hier sind der Fantasie keine Grenzen gesetzt. Gute Guerilla-Arbeit zeichnet sich besonders dadurch aus, dass ständig neue Ideen entwickelt werden.

2.4.7
Fazit

Kostenreduzierung im Marketing

Guerilla-Marketing kann, sofern es konsequent umgesetzt wird, erheblich zur Kostenreduzierung im Marketing beitragen. Gerade in Krisenzeiten wenden immer mehr Unternehmen auch aus der IT-Branche Guerilla-Techniken an. Es darf jedoch nicht unterschätzt werden, dass Guerilla-Marketing sehr zeitaufwendig ist, da man sorgfältige Zielgruppenrecherchen durchführen muss und zum Teil erheblich mehr Kenntnisse über seine Kunden haben muss, als das beim herkömmlichen Marketing der Fall ist.

---

[32] Gefährlich deshalb, weil dadurch der Bestellprozess des Kunden sich verlängern könnte, da über das zusätzliche Angebot nachgedacht wird.

2.5
Mischung der Strategien

2.5.1
Einführung

Je nach Position, die das Unternehmen auf dem Markt innehat, können diese drei Marketingstrategien auch miteinander kombiniert werden. In diesem Abschnitt wollen wir die folgenden vier Kombinationen darstellen:

- Die Kombination von Leadsgenerierung und Awareness Marketing mit dem Schwerpunkt auf der Leadsgenerierung

- Die Kombination von Leadsgenerierung und Guerilla-Marketing mit dem Schwerpunkt auf der Leadsgenerierung

- Die Kombination von Guerilla-Marketing und Leadsgenerierung mit dem Schwerpunkt des Guerilla-Marketings

- Die Kombination von Awareness Marketing und Leadsgenerierung mit dem Schwerpunkt auf dem Awareness Marketing

Vier mögliche Kombinationen

Die Kombination von Awareness Marketing mit Guerilla-Marketing ist eher selten anzutreffen, da diese beiden Strategien erhebliche Unterschiede aufweisen. Daher sollen sie an dieser Stelle auch nicht weiter betrachtet werden.

2.5.2
Schwerpunkt Leadsgenerierung mit Awareness-Einfluss

Ein Unternehmen, das bisher erfolgreich das Marketing anhand der Leadsgenerierung ausgerichtet hat, wird irgendwann vor der Entscheidung stehen, ob weiterhin ausschließlich die Strategie der Leadsgenerierung das Marketing beherrschen soll oder ob man bereits einen Punkt erreicht hat, wo man sich langsam dem Awareness Marketing annähert. Die folgenden Grundvoraussetzungen sollten dafür gegeben sein:

- Das Unternehmen sollte auf dem Markt einen gewissen Bekanntheitsgrad haben.

Grundvoraussetzungen

- Die Pipeline des Unternehmens ist so gefüllt, dass ein plötzlicher Umsatzeinbruch, der auch entsprechende Auswirkungen auf das Marketing-Budget hätte, nicht zu erwarten ist.

- Eine deutliche Erhöhung des Marketingbudgets wurde durch die Geschäftsleitung zugesichert.

- Das Marketing verfügt über das entsprechende Know-how und die Kontakte, die zur Einführung des Awareness Marketings notwendig sind.

Umstellung einzelner Marketingaktivitäten

Sind diese Grundvoraussetzungen erfüllt, so kann man beginnen, einzelne Marketingaktivitäten auf das Awareness Marketing umzustellen. Es sollte jedoch auf keinen Fall ein krasser Wechsel zwischen diesen beiden Marketingstrategien vorgenommen werden.

Die Umstellung der einzelnen Marketingaktivitäten sollte wohl überlegt vorgenommen werden, und zwar unter dem Bewusstsein, dass wenn eine Aktivität auf Awareness Marketing umgestellt wurde, diese nicht mehr so schnell wieder verändert werden kann. Daher sollten die umzustellenden Marketingaktivitäten der folgenden Untersuchung unterzogen werden:

Wichtige Untersu-chungen

- Wie hoch sind die Mehrkosten, wenn die Marketingaktivität umgestellt wird?

- Würde die Umstellung einer Marketingaktivität den Erfolg einer anderen Marketingaktivität gefährden?

- Würde die Umstellung einer Marketingaktivität die Umstellung einer anderen Marketingaktivität erzwingen?

Roadmap

Im Anschluss sollte in einer Roadmap festgehalten werden, wann welche Marketingaktivität umgestellt werden soll und was die jeweiligen Ziele der Umstellung sind. Die Roadmap muss mit dem Vertrieb (und eigentlich auch mit der Geschäftsleitung) abgesprochen werden. Für den Vertrieb ist dabei besonders von Interesse, wie viele Leads durch die Umstellung weniger generiert werden und vor allem inwieweit sich die Qualität der Leads verändern wird.

2.5.3
Schwerpunkt Leadsgenerierung mit Guerilla-Marketing-Einfluss

Ein Unternehmen, das bisher ausschließlich mit der Leadsgenerierung gearbeitet hat, kann unterschiedliche Motive haben, Guerilla-Techniken einzuführen. Ein Punkt dazu sei bereits an dieser Stelle aufgeführt:

Wichtige Grundvor-aussetzung

```
Wenn die Motivation zur Einführung von Gue-
rilla-Techniken dadurch bedingt ist, dass das
Marketingbudget reduziert wurde, und man nun
nur deshalb Guerilla-Techniken einführt, um
Kosten zu reduzieren, so ist dieser Versuch
von Anfang an zum Scheitern verurteilt, da
```

**man dann meist nicht von der Sinnhaftigkeit
der Guerilla-Techniken überzeugt ist.**

Es gibt jedoch eine Reihe von guten Gründen Guerilla-Techniken
einzuführen:

- Ein Unternehmen möchte einen neuen Markt oder eine neue
  Branche angehen, erste Schritte auf diesem neuen Markt sollen
  wohl überlegt und bewusst durchgeführt werden. Man will nicht
  gleich erhebliche Teile des Marketingbudgets hier investieren.

- Ein Unternehmen hat ein neues Produkt entwickelt, das nun
  vorsichtig auf dem Markt platziert werden soll. Besonders wenn
  das neue Produkt nicht unbedingt zum sonstigen Produktportfolio passt, sind hier Guerilla-Techniken sinnvoll.

- Gewisse Marketingaktivitäten haben einfach nicht den gewünschten Erfolg gebracht, man versucht nun Alternativen dazu zu finden. Häufiges Beispiel sind hier Mailings.

*Gründe für Guerilla-
Techniken*

Wie schon bei einer Umstellung der Marketingaktivitäten von der
Leadsgenerierung zum Awareness Marketing ist auch bei einer
Umstellung auf Guerilla-Techniken eine Roadmap mit den ent-
sprechenden Aktivitäten und Zielen aufzustellen.

2.5.4
Schwerpunkt Guerilla-Marketing mit Leadsgenerierungs-Einfluss

Oft liegt die folgende Situation vor: Ein Unternehmen war bisher
erfolgreich mit der Strategie des Guerilla-Marketings auf dem
Markt aktiv. Man möchte jedoch wachsen und neue Märkte erschließen. Der Bedarf der Bestandskunden ist weitgehend gesättigt
und man benötigt Neukunden.

*Wachsen und neue
Märkte erschließen*

Hier bietet es sich nun an, dass man einzelne Marketinginstrumente mehr an der Leadsgenerierung ausrichtet, wobei die folgenden Punkte zu beachten sind:

- Wie hoch sind die Mehrkosten, die eine Umstellung bewirkt
  und wie groß ist die zu erwartende Zahl der zusätzlichen Leads?

- Ist das Marketingbudget ausreichend groß und vor allem stabil
  (also innerhalb der nächsten beiden Quartale frei von Kürzungen)?

- Ist die Vertriebsmannschaft personell in der Lage, eine signifikante Steigerung der Leadszahl überhaupt zu bearbeiten?

*Zu berücksichtigende
Punkte*

- In welchem Widerspruch stehen die einzusetzenden Instrumente im Vergleich zu den beizubehaltenden Guerilla-Techniken?

Auch hier gilt, dass die zu erstellende Roadmap sowie die Involvierung des Vertriebs zwingend erforderlich sind, bevor man die Integration der Leadsgenerierung vornimmt.

2.5.5
Schwerpunkt Awareness Marketing mit Leadsgenerierung-Einfluss

Umfeld des Unternehmens ist wichtig

Ein Unternehmen, das erfolgreich mit Awareness Marketing auf dem Markt agiert, wird niemals einzelne Instrumente der Leadsgenerierung vernachlässigen. Wie groß der Einfluss der Leadsgenerierung noch ist, hängt jedoch vom Umfeld des Unternehmens ab. So wird ein Produkthaus immer mehr Instrumente der Leadsgenerierung zum Einsatz bringen, als das bei einem Dienstleistungsunternehmen der Fall ist.

Besonders die folgenden Instrumente der Leadsgenerierung finden innerhalb des Awareness Marketings immer noch Berücksichtigung:

Bleibende Instrumente der Leadsgenerierung

- Der Besuch von Messen (wenn auch mit einem völlig anderen Auftreten) ist besonders für Produkthäuser nach wie vor interessant.

- Der umfangreiche Webauftritt (im Idealfall personalisiert) dient nach wie vor der Kontaktgenerierung.

- Auch die üblichen Mailings mit Rückantwort werden nicht völlig außer Acht gelassen.

Es sei aber an dieser Stelle nochmals darauf hingewiesen, dass Leadsgenerierungstechniken zwar zur Unterstützung des Awareness Marketings herangezogen werden können, aber das Awareness Marketing muss weiterhin im Vordergrund stehen.

2.5.6
Fazit

Zahlreiche Kombinationsmöglichkeiten

Es gibt zahlreiche Kombinationsmöglichkeiten der unterschiedlichen Marketingstrategien – besonders bei einem Wechsel von einer Strategie zur anderen ist eine vorübergehende Kombination der einzelnen Strategien sinnvoll.

Es sind aber auch gewisse Regeln zu beachten, so ist sowohl die Roadmap der Umstellung als auch die Kommunikation mit dem Vertrieb von großer Bedeutung.

2.6
Analyseinstrumente im Marketing

2.6.1
Einführung

Die Festlegung der Marketingstrategie hängt von einer Vielzahl von Faktoren ab (also nicht nur von der Höhe des Marketingbudgets). Die Messung dieser Faktoren kann durch entsprechende Analyseinstrumente vorgenommen werden. In diesem Kapitel wollen wir die folgenden drei Analyseinstrumente besprechen:

- Adaptionskurven
- Boston-Portfolio
- HLMC-Portfolio

Drei Analyseinstrumente

2.6.2
Adaptionskurven

Das wichtigste Instrument im Marketing sind die so genannten Adaptionskurven. Die Adaptionskurve betrachtet dabei ein Produkt, angefangen vom ersten Erscheinen auf den Markt. Dabei steht die Adaption (daher der Name Adaptionskurve) des Produktes seitens der Kunden (Adaptoren) im Vordergrund. Die Adaptoren werden dabei in fünf unterschiedliche Kategorien eingeteilt, die im Folgenden kurz beschrieben werden:

- Innovatoren: Kurz nach der Einführung ist das Interesse in erster Linie bei den Innovatoren vorhanden, also bei Unternehmen, die sich neuer Technologien sofort bedienen, um einen Wettbewerbsvorteil zu erlangen. Mit durchschnittlichen 3% gehören diese Adaptoren oft auch zu der Art von Kunden, die ein Produkt vor allem deshalb anschaffen, um damit zu experimentieren, ob sich eine dem Produkt zugrunde liegende Technologie im Unternehmen etablieren könnte.

Innovatoren

- Frühe Adaptoren: Hier entscheidet sich mit 13% bereits ein kleinerer Kundenstamm für den Einsatz des Produktes. Dabei handelt es sich oft um Bestandskunden, die mit einem anderen

Frühe Adaptoren

Produkt des Herstellers bereits zufrieden waren und nun das neue Produkt einsetzen wollen.

Frühe Mehrheit

- Frühe Mehrheit: Hier sind 34% der Kunden bereit, ein Produkt oder eine Technologie einzusetzen, die gerade beginnt, sich am Markt zu etablieren. Hierbei handelt es sich meist um Unternehmen, die nicht die Kinderkrankheiten des neuen Produktes durchleben wollen, aber trotzdem frühzeitig auf eine neue Technologie umsteigen möchten.

Späte Mehrheit

- Späte Mehrheit: Ebenfalls mit 34% setzen hier Kunden ein Produkt ein, welches mittlerweile State of the Art auf dem Markt ist. Zielkunden sind Unternehmen, die sich erst dann auf ein Produkt verlassen, wenn es wirklich ausgereift ist und sich in der Wirtschaft bereits etabliert hat.

Nachzügler

- Nachzügler: Hier kommen mit 16% diejenigen Unternehmen zum Zug, die eigentlich schon fast einen Technologiesprung verpasst haben. Produkte, die in diesem Segment wiederzufinden sind, laufen Gefahr, demnächst vom Markt zu verschwinden.

Diese Beschreibung – aus Verbrauchersicht – hat natürlich auch unmittelbare Auswirkungen auf den Hersteller des Produktes. So hat ein Hersteller, dessen Produkt sich noch in der Innovationsphase befindet, erheblich mehr an Marketingbudget bereitzustellen und wesentlich mehr Marketingaktivitäten durchzuführen, um zunächst den Bekanntheitsgrad auf dem Markt zu steigern. Es würde sehr teuer werden, hier bereits mit dem Awareness Marketing zu beginnen. Abbildung 6 zeigt die Adaptionskurve.

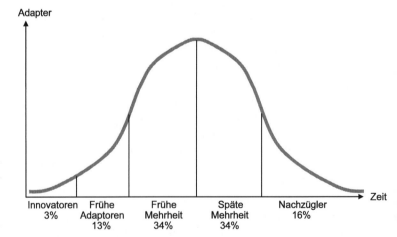

Abbildung 6:
Die Adaptionskurve ist
ein wertvolles Mess-
instrument im
Marketing

Befindet sich das Produkt bereits im Bereich der frühen Mehrheit, so sollte man weg von der Leadsgenerierung gehen und sich in Richtung Awareness Marketing begeben.

2.6.3
Das Boston-Portfolio

Ein weiteres wichtiges Analyseinstrument ist das Boston Portfolio. Mit Hilfe dieses Instruments kann man messen, wie hoch der jeweilige Vertriebsaufwand (und damit einhergehend auch der Marketingaufwand und das zugeteilte Marketing-Budget) ist. Das Boston Portfolio, dargestellt in Abbildung 7, vergleicht dabei vier verschiedene Ausgangssituationen:

Messung des Vertriebsaufwands

- Neue Produkte in neuen Märkten
- Neue Produkte in bekannten Märkten
- Bekannte Produkte in neuen Märkten
- Bekannte Produkte in bekannten Märkten

Vier verschiedene Ausgangssituationen

Neues Produkt in bekanntem Markt   Neues Produkt in neuem Markt

9 - 12facher Vertriebsaufwand

13 – 16facher Vertriebsaufwand

0 - 4facher Vertriebsaufwand

5 – 8facher Vertriebsaufwand

Bekanntes Produkt in bekanntem Markt   Bekanntes Produkt in neuem Markt

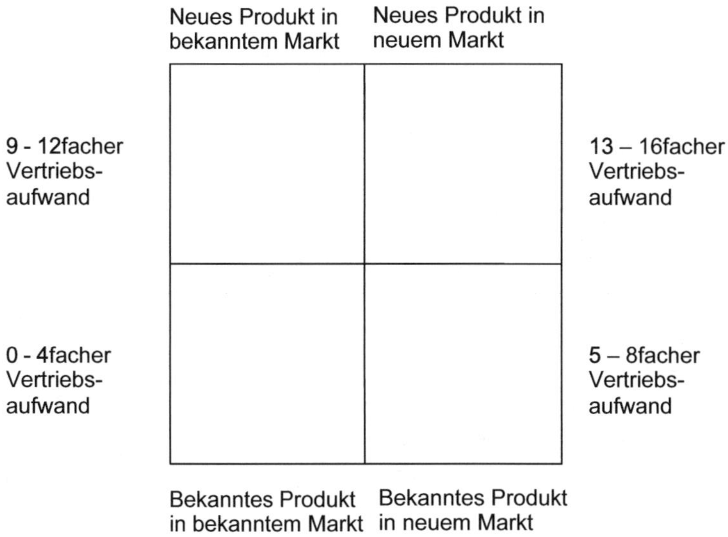

Abbildung 7: Das Boston-Portfolio zur Messung des Vertriebsaufwandes

2.6.4
Das HLMC-Portfolio

Das HLMC (High Level Marketing Consulting)-Portfolio ist ein einfaches Hilfsmittel, um feststellen zu können, in welchem Quadranten (siehe Abbildung 8) sich ein Unternehmen gerade befindet und vor allem wo es sich zukünftig marketingtechnisch gesehen hinbewegen möchte. Gegenübergestellt werden die folgenden beiden Ausrichtungen:

Zwei unterschiedliche Ausrichtungen

- Geht das Marketing eher in die Richtung Leadsgenerierung oder Awareness Marketing (Image)?

- Werden die Marketinginstrumente eher konventionell oder nach Guerilla-Techniken durchgeführt?

In einem ersten Schritt wird festgelegt, wo man sich derzeit befindet. Es wird für viele Unternehmen eine Überraschung sein, dass man Schwierigkeiten bekommt, einen der vier Quadranten zu lokalisieren. Dies ist meist ein Hinweis dafür, dass das Marketing sich noch nicht in einer klaren Zielrichtung befindet.

Festlegung des Quadranten

Im zweiten Schritt wird festgelegt, wo man in Zukunft sein möchte, also in welchem der vier Quadranten. Erst dann werden die jeweiligen Marketinginstrumente bestimmt, mit denen man diesen Weg bestreiten möchte.

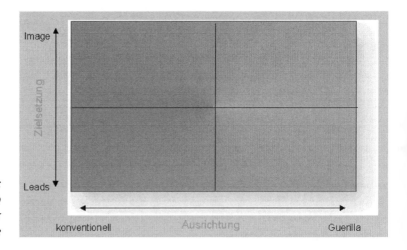

Abbildung 8: Das HLMC-Portfolio zur Festlegung der Marketingstrategie

2.7
Fazit

Die in diesem Kapitel näher vorgestellten Marketingstrategien sind in der IT-Branche am häufigsten vertreten. Meist ist eine gesunde Mischung aus diesen Strategien sinnvoll, besonders wenn das Marketingbudget nicht allzu üppig ausfällt. Als Messmethode für den Erfolg der Strategien wurde das Closed Loop Marketing erläutert, es zeigt sich jedoch, dass dieses nicht auf alle Elemente des Marketings anwendbar ist.

Ferner wurde aufgezeigt, dass es verschiedene Analyseinstrumente gibt, anhand derer der Erfolg des Marketings gemessen werden kann bzw. eine Standortbestimmung vorgenommen werden kann, wo man sich mit der derzeitigen Marketingstrategie befindet.

Gesunde Mischung ist sinnvoll

3 Marketingkommunikation und Corporate Identity

Andreas Esslinger

3.1 Einführung

Auch in der technologiegetriebenen Goldgräberstimmung, die seit dem Entstehen der IT-Branche herrschte und die im Internetboom der 90er Jahre ihren Höhepunkt erreichte, ist ein Wandel vom produkt- und technologieorientierten Denken hin zu einer marktorientierten Unternehmensführung zu erkennen – und gleichzeitig dringend notwendig, wenngleich auch viel später als in anderen Industrien und mit einer anderen Dynamik.

Das klassische Marketing setzte sich in Deutschland ab 1945 durch, als sich der Käufermarkt langsam in einen Verkäufermarkt wandelte. In einem Verkäufermarkt ist die Nachfrage größer als das Angebot. In einer solchen Absatzmarktsituation ist eine Markt- und Bedürfnisorientierung von geringer Bedeutung, vielmehr stehen Beschaffung, Produktion oder Finanzierung im Vordergrund. Käufermärkte haben sich in Deutschland seit den 50er Jahren entwickelt. Sie sind dadurch gekennzeichnet, dass Käufer auf den Märkten aus einer Vielzahl von Angeboten auswählen können. *Vom Käufermarkt zum Verkäufermarkt*

Mit dem Wandel vom Verkäufermarkt zum Käufermarkt mussten Unternehmen sich plötzlich auf die Wünsche, Bedürfnisse und Probleme ihrer potentiellen Abnehmer einstellen. Das Angebot an Produkten und Dienstleistungen, und schließlich das gesamte Unternehmen, war auf die Absatzmärkte auszurichten. *Ausrichtung auf Absatzmärkte*

Die Entwicklung in der IT-Branche ist ähnlich, wenngleich die Situation am Markt nicht von den Abnehmern, sondern von den Anbietern bestimmt wird. Vor allem während der 90er Jahre wurden die potentiellen Abnehmer förmlich überschwemmt mit immer neuen Technologien, die entsprechende Unternehmen und

Produkte mit sich brachten. Jede versprach von sich die Lösung der großen Probleme und Herausforderungen von Internet und E-Business, die Lobeshymnen der Analysten trugen das ihre dazu bei. Diese Entwicklung war stark technologiegetrieben, auf Interessen, Wünsche oder Probleme der potentiellen Kunden wurde wenig eingegangen. Die Folge war eine große Verunsicherung auf Seiten der Unternehmen, welche Technologien oder Produkte jetzt wohl die richtigen sind. Gleichzeitig standen sie unter großem Entscheidungsdruck, da kein Unternehmen das Rennen im E-Business verlieren wollte.

Unternehmen muss marketingorientiert ausgerichtet werden

In einer solchen Situation ist es unumgänglich, ein Unternehmen marketingorientiert auszurichten und zu führen und sich darüber ernsthaft Gedanken zu machen, welchen Nutzen das eigene Angebot bei potentiellen Abnehmern stiften kann.

3.2
Marketing und Marketingkommunikation

3.2.1
Einführung

Es gibt zahlreiche Definitionen des Begriffes Marketing, der einem permanenten Wandel unterworfen ist. Es lassen sich aber folgende Aussagen machen, die die entscheidenden Wesensmerkmale des Marketings zusammenfassen: Marketing wird heute als Ausdruck für eine umfassende Konzeption des Planens und Handelns gesehen, bei der alle Aktivitäten eines Unternehmens konsequent auf die gegenwärtigen und zukünftigen Erfordernisse der Märkte ausgerichtet werden, mit dem Ziel der Befriedigung von Bedürfnissen des Marktes und der individuellen Ziele.

Marketing ist Chefsache

Marketing ist also „Chefsache", eine Frage der grundsätzlichen Ausrichtung eines Unternehmens auf den Markt, und ist begründet in Bedürfnisse auf Kundenseite, nicht in visionären Wunschvorstellungen auf Herstellerseite.

Allerdings gehört zum Marketing mehr als nur die Entwicklung eines Produktes, die Festlegung eines Dienstleistungsangebotes sowie die Festlegung eines entsprechenden Preises und die Einführung auf dem Markt. Wenn ein Unternehmen sich dem Wettbewerb stellen will, muss es darüber hinaus im Sinne dieser Ziele absatzfördernde Kommunikation an seine gegenwärtigen und potentiellen Kunden richten.

3.2.2
Der Kommunikationsprozess im Marketing

Kommunikation im Allgemeinen ist die Übermittlung von Botschaften und Nachrichten, ausgehend von einem Sender, gerichtet an einen Empfänger. Durch Reaktion oder Beantwortung wird dieser zunächst einseitige Informationsfluss zum zweiseitigen Informationsaustausch. Soweit die alltägliche Kommunikation. Im Rahmen der Unternehmenskommunikation stellt sich die Frage der Informationsübermittlung auf vielfältige Weise.

Durch gezielte Botschaften sollen Reaktionen ausgelöst werden, die Wissen vergrößern sowie das Verhalten, die Einstellungen, Erwartungen, Wünsche und Neigungen des Empfängers beeinflussen und im Idealfall sogar steuern.

Kommunikation findet dabei einerseits persönlich (personale Kommunikation) statt: in der Familie, mit Freunden und Bekannten, mit Kollegen, im Verkaufsgespräch, auf Messen usw. Sie erfolgt andererseits über Medien (mediale Kommunikation), wie zum Beispiel Anzeigen in Zeitschriften, Broschüren, Plakate etc. Immer sind andere Voraussetzungen, sowohl auf der Seite des Senders als auch auf der Seite des Empfängers, gegeben. Aus rein persönlicher Erfahrung ist für jeden sicher leicht zu erkennen, dass es überzeugender Argumente und sachlicher, fundierter Informationen bedarf, wenn man Aufmerksamkeit, Interesse oder sogar Verhaltensänderungen beim Kommunikationspartner erreichen will.

Alles dreht sich um Kommunikation

Der Kommunikationsbegriff ist also als vielschichtig anzusehen. Im Rahmen des Marketings ist Kommunikation als ein Instrument zu betrachten, das potentielle Abnehmer auf Produkte oder Dienstleistungen eines Unternehmens aufmerksam machen soll und dessen Aufgabe es ist, ihr Interesse zu wecken, sie zu überzeugen und schließlich zu einer Reaktion zu bewegen und sie im Idealfall zum Kauf zu veranlassen. Diese Aufgaben müssen in einem sich stetig wandelnden personalen, sozialen, politischen, gesellschaftlichen und wirtschaftlichen Umfeld erfüllt werden.

Entsprechend lässt sich Marketingkommunikation auffassen als Überbegriff für alle Elemente im Marketing eines Unternehmens, die die Prozesse der Bedeutungsvermittlung nach innen und nach außen fördern bzw. bewirken. Sie umfasst alle zielgerichteten Handlungen eines Unternehmens, nach innen wie nach außen, die auf einer marketingorientierten Grundlage (=Ausgestaltung des Marketingmix) basieren.

Marketingkommunikation als Überbegriff

Will man Marketingkommunikation betreiben, ist es hilfreich, sich einmal den grundsätzlichen Vorgang zu veranschaulichen, der jeder Kommunikation zugrunde liegt. Dieses Modell lässt sich dann sehr anschaulich auf den Kommunikationsprozess übertragen, mit dem die Marketingverantwortlichen in Unternehmen tagtäglich befasst sind.

Wie funktioniert Kommunikation? Damit überhaupt eine Kommunikation möglich ist, bedarf es eines Senders, einer Botschaft, eines Trägers dieser Botschaft und schließlich eines Empfängers. Dabei kommt Kommunikation erst zustande, wenn der beabsichtigte Empfänger die Botschaft rezipiert und verarbeitet. Das Ergebnis dieser Informationsverarbeitung kann dann in einer Reaktion als Rückmeldung (Feedback) dem Sender wieder erkennbar werden.

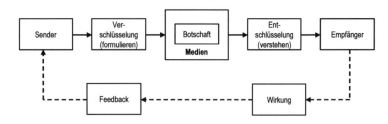

Abbildung 9: Elemente im Kommunikationsprozess

Die Darstellung des Kommunikationsprozesses verdeutlicht die sog. Kommunikationsformel nach *Lasswell*:

- Wer (Unternehmen, Kommunikation)
- Sagt was (Botschaft)
- Über welchen Kanal
- Zu wem (Zielperson, Zielgruppe)
- Mit welcher Wirkung (Kommunikationserfolg, Käufer, Image, Einstellung)

Die Sprache des Kunden sprechen So trivial dieser Kommunikationsprozess erscheint, lassen sich doch genau hier Gründe für das Scheitern von Kommunikation als das Scheitern von oft teuren Marketingaktivitäten ausmachen. Der Sender muss wissen, wen er ansprechen und welche Wirkung er auslösen will. Er muss seine Botschaft so verschlüsseln (=formulieren), dass der Empfänger sie leicht entschlüsseln (=verstehen) kann. Die Botschaft muss vom Sender zum Empfänger durch die richtigen Medien übermittelt werden. Und nicht zuletzt wäre es wünschenswert, Feedbackkanäle zu haben, um die Wirkung von Botschaften auf Empfänger erkennen zu können. Einfach gesagt müssen Anbieter, wenn sie eine Kaufentscheidung beim Kunden als Reaktion auf ihre Botschaften erzielen wollen, auch die Sprache des Kunden sprechen und nicht die Sprache der eigenen Entwicklungsabteilung.

3.3
Zielgruppen, Ziele und Instrumente der Marketingkommunikation

Die Zielgruppen der Marketingkommunikation sind durchaus sehr vielschichtig. Sie umfassen grundsätzlich die Mitarbeiter eines Unternehmens sowie auch seine Anteilseigner, tatsächliche und potentielle Kunden, aber auch Partner in sämtlichen Absatz- sowie Beschaffungsmärkten. Weiter gefasst gehören dazu außerdem Angehörige der globalen Umwelt, die Einfluss auf das Unternehmen und seine Geschäftstätigkeit nehmen, also zum Beispiel die Öffentlichkeit allgemein, die Presse oder Verbände und Interessensgruppen.

Kennzeichnend für die Marketingkommunikation ist die systematische Übermittlung von Botschaften sowie die damit beabsichtigte bzw. daraus resultierende Steuerung von Erwartungen, Einstellungen und Verhalten der Empfänger mit dem finalen Zweck der Erreichung ökonomischer Ziele. Insgesamt soll die Marketingkommunikation Beiträge zur Sicherung von Ressourcen sowie zur Anbahnung, Abwicklung und Nachbearbeitung von Geschäftsabschlüssen – somit also zur Sicherung der langfristigen Existenz des Unternehmens – leisten. Zur Erfüllung dieser Aufgaben werden durch gezielten Einsatz von Kommunikationsinstrumenten Botschaften über das Unternehmen und seine Leistungsangebote an die jeweiligen Zielgruppen vermittelt.

Systematische Übermittlung von Botschaften

Marketingkommunikation ist der Einsatz derjenigen Instrumente des Marketings, die als Träger für Informationen eines Unternehmens, die auf den Absatzmarkt zielen, eingesetzt werden können. In der klassischen Marketingliteratur sind die Aufzählungen der hier subsumierten Instrumente teilweise unterschiedlich. Aus der Sicht des IT-Marketings sind aber sicherlich die folgenden Instrumente für die tägliche Marketingpraxis von Bedeutung:

Instrumente als Träger von Information

- Persönlicher Verkauf: Verkaufsgespräche und –situationen mit potentiellen Käufern, um auf einen Verkaufs- oder Vertragsabschluss hinzuarbeiten.

Instrumente für die tägliche Marketingpraxis

- Werbung: Jede bezahlte und zielgerichtete, unpersönliche Darstellung oder Präsentation von Ideen, Produkten oder Dienstleistungen durch ein Unternehmen an einen größeren Adressatenkreis.

- Direktmarketing: alle Kommunikations- und Kontaktmittel, die gezielt und ohne große Streuverluste eingesetzt werden können und individuell auf ausgesuchte Kunden und potentielle Kaufinteressenten abzielen.

- Öffentlichkeitsarbeit / Public Relations: Eine Vielzahl von Möglichkeiten, auf indirektem Wege das Image eines Unternehmens und seiner Produkte im Bewusstsein der Öffentlichkeit allgemein und der Zielgruppen zu fördern.

- Verkaufsförderung: Kurzfristiger Anreiz zum Kauf eines Produktes bzw. einer Dienstleistung.

Sponsoring

Eine Hand wäscht die andere

Ein weiteres, sehr interessantes Instrument der Marketingkommunikation ist das **Sponsoring**. Ein Unternehmen, das als Sponsor auftritt, fördert Organisationen, Gruppen oder Einzelpersonen gezielt mit Sach-, Geld- oder Dienstleistungen (Sponsor) und erhält dafür im Gegenzug vom Gesponserten eine geplante Kommunikationsleistung und/oder das Recht, selbst Sponsoringleistungen zu kommunizieren. Je nach Größe und Budget eines Unternehmens kann Sponsoring ein sehr attraktives Marketinginstrument sein. Sponsoring findet in einem attraktiven Umfeld statt, erlebnisorientiert und mit positiv anmutenden Ergebnissen. Das Unterstützen „förderungswürdiger" Institutionen und Aktionen verdeutlicht zum Beispiel das gesellschaftliche Engagement eines Unternehmens. Das gilt v.a. bei Kultur- oder Sozialsponsoring. Oder aber es transportiert den „Spirit" eines Unternehmens auf hervorragende Art und Weise, so zum Beispiel im Sportsponsoring. Oracle und SAP leisten sich Spitzensegeljachten mit entsprechenden Crews und streiten ihren Wettbewerb so auch sehr publikumswirksam auf den Weltmeeren aus.

Corporate Identity als Klammer

In der klassischen Marketingliteratur wird der Bereich der **Corporate Identity** (CI) als weiteres Instrument aufgezählt oder aber sogar noch dem Bereich Public Relations zugeschlagen. Dieser Ansatz greift jedoch heute nicht weit genug. Die einzelnen Ausführungsformen der Instrumente der Marketingkommunikation wirken mehrfach, zum Beispiel werbend und verkaufsfördernd. Und sie werden ergänzend und nicht isoliert eingesetzt.

Gleichzeitig wird Kommunikation aber nicht nur durch diese speziellen Kommunikationsinstrumente bewirkt, sondern auch durch:

- die Gestaltung von Produkten,

- Form- und Farbgebung von Verpackungen und Verkaufsunterlagen,

- Auftreten und Kleidung der Verkäufer und Mitarbeiter eines Unternehmens.

All das wirkt kommunikativ und absatzfördernd (oder auch nicht) beim Kunden. Zur Erzielung größtmöglicher Wirkung müssen all diese Elemente sowie der komplette Marketingmix, sämtliche Arten der Erscheinung eines Unternehmens und seiner Teile, aufeinander abgestimmt sein. Das Konzept der Corporate Identity kann hier als kommunikative Klammer um das Ganze angesehen werden.

Abbildung 10:
Corporate Identity
und der Marketingmix

3.4
Corporate Identity und Marketingkommunikation

Eine glaubwürdige Kommunikation muss auf der Persönlichkeit, der „Seele" des Kommunikators bzw. des Kommunikationssubjektes, aufbauen und diese für alle Zielpersonen in gleicher Weise erlebbar machen. Unter Persönlichkeit wird normalerweise das besondere Wesen eines Individuums verstanden, also die Gesamtheit seiner

Glaubwürdige Kommunikation

- Werthaltungen,

- Einstellungen,

- Bedürfnisse,

- Wünsche,

- Ziele,

- Gewohnheiten,

- Denk- und Handlungsweisen

- etc.

Unternehmen verfügen über Persönlichkeit

Auch ein Unternehmen verfügt über eine charakteristische Persönlichkeit, die jedoch mehr als nur die Summe der Persönlichkeiten seiner Angehörigen ausmacht. Obwohl sich das Konstrukt „Persönlichkeit" zunächst auf Menschen und Organisationen bezieht, lässt sich dieser Gedanke auch auf Sachen und somit auf Unternehmen, deren Produkte bzw. Dienstleistungen übertragen.

Daraus folgt als strategische Aufgabe der Marketingkommunikation, dafür zu sorgen, dass das Unternehmen sowie die angebotenen Leistungen den Zielpersonen bekannt sind und eine möglichst hohe Deckungsgleichheit zwischen Selbstbild bzw. Wunschbild und Image bei internen und externen Zielpersonen erreicht wird. Die strategische Basis und Plattform bildet dabei die Corporate Identity. Diese kann gleichzeitig den Rahmen für die strategische Produkt- oder Markenkommunikation auf der Basis von Brand-Identity-Konzeptionen für jede angebotene Marke schaffen. Durch Erstellung und Umsetzung aufeinander abgestimmter strategischer Kommunikationsziele und entsprechender Kommunikationsstrategien sollen die Identitätskonzeptionen langfristig für Kontinuität und Kompatibilität der einzelnen Kommunikationsmaßnahmen eines Unternehmens sorgen.

Aufbau einzigartiger Identität

In der Marketingtheorie gibt es eine Vielzahl unterschiedlicher Ansätze und Definitionen für Corporate Identity. In der Marketingpraxis, sowohl in Unternehmen als auch in Agenturen, wird der Begriff und das, was an Aktivitäten und Instrumenten damit verbunden ist, noch viel breiter ausgelegt. Und in manchen kleineren und mittelständischen Firmen der IT-Branche wird dieser grundlegende Baustein für die Marketing- und Kommunikationspraxis oftmals noch sehr stiefmütterlich behandelt. Allen gemeinsam ist aber ein grundsätzliches Nachdenken darüber, wie es kontinuierlich möglich ist, für ein Unternehmen eine unverwechselbare Identität aufzubauen und sich von der Konkurrenz abzuheben.

Gerade im Bereich der IT ist diese unverwechselbare Identität zwingend notwendig. Sie ist die Basis für eine professionelle Unternehmenskommunikation und mitverantwortlich für den Erfolg eines Unternehmens:

- Was denken eigentlich Kunden über Ihr Unternehmen?
- Kennen sie die wichtigsten Eigenschaften und Besonderheiten Ihrer Produkte?
- Halten Partner ihr Unternehmen für seriös und vertrauenswürdig?
- Wie wird ihr Unternehmen von der Fachpresse wahrgenommen – und wird es überhaupt wahrgenommen?
- Fühlen sich Ihre Mitarbeiter wohl an ihrem Arbeitsplatz und sind deshalb motiviert und leistungsfähig? Oder haben sie schon innerlich gekündigt und kommen nur, um abends wieder zu gehen?

Wichtige Fragen für eine unverwechselbare Identität

3.4.1
Veränderte Marktbedingungen erfordern Corporate Identity

Auch wenn den Träumen von der schier endlos erscheinenden Erfolgsgeschichte der IT-Branche ein jähes Ende bereitet wurde und sich in nächster Zeit sicher keine zweistelligen Wachstumsraten mehr einstellen werden, so ist doch die Computer- und Informationstechnologie eine feste Größe geworden. Für das Marketing hat jedoch die rasante Entwicklung Ende der 90er Jahre, der Internet- und E-Business-Hype, vieles nicht gerade leichter gemacht.

Keine zweistelligen Wachstumsraten mehr

Die Gesamtverhältnisse auf dem Markt haben sich erheblich geändert. Der Kreis der Anbieter auf dem Markt ist durch viele Neugründungen deutlich größer und der Konkurrenzdruck um ein Vielfaches härter geworden – immer mehr Unternehmen buhlen um die Gunst und die Budgets der Kunden. In Deutschland stieg die Zahl der IT-Firmen zwischen 1998 und 2000 um mehr als ein Drittel. Ob im Bereich Softwareentwicklung, bei ERP-, Dokumentenmanagement-, Internet- oder Netzwerklösungen: In vielen Segmenten tummeln sich zu viele Anbieter und machen sich gegenseitig das Geschäft schwer. Aus dem Nachfragemarkt ist ein Angebotsmarkt geworden. Früher verkauften sich IT-Produkte praktisch von allein, heute sind erhebliche Vertriebs- und Marketinganstrengungen erforderlich, um sich gegen die Konkurrenz und beim Kunden durchsetzen zu können.

Größerer Konkurrenzdruck

Gleichzeitig tauchten fortwährend neue Technologien am Horizont auf – weit davon entfernt, ausgereift zu sein, aber immer mit dem Anspruch, die wirklich großen Probleme der IT nachhaltig zu lösen. Der gesamte Markt bewegte sich in einer schier unglaublichen Geschwindigkeit und die IT-Unternehmen sprangen auf jeden fahrenden Zug auf. Die IT-Presse im Schulterschluss mit den Analysten saß gleichsam vorne im Führerhaus der Lock und heizte noch mal gewaltig ein.

Die Folge dieser Entwicklung auf der Kundenseite: ein völlig indifferentes Bild vom Markt und den Anbietern, gepaart mit einer großen Unsicherheit, welche Technologien, Produkte und Lösungen jetzt die richtigen sind. Und Unsicherheit ist kein Freund der Entscheidung. Zusätzlich ist seit dem Zerplatzen der Dotcom-Blase die Nachfrage nach IT-Produkten und Dienstleistungen stark gesunken, die Budgets sind geschrumpft.

In dieser Situation muss ein Unternehmen klar und deutlich sagen können, wofür es steht, was es kann, inwiefern es sich von anderen unterscheidet und, vor allem, welchen Nutzen der Kunde daraus ziehen kann. IT-Firmen müssen in der Lage sein, ein Bild ihres Unternehmens zu zeichnen, das verständlich und greifbar ist. Nichts anderes will Corporate Identity.

3.4.2
Mitarbeiter – das höchste Gut in der IT

Die oben skizzierte Marktentwicklung geht natürlich auch an den Mitarbeitern dieser Branchen nicht spurlos vorbei. Zumal die Mitarbeiter dieser Branche – hochintelligent und hoch qualifiziert – sowieso eine besondere Spezies sind. Sie wollen nicht einfach Rädchen im Uhrwerk sein. Sie wollen den Sinn ihrer Tätigkeit und die übergeordneten Ziele des Unternehmens kennen und stärker in das Unternehmensgeschehen eingebunden sein.

Die Identifikation fehlt
Zusammenschlüsse und Übernahmen, schnell steigende Mitarbeiterzahlen sind in der IT-Branche an der Tagesordnung. Ein Wir-Gefühl stellt sich hier nur schwer von selbst ein, neuen Mitarbeitern fällt es schwer, sich einzufügen, und auch das Stammpersonal verliert bei der rasanten Technologie- und Marktentwicklung den Überblick. Unternehmen müssen also ihren Mitarbeitern erklären, welche Ziele das Unternehmen verfolgt und warum es sich lohnt, für diese Ziele einzutreten, damit sich die Mitarbeiter mit dem Unternehmen identifizieren und sich für seine Ziele einsetzen.

Das alles zeigt, wie wichtig eine einheitliche, unverwechselbare und klare Identität für ein Unternehmen gerade in der IT-Branche ist: Sie sorgt dafür, dass Unternehmen und ihre Leistungen wahrgenommen, erinnert und zugeordnet werden. Und sie ist gleichzeitig der Handlungsrahmen für Mitarbeiter, sorgt für Sinngebung und hoffentlich für geringe Fluktuation im Unternehmen.

3.5
Das Wesen der Corporate Identity

Inzwischen sollte klar geworden sein, dass Corporate Identity (CI) mehr ist als lediglich das Logo oder die Werbung eines Unternehmens. Und doch werden heute in Unternehmen meist nur Einzelaspekte des Gesamtkomplexes CI aufgegriffen und umgesetzt. Oftmals wird CI gleichgesetzt mit Design, Logoentwicklung oder Kommunikation.

Mehr als nur Design

Ein Blick in Gablers Wirtschaftslexikon bietet unter dem Begriff Corporate Identity entweder eine Definition als strategisches Kommunikationskonzept zur Positionierung eines klar strukturierten, einheitlichen Selbstverständnisses eines Unternehmens (also „Identität"), sowohl innerhalb eines Unternehmens als auch nach außen in der Unternehmensumwelt, oder sogar gleich als strategisches Konzept der Unternehmensführung und -planung.

Strategisches Kommunikationskonzept

Man erhält hier also keine eindimensionale Begriffsbestimmung, sondern ein Konzept für einen aktiven Prozess, der damit zu tun hat, welches Selbstverständnis ein Unternehmen von sich hat, und das im Beziehungsrahmen der Mitarbeiter eines Unternehmens einerseits und der Unternehmensumwelt andererseits, mit dem eindeutigen Ziel, einheitlich, klar und strukturiert zu erscheinen. Folgende Definition kann also getroffen werden:

Corporate Identity (CI) ist das Management von Identitätsprozessen eines Unternehmens.

Definition von CI

Ein Unternehmen erkennt bewusst und in einem systematischen Prozess sein Selbstverständnis und gleicht es ab mit den Wünschen und Erwartungen von Mitarbeitern und Unternehmensumfeld. Je nach Erkenntnis kann dann entschieden werde, ob und wie ein Selbstverständnis geändert werden soll. Corporate Identity als koordinierte, nach innen und außen wirkende Identität verfügt dabei über **drei Dimensionen** oder Elemente, die jeweils für sich wirken, und zueinander in Beziehung stehen:

- Leistung
- Erscheinungsbild
- Verhalten

Leistung steht als Begriff für die Fähigkeit eines Unternehmens, für das, was es anbietet, was seine Kernkompetenz darstellt. Das **Erscheinungsbild** macht all das aus, was ein Unternehmen nach innen und nach außen sichtbar macht: Logo, Farben, Schriften, Anzeigen, Bilder, Briefpapier, Visitenkarten, Broschüren usw. Unter **Verhalten** versteht man sowohl das Verhalten eines Unternehmens nach innen (gegenüber Mitarbeitern) als auch nach außen (Kunden, Öffentlichkeit). Diese verschiedenen Elemente sollten möglichst koordiniert, einheitlich und stimmig sein, um eine klare und eindeutige Identität zu vermitteln.

Je koordinierter, desto besser

Eine unkoordinierte Identität führt dabei nicht zwangsläufig zum Untergang, sie ist nicht per se schlecht. Jedes Unternehmen wird bereits an der ein oder anderen Stelle Anstrengungen vornehmen, um die Elemente zu koordinieren. Dennoch verursacht eine Unklarheit in der Unternehmensausrichtung diffuse Vorstellungen von Mitarbeitern, Kunden und der Öffentlichkeit, was zu entsprechenden Orientierungsschwierigkeiten führt. Und das kann, wie eingangs schon erläutert, in der heutigen Zeit schwerwiegende Nachteile im Wettbewerb nachsichziehen.

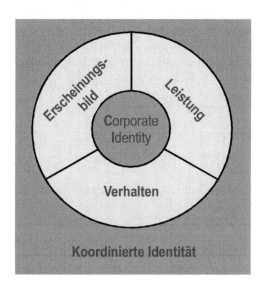

Abbildung 11:
Die Elemente der
Corporate Identity

3.5.1
Ziele und Auswirkung der CI

Die konkreten Ziele der Corporate Identity in einem Unternehmen können sehr vielfältig und verschieden sein. Sie ergeben sich im Rahmen des CI-Prozesses bei der genauen Analyse der Ist-Situation des Unternehmens und müssen dann danach festgelegt werden, was ein Unternehmen erreichen will. Entscheidend ist aber, dass Ziele für die CI-Arbeit festgelegt werden. Corporate Identity als aktive Steuerung von Identitätsprozessen ist keine abgehobene Angelegenheit der Geschäftsführung oder irgendwelcher überbezahlter Berater, sondern ein Führungs- und Managementinstrument, wenn man es richtig macht. Grundsätzlich verfolgt Corporate Identity aber sowohl interne als auch externe Ziele.

Als Ziele nach innen können die Steigerung von Produktivität und Leistung betrachtet werden. Ein klares und geschlossenes Bild vom Gesamtunternehmen bei den Mitarbeitern, ihr Bewusstsein über die Ziele eines Unternehmens und ein von allen anerkannter und gemeinsam getragener Handlungsrahmen erzeugt ein starkes „Wir-Gefühl". Die Arbeitszufriedenheit und die Motivation steigt, was sich auf die Produktivität und Leistung positiv auswirkt.

Corporate Identity steigert Produktivität

Gerade in der IT-Industrie, die gekennzeichnet ist von kurzen Produkt- und Technologiezyklen und in der die Komplexität der angebotenen Produkte und Dienstleistungen oftmals sehr hoch ist, ist eine klare Vorstellung dessen, für und mit was man angetreten ist, von großem Vorteil. Diese klare Vorstellung liefert einen Handlungsrahmen für alle Mitarbeiter und gibt Sicherheit im Umgang mit Marktpartnern. Der Einzelne weiß, wofür das Unternehmen steht, und kann das auch leicht vermitteln, ohne sich selbst erst ein eigenes Bild erstellen zu müssen.

Nach außen zum Unternehmensumfeld hin soll Corporate Identity für eine Profilierung des Unternehmens sorgen. Sie soll ein genaues Abbild der angestrebten Identität formen und entstehen lassen. Dieses eindeutige, konsistente und widerspruchsfreie Bild vom Unternehmen, das gezeichnet wird durch alle Bereiche von Marketing über Vertrieb und Einkauf bis hin zum Personalwesen, soll dabei helfen, aus der Anonymität und der Informationsüberflutung herauszutreten und erkennbar zu werden.

Ein klares Bild des Unternehmens

Dieses Bild eines Unternehmens, das **Corporate Image**, soll Orientierung bieten in einer Zeit, in der Menschen gar nicht mehr erfassen können, was um sie herum alles passiert. Das Corporate Image reduziert ein Unternehmen auf seine wesentlichen Aspekte und macht es wahrnehmbar. Des Weiteren steuert das Bild eines Unternehmens das Verhalten von Menschen. Ein positives, sympathisches Image eines Unternehmens führt zu positivem Verhalten gegenüber dem Unternehmen, ein negatives Image führt zu Ablehnung.

3.6
Bestandteile der Corporate Identity

Unternehmenskultur als Basis

Corporate Identity ist keine Erscheinung, die einem Unternehmen von heute auf morgen übergestülpt werden kann. Jedes Unternehmen zeigt Wirkung, sowohl nach außen als auch nach innen, auch wenn nicht gezielt und planvoll an der Außendarstellung, der Kommunikation oder dem Verhalten gearbeitet wurde. Schließlich wurde aus einem ganz bestimmten Grund heraus (der auch im Handelsregister nachzulesen ist) das Unternehmen einmal gegründet. Und im Laufe der Zeit haben sich in Unternehmen Verhaltensweisen herausgebildet, die als selbstverständlich erachtet werden.

Es gibt eine Auffassung darüber, was gut und schlecht, was richtig oder falsch ist. Neue Mitarbeiter werden „irgendwie" in dieses funktionierende Gebilde eingegliedert. Es sind also Werte, Normen, Grundannahmen, Verhaltensweisen etc. in Unternehmen vorhanden und zu erkennen. Diese beeinflussen die Aktivitäten der Mitarbeiter und letztlich auch die Wahrnehmung eines Unternehmens von außen. Was sich hier äußert, wird als **Unternehmenskultur** bezeichnet. Eine Unternehmenskultur ist in jedem Unternehmen vorhanden, sie entwickelt sich von selbst. Diese Unternehmenskultur, die Geschichte und Entwicklung eines Unternehmens, die Werte und Normen sowie die Verhaltensweisen prägen nicht nur einen Menschen, sondern auch ein Unternehmen. Es besitzt gewissermaßen seinen eigenen Charakter, es ist in seiner Art einzigartig.

Diese Erscheinungsformen müssen im Rahmen der Corporate Identity berücksichtigt werden. Für ein Unternehmen kann keine beliebige Identität konstruiert werden. Der vorhandene Charakter, die Kultur eines Unternehmens, muss bei der aktiven Entwicklung von Corporate Identity unbedingt berücksichtigt werden.

Das Leitbild bestimmt den Kurs

Die Basis für die Identität ist mit der Unternehmenskultur also gegeben. Jetzt geht es darum, zielgerichtet ihren Kurs zu bestimmen. Diese Aufgabe kommt der Unternehmensphilosophie und dem Leitbild zu. Hier werden sowohl in der Literatur als auch in der Praxis die unterschiedlichsten Begriffe mit den verschiedensten Auslegungen verwendet. Vor allem von den US-Firmen, die den IT-Markt dominieren, sind die Begriffe Mission und Vision bekannt, „vision" und „mission statement" sind bald auf jeder Website zu finden. Schaut man im Duden nach, findet man unter Vision unter anderem die Definition „Halluzination, Trugbild". Und Helmut Schmidt prägte einst den Satz „Wer Visionen hat, soll zum Arzt gehen". Wie auch immer die Begrifflichkeiten definiert und voneinander abgegrenzt sein mögen, wohl überlegt und richtig eingesetzt sollen Unternehmensphilosophie, Vision, Mission oder Leitbild den Kurs des Unternehmens erläutern, klar machen und letztlich bestimmen.

Die **Vision** eines Unternehmens kann als Orientierungsmaßstab in Richtung Zukunft verstanden werden. Sie fällt auf jeden Fall deutlich allgemeiner und auch kürzer aus als das jeweilige Leitbild. Das **Leitbild** „steckt für künftiges Handeln durch einen Katalog von Kriterien ab, der Werte und Bekenntnisse der Unternehmensführung zum unternehmerischen Handeln enthält und Normen für das Verhalten setzt." Das Leitbild kann also als Steuerungsinstrument für die Unternehmensführung betrachtet werden, in dem die Vision hinsichtlich gezielter Vorgaben zur Umsetzung konkretisiert wird.

Eine Vision sorgt für Orientierung

In der konkreten Ausgestaltung muss von Fall zu Fall unterschieden werden, was in welchem Umfang wirklich notwendig ist. Große Unternehmen verfügen sowohl über kurz formulierte Visionen als auch die dazugehörigen Leitbilder, die meist in seitenstarken Broschüren zusammengefasst sind, die das Leitbild aufgliedern in Leitidee, Leitsätze und ein Leitmotto. Für kleinere Unternehmen, gerade in der schnelllebigen IT-Branche, genügt sicherlich ein knapp, klar und verständlich formuliertes Leitbild, aus dem ein zentraler Kernsatz quasi als Mission Statement verwendet wird. Entscheidend ist dabei letztendlich, dass diese Bestandteile wohl überlegt sind und darauf abzielen, die angestrebte Identität eines Unternehmens in eine greifbare Nähe zu rücken, sie sollten also klar umsetzungsorientiert gehalten sein. Außerdem sollten sie, damit sie auch gelebt werden, für alle Beteiligten relevant, leicht verständlich und nachvollziehbar sein.

Ein klar formuliertes Leitbild als Basis für die Corporate Identity bietet eine Reihe von Vorteilen. Es informiert alle Mitarbeiter eines Unternehmens über die grundsätzlichen Werte, Normen und Prinzipien. Das schafft die Basis für ein einheitliches Verhalten und vermittelt dem einzelnen auch Verhaltenssicherheit. Außerdem zeigt das Leitbild jedem Mitarbeiter eines Unternehmens, wie er ganz persönlich durch seine Arbeit und sein Verhalten zum Erreichen der Unternehmensziele und so zum Gesamterfolg eines Unternehmens beitragen kann. Es können Vorgaben und Ziele für einzelne Mitarbeiter abgeleitet werden, die nicht beliebig sind,

Einbindung der Mitarbeiter

sondern die aus einem übergeordneten, gemeinsamen Selbstverständnis stammen. Das Leitbild wirkt ebenso nach außen (wenn es entsprechend kommuniziert wird) und vermittelt so zum einen die Werte eines Unternehmens und kommuniziert gleichzeitig Wünsche und Erwartungen hinsichtlich einer Zusammenarbeit.

3.6.1
Die Instrumente zur Umsetzung der CI

Abstimmung aller
Aktivitäten

Corporate Identity wirkt nach innen und nach außen durch die Gesamtheit aller Bereiche von den Leistungen (Produkten, Fähigkeiten, Dienstleistungen etc. eines Unternehmens) über das Erscheinungsbild (Corporate Design, Marketingkommunikation) und das Verhalten (Corporate Behaviour). Das Zusammenwirken dieser Bestandteile schafft letztlich das firmenspezifische, unverwechselbare Corporate Image, also das Gesamtbild eines Unternehmens. Wichtig dabei ist ein stimmiger, strategisch ausgerichteter Einsatz aller Aktivitäten dieser Bereiche, um eine einheitliche und vor allem widerspruchsfreie Unternehmensidentität zu vermitteln.

Das **Erscheinungsbild oder Corporate Design (CD)** eines Unternehmens steht für alles das, was es nach außen und nach innen sichtbar macht. Dabei bildet das Corporate Design, das konstante Gestaltungselemente festschreibt, die Plattform für die einzelnen Instrumente und Aktivitäten der Marketingkommunikation (Werbung, PR, Verkaufsförderung etc.). Auf die Umsetzung der einzelnen Instrumente der Marketingkommunikation wird an anderen Stellen in diesem Buch ausführlich eingegangen. Hier soll die Plattform der Kommunikation, das Corporate Design, näher erläutert werden.

Corporate Design
transportiert Identität

Grundsätzlich gilt: Corporate Design transportiert die Unternehmensidentität, aber sie schafft sie nicht. Corporate Design ist Form, aber nicht Inhalt. Das ist von großer Bedeutung in zweierlei Hinsicht: Zum einen wird Corporate Design häufig mit Corporate Identity gleichgesetzt, die meisten Aktivitäten konzentrieren sich ausschließlich auf den Aspekt des Designs. Sicher sind hier Veränderungen am deutlichsten sichtbar, echte organisatorische oder personelle Veränderungen sind so jedoch nicht möglich. Zum anderen sollte das Corporate Design, das die Firmenidentität vermittelt, eben an genau diese auch angepasst sein. Ein eher konservatives Unternehmen, das großen Wert auf Professionalität und „understatement" legt, sollte also kein visuelles Erscheinungsbild aufweisen, das von einer modischen, lauten und progressiven Gestaltung, grellen Farben, wilden Schriften und provozierenden Bildern gekennzeichnet ist. Das passt nicht zur Gesamtidentität, das vermittelte Unternehmensbild ist nicht widerspruchsfrei. Gerade dieses Phänomen war zu den Hochzeiten der New Economy sehr häufig zu beobachten – ein schnell gezimmertes Image mit einer modischen Gestaltung, die von angesagten Agenturen einer unkritischen Geschäftsleitung verkauft wurden.

Grundsätzlich umfasst das Corporate Design Logo, Hausfarbe, Hausschrift und Gestaltungsraster. Die ersten drei Elemente benötigt ein Unternehmen sozusagen zum Leben, der vierte Punkt, Gestaltungsraster, stellt die anderen Elemente zueinander in Beziehung. Das Logo ist das unverwechselbare Zeichen des Unternehmens. Es weckt Aufmerksamkeit, hat Signalwirkung, informiert, hat Erinnerungswert, sollte eigenständig und langlebig sein und auf den verschiedensten Vorlagen und Untergründen angebracht werden können. Logos gibt es als Bildmarken, die nur ein Symbol darstellen, als Wortmarken, die aus einem gestalteten Firmennamen bestehen können, sowie als kombinierte Marken, was eine Kombination aus Symbol und Schriftzug darstellt.

Elemente des Corporate Designs

Die Hausfarbe ist ein weiteres wesentliches Erscheinungs- und vor allem Unterscheidungsmerkmal eines Unternehmens. Bei der Wahl der Hausfarbe sollte ein Exkurs in die Farbenlehre und die psychologische Farbwirkung gemacht werden. Jede Farbe besitzt bestimmte Attribute und verursacht bestimmte Wirkungen. Diese kann man sich zu Nutze machen und sie sollten der gesamten Persönlichkeit des Unternehmens angepasst sein. Die „Hausfarbe" kann aus mehreren Farben bestehen, die aufeinander abgestimmt sein sollten. Man spricht dann hier von einem „Farbklima".

Die Hausschrift kann ebenfalls das Selbstverständnis eines Unternehmens ausdrücken. Aus welcher Fülle von vorhandenen Schriften man heute auswählen kann, lässt allein schon das große Angebot der gängigen Textverarbeitungsprogramme erahnen, und das ist nur die Oberfläche. Entscheidend bei der Wahl der richtigen Schrift ist auch hier wieder, dass die Anmutung der Schrift (statisch/dynamisch, nüchtern/emotional, neutral/individuell, weich/hart) zur Gesamtpersönlichkeit des Unternehmens passt. Darüber hinaus sollte neben der reinen Form der Schrift auch die Praktikabilität eine zentrale Rolle spielen.

Auch die Schrift ist ein Stück Identität

So sollte die gewählte Schrift in ausreichend Schriftschnitten verfügbar sein – das sind die jeweiligen Ausprägungen der Grundform, zum Beispiel fett oder kursiv. Außerdem sollte die Schrift allgemein zugänglich und überall erhältlich sein. Das ist besonders für Unternehmen von Bedeutung, die überregional oder weltweit operieren. Sind Schriften lokal nicht verfügbar, wird vor Ort meist für „kreativen Ersatz" gesorgt, was meist verheerende Folgen für die Konsistenz des Firmenauftrittes hat.

Weitere wichtige Elemente, die im Rahmen der Corporate Identity definiert werden sollten, sind:

- Art und Verwendung von Key Visuals,
- Slogans,
- Claims,
- Bilder und Fotos,
- Töne oder Musik.

Key Visuals sollten wie das Logo für hohe Aufmerksamkeit und Wiedererkennung sorgen. Slogans sind kurz, prägnant und einfach merkbar formulierte Werbebotschaften. Ein Claim stellt die verbale Kurzpositionierung eines Unternehmens dar. Diese Elemente sollten festgelegt sein, ebenso sollten Richtlinien für ihren Einsatz formuliert werden. Gleiches gilt für Bilder und Fotos oder sogar für Töne und Musik, falls sie verwendet werden.

Ein Gestaltungsraster schafft Ordnung

Durch ein Gestaltungsraster wird ein einheitliches, feststehendes Ordnungssystem geschaffen, innerhalb dessen Komponenten wie Logo, Farben, Text oder Bilder zum Einsatz kommen. Auch das ist ein zentraler Faktor für die Wiedererkennbarkeit und Konsistenz des Unternehmensauftritts. Außerdem sorgt es für eine Vereinfachung bei der Umsetzung einzelner Kommunikations- und Werbemaßnahmen. So sollte das Gestaltungsraster definiert sein für Anzeigen, Broschüren, Plakate, Displays etc. Alle Bestandteile des Corporate Designs und sämtliche Gestaltungsrichtlinien eines Unternehmens sollten in einem CD-Manual festgelegt und niedergeschrieben sein.

Corporate Behaviour ist der am schwierigsten fassbare Bereich

Das **Verhalten** oder **Corporate Behaviour** eines Unternehmens ist wohl der am schwierigsten fassbare Bereich innerhalb der Corporate Identity. Gemeint ist damit das Verhalten des Unternehmens gegenüber der „relevanten Unternehmensumwelt" – also den externen Bezugsgruppen wie Kunden, Marktpartnern, Lieferanten etc. – als auch gegenüber internen Gruppen – das sind im Wesentlichen die Mitarbeiter. Das Verhalten eines Unternehmens spielt eine wichtige Rolle im Rahmen der Corporate Identity.

Messung eines Unternehmens

Ein Unternehmen wird an dem gemessen, wie es handelt und auftritt, nicht daran, was es sagt. Folglich ist klar, dass das Handeln eines Unternehmens stimmig sein muss mit seiner gesamten Persönlichkeit. Ist das nicht der Fall, kommt es zu einem unklaren Bild des Unternehmens, was zu Verunsicherung bei externen und internen Gruppen führen wird. Stellt sich ein Unternehmen zum Beispiel als offen, flexibel, mit vielen Freiräumen und Gestaltungsmöglichkeiten dar, in der Praxis ist es aber starr organisiert und der Aufgabenbereich eines Mitarbeiters ist stark reglementiert und eingeschränkt, dann wird dieser Mitarbeiter sicher kaum motiviert sein. Stellt sich ein Unternehmen nach außen flexibel dar und rühmt sich seiner schnellen Reaktion auf Kundenanforderungen, aber Anfragen per E-Mail oder Telefon werden nicht oder erst sehr spät bearbeitet, dann wird es für diese Kunden unglaubwürdig.

Das Verhalten muss schlüssig und stimmig sein. Die originellste *Das Verhalten muss* Erscheinung und die vollmundigen Versprechungen der Kommu- *stimmig sein* nikation werden vergeblich sein, wenn das Handeln nicht stimmt. Verhalten umfasst den Führungsstil eines Unternehmens, das Auftreten gegenüber Kunden, die gesamte Ausrichtung des Unternehmens auf die Bedürfnisse der Kunden, aber auch das Verhalten gegenüber Interessengruppen wie Geldgebern oder dem Staat und der allgemeinen Öffentlichkeit.

Eine Äußerung für Verhalten kann auch sein, als Hersteller von High-End-Produkten mit hohem Qualitätsanspruch nur solchen Vertriebspartnern die Vertriebsrechte an einem Produkt zu übertragen, die bestimmten Qualitäts- und Serviceanforderungen genügen. Und diese eben auch wieder zu entziehen, wenn den Anforderungen nicht genüge getan wird. Man hat ja einen Ruf zu verlieren!

3.7
Entwicklung der Corporate Identity

3.7.1
Einführung

Wir haben Corporate Identity definiert als Management von Iden- *Corporate Identity als* titätsprozessen, also einem fortwährenden, aktiven und geplanten *fortwährender Prozess* Prozess, der die Bereiche Erscheinungsbild, Leistung und Verhalten eines Unternehmens umfasst. Zusammen machen sie die einzigartige, unverwechselbare Identität eines Unternehmens aus, seine Persönlichkeit. Die Unternehmenskultur ist ihre Basis. Sie ist vorhanden und muss berücksichtigt werden. Die Kommunikation ist das Transportmittel der Identität, über den Kommunikationsprozess wird die Identität an interne und externe Empfänger vermittelt. So wird die Identität (das Selbstbild eines Unternehmens) zum Image (dem Fremdbild) – Image ist die Unternehmensidentität in der Bewertung durch Dritte.

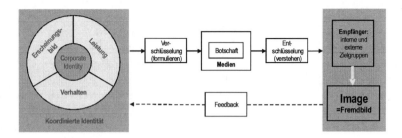

Abbildung 12:
Der Corporate-
Identity-Prozess

Der Prozess sorgt für
Vereinfachung

Diesen Prozess gilt es, aktiv und kontinuierlich zu gestalten. Auf den ersten Blick mag das alles recht kompliziert aussehen, da kommen Argumente wie „CI ist teuer, das brauchen wir nicht" oder „CI, damit können sich große Unternehmen, die genügend Zeit und Mitarbeiter dafür haben, beschäftigen" genau richtig. Damit soll aber an dieser Stelle einmal aufgeräumt werden. Corporate Identity hat letztendlich, wie auch das gesamte Marketing, nur damit zu tun, Ihre Produkte oder Dienstleistungen zu verkaufen. It's all about selling products.

So soll auch Corporate Identity den gesamten Prozess bis zum Verkaufsabschluss vereinfachen, unterstützen und optimieren. Es geht darum, sich ernsthaft Gedanken darüber zu machen, wofür ein Unternehmen und seine Leistungen stehen, warum es überhaupt am Markt angetreten ist und was es so einzigartig macht. Was sind die wesentlichen Punkte, die ein Unternehmen von allen anderen unterscheidet, und was sind die Argumente und Gründe, die es für Kunden so begehrenswert macht. Es geht aber auch darum, zusammen mit allen Mitarbeitern eine Vision zu haben und auf ein gemeinsam getragenes Ziel hinzuarbeiten, für die Mitarbeiter einen nachvollziehbaren und sinnstiftenden Gesamtrahmen zu erstellen und sie zu motivieren. Und der gesamte CI-Prozess soll Erkenntnisse darüber liefern, wo Probleme bestehen, wo es Defizite gibt, wo Fehler in der Kommunikation gemacht werden und ob ein nicht einheitliches Bild des Unternehmens besteht.

CI ist für jedes Unter-
nehmen hilfreich

Diese Überlegungen kann jeder anstellen – kleinere Unternehmen mit flachen Hierarchien und flexiblen Strukturen haben es hier sogar noch viel einfacher. Sie haben nicht mit der organisatorischen Trägheit größerer Unternehmen zu kämpfen, Identitätsprobleme können sehr viel schneller aufgedeckt werden, Änderungen und Anpassungen sind wesentlich einfacher möglich und die Ergebnisse sehr viel rascher auch wirklich erkennbar und messbar. Gerade für solche Unternehmen soll im Folgenden gezeigt werden, wie sie ihre Identitätsprozesse wirkungsvoll managen können.

3.7.2
Gründe für Corporate Identity

Sie fragen sich, warum eigentlich das Ganze? Warum brauche ich Corporate Identity? Ist es überhaupt notwendig, mich mit diesem Thema zu befassen, Zeit dafür aufzuwenden und vielleicht sogar Geld dafür auszugeben? Beispielhaft sollten hier einige Situationen aufgezeigt werden, in denen Sie sich vielleicht wiedererkennen werden. Vielleicht haben Sie jedoch in diesem Zusammenhang bisher nicht an Corporate Identity gedacht.

Viele Fragen

- Bei Gesprächen mit Mitarbeitern aus verschiedenen Bereichen konnten Sie feststellen, dass jeder einzelne ein ganz eigenes Bild vom Unternehmen hat und Unklarheit über die Kernkompetenzen besteht. Der Bitte, doch einmal das Unternehmen und seine entscheidenden Vorzüge kurz zu erläutern, konnten einige sogar nur mit großem Zögern nachkommen. Fünf Personen, fünf unterschiedliche Meinungen.

Viele Gründe

- Sie selbst sind sich nicht so sicher über die strategische Ausrichtung Ihres Unternehmens. Aus Gesprächen mit Kunden und Geschäftspartnern erfahren Sie, dass diese Ihr Unternehmen ganz anders wahrnehmen und beurteilen, als Sie sich das eigentlich gedacht haben.

- Sie verlieren Kunden, der Umsatz geht zurück. Warum, weiß niemand so genau.

- Sie finden einfach nicht die guten und richtig qualifizierten Mitarbeiter, die Sie eigentlich benötigen. Gute Bewerber ziehen es vor, zu Ihrem Wettbewerber zu gehen.

- Mitarbeiter, vor allem die jüngeren, fragen immer wieder nach solchen Dingen wie der Vision des Unternehmens, der Unternehmenskultur oder nach Leitsätzen.

- Es hat eine Fusion gegeben, zwei Unternehmen sowie deren Mitarbeiter müssen zusammenwachsen, aber das scheint von alleine nicht zu funktionieren. Und die Kunden sind ebenso verunsichert.

- Wenn Sie das Werbematerial Ihres Unternehmens bewusst betrachten, sieht alles irgendwie unterschiedlich aus. Auch Ihr Logo wird in unterschiedlichsten Versionen verwendet. Und Ihr Messestand passt schon überhaupt nicht zu dem Ganzen. Alles in allem ist Ihr Erscheinungsbild nicht durchgängig und von Wildwuchs gekennzeichnet.

Diese Liste ließe sich sicher noch beliebig verlängern. Versuchen Sie doch einfach mal selbst, bewusst Bestehendes zu hinterfragen und sich darüber Gedanken zu machen, was in Ihrem Unternehmen verändert werden sollte, um ein besseres Selbstverständnis zu erzielen oder ein klares Erscheinungsbild zu vermitteln. Natürlich ist Corporate Identity kein Allheilmittel. Aber sich einmal bewusst darüber Gedanken zu machen und wirklich etwas verändern und erreichen zu wollen, ist schon mal ein Anfang.

3.7.3
Die Analyse der Ist-Situation

Die erste wichtige Phase im CI-Prozess ist die Analyse der Ist-Situation. Sie ist das Fundament, die Basis der einzelnen Schritte, die zu einer koordinierten Unternehmensidentität führen. Der aktuelle Zustand der Corporate Identity, der historisch gewachsen ist, wird sozusagen erfasst. Untersucht werden die drei Bereiche Leistung, Erscheinungsbild und Verhalten.

Erkenntnisse über den Status quo

In diesem ersten Schritt geht es also darum, Antworten zu finden auf die Fragen **„Wer sind wir?"** und **„Wo stehen wir heute?"** Die dafür notwendigen Daten, um diese Erkenntnisse zu erlangen, werden mit Hilfe geeigneter Methoden der Marktforschung erhoben. Dazu gehört das Erheben von Daten und Informationen, die in dieser Form noch nicht explizit vorliegen, zum Beispiel durch Befragungen. Aber ein Großteil der notwendigen Informationen kann aus Daten und Unterlagen gewonnen werden, die bereits im Marketing oder anderen Unernehmensbereichen vorhanden sind. Folgender Katalog soll einen Überblick darüber geben, welche Daten erhoben werden sollten:

Historie des Unternehmens

- Entwicklung des Unternehmens seit seiner Gründung
- Was waren die wesentlichen Meilensteine, Eckpunkte oder einflussreichsten Ereignisse oder Veränderungen im Unternehmen

Kernkompetenzen

- Welche unternehmerische Idee steckt hinter dem Unternehmen, was ist sein „Unternehmenszweck"?
- Was genau macht das Unternehmen (was andere nicht machen) und wie macht es das?
- Wie hat sich diese Kernkompetenz im Laufe der Zeit entwickelt?

Unterscheidungs- merkmale

- Was macht das Unternehmen anders als andere?
- Warum wird das anders gemacht als bei anderen Unternehmen?

- Welchen Vorteil hat der potentielle Kunde dadurch und warum sollte er das wollen?

- Was genau bietet das Unternehmen an: ein Produkt, eine Dienstleistung oder eine Kombination daraus? *Leistungsangebot*
- Wie wird dieses Leistungsangebot bezeichnet, welche Ausprägungen, Versionen oder Formen gibt es davon?
- Wie wird es bezeichnet?
- Ist es als Marke eingetragen und etabliert?
- Wie wird das Leistungsangebot kommuniziert?

- Ist das Erscheinungsbild definiert, gibt es Richtlinien oder sogar ein CD-Manual? *Erscheinungsbild*
- Wenn ja, sind diese Richtlinien bekannt, werden sie akzeptiert und auch umgesetzt?
- Welche Logos, Zeichen, Bilder, Key Visuals, Claims etc. kommen zum Einsatz?
- Welche wesentlichen Elemente prägen das Erscheinungsbild des Unternehmens?

- Welche Kommunikationsmittel werden eingesetzt? *Kommunikation*
- Werden diese Kommunikationsmittel (extern und intern) akzeptiert?
- Was genau wird kommuniziert? Das, was Sie als Kernkompetenz festgelegt haben?

- Wie kann die Persönlichkeit des Unternehmens (heute und früher) beschrieben werden? *Unternehmens-persönlichkeit*

- Welche Unternehmensziele werden verfolgt? *Unternehmensziele*
- Sind diese Ziele festgelegt und auch schriftlich fixiert?
- Sind die Ziele im Unternehmen bekannt und werden sie anerkannt?

- Gibt es so etwas wie eine Unternehmensphilosophie? *Unternehmens-philosophie*
- Existiert bereits so etwas wie ein Leitbild, wie Grundsätze etc.?
- Wenn ja, sind diese festgeschrieben, bekannt und auch akzeptiert?

- Gibt es Verhaltensgrundsätze oder einen definierten Führungsstil?

- Wer ist die primäre Zielgruppe des Unternehmens?
- Welche weiteren Zielgruppen gibt es, die bedient werden?
- Haben sich diese Zielgruppen im Laufe der Zeit verändert?
- Hat sich die Stellung des Unternehmens im Markt im Laufe der Zeit verändert und warum?
- Wie hat sich der Markt insgesamt entwickelt?

- Welche Bezugsgruppen wie zum Beispiel Kapitalgeber, Interessengruppen wie Verbände und Organisationen, Meinungsbildner, Multiplikatoren etc. sind für das Unternehmen von Bedeutung?

Dieser Fragenkatalog hat natürlich keinen Anspruch auf Vollständigkeit. Außerdem ist schnell ersichtlich, dass sich zwischen einzelnen Bereichen Überschneidungen ergeben. Die Bereiche Erscheinungsbild und Kommunikation sind ja kaum voneinander zu trennen. Anhand der Aufstellung wird schnell klar, dass einige Bereiche nicht völlig neu erhoben werden müssen, sondern bereits vorhanden sein sollten und hier nur nochmals explizit gesammelt und aufbereitet werden müssen.

Zur Erhebung der Informationen und Daten über den Ist-Zustand werden sowohl interne als auch externe Zielgruppen herangezogen. Unternehmensintern sind das die Geschäftsleitung, die Führungskräfte sowie auch die Mitarbeiter. Unternehmensextern können eine Vielzahl unterschiedlicher Zielgruppen sein, von Kunden über Lieferanten bis hin zu Wettbewerbern, aber auch Investoren und Multiplikatoren wie zum Beispiel die Presse. Die genaue Festlegung, wer befragt werden soll, hängt nicht zuletzt auch davon ab, welche Kosten entstehen und welcher zeitliche Aufwand investiert werden soll und ob von bestimmten Gruppen überhaupt CI-relevante Informationen zu erwarten sind.

Für die konkrete Erhebung der Daten und Informationen gibt es eine Reihe von Möglichkeiten, deren Darstellung hier den Rahmen sprengen würde. Einige Methoden, die besonders für kleinere und mittelständische Unternehmen praktikabel erscheinen, sollen exemplarisch vorgestellt werden.

Wie bereits erwähnt, existieren in jedem Unternehmen bereits zahlreiche Materialien und Unterlagen, die Aussagen über den momentanen Ist-Zustand des Unternehmens zulassen. Das umfasst sämtliche existierende Werbemittel wie Broschüren, Anzeigen, Pressemeldungen, aber auch Unterlagen für interne Mitteilungen sowie Gründungskonzepte und Businesspläne. Diese vorhandenen Unterlagen werden gesammelt und unter CI-Gesichtspunkten beurteilt.

Im Gegensatz zu dieser Sekundärforschung, also Erhebung von vorhandenen Daten, steht die Primärforschung mittels Befragung. Hier bieten sich durch Leitfäden gestützte Intensivinterviews mit internen Verantwortlichen und externen Partnern an. Für dieses Vorgehen empfiehlt es sich, erfahrene Experten hinzuzuziehen. Sowohl die Interviewpartner als auch die Leitfäden für das Interview werden vorher mit der Geschäftsführung bzw. den CI-Verantwortlichen abgestimmt. Da es sich hier eindeutig um qualitative und nicht quantitative Erhebungen handelt, stellt sich natürlich die Frage nach der Repräsentativität einer solchen Erhebung. Allerdings geht es hier um die qualitative Einschätzung von komplexen Identitäts- und Imageaspekten und nicht um die quantitative Abbildung einfacher Zusammenhänge. Außerdem ist eine hinreichende Repräsentativität immer mit den entsprechenden Kosten und großem Aufwand verbunden – diese Möglichkeiten stehen kleineren Firmen oftmals nicht zur Verfügung. Und doch besteht ein (berechtigtes) großes Interesse, Identitätsprozesse aktiv zu managen und zu gestalten.

Befragung durch Interviews

3.7.4
Auswertung des Ist-Zustandes

Nach Erhebung der Daten erfolgt die Verdichtung und die Auswertung der Daten. Ziel sollte dabei immer sein, für eine Reihe von CI-relevanten Merkmalskategorien, die im Interviewleitfaden abgefragt wurden, Erkenntnisse über den Ist-Zustand zu erlangen. Dabei sollten diese Erkenntnisse aufgeteilt sein in Selbstbild und Fremdbild. Im Kommunikationsprozess wird die Identität eines Unternehmens (Selbstbild) transportiert, wodurch möglicherweise verschiedene Images (Fremdbilder) bei den Zielgruppen entstehen. Gerade in diesem Bereich müssen Unstimmigkeiten und Abweichungen erkannt werden. Über folgende Bereiche sollte in der Ist-Analyse auf jeden Fall Erkenntnis erlangt werden:

Informationen über Selbst- und Fremdbild

- Die Einschätzung der Persönlichkeit eines Unternehmens
- Die Beurteilung der Unternehmenskultur
- Die Beschreibung der Kernkompetenzen
- Stärken und Leistungsvorteile

Wichtige Bereiche für die Ist-Analyse

- Schwächen und Leistungsnachteile
- Die Beurteilung der Kundenorientierung
- Die Wahrnehmung des Marktauftrittes

Je nach Unternehmen können hier noch weitere Kategorien hinzukommen oder auch bei der Auswertung der Daten gebildet werden. Ergänzend zur Auswertung der Befragungsergebnisse erfolgt die Beurteilung der vorhandenen Kommunikationsmittel und Unterlagen hinsichtlich folgender möglicher Kriterien:

- Art des Kommunikationsmittels
- Erkennbare Aussagen hinsichtlich Kernkompetenz
- Relevanz für die angepeilte Zielgruppe
- Informationsgehalt
- Anmutungsqualität
- Aufbau, Schlüssigkeit und Logik
- Durchgängigkeit in Gestaltung und inhaltlichem Aufbau über alle Werbemittel hinweg

Wo bestehen Unstimmigkeiten? Grundsätzlich geht es bei der Auswertung der Ergebnisse und bei der Beurteilung des Ist-Zustandes immer um die Fragestellungen, wo Unstimmigkeiten bestehen zwischen den einzelnen Aspekten der Identität (Erscheinungsbild, Leistung, Verhalten), ob es Unstimmigkeiten gibt innerhalb der einzelnen Aspekte und ob eine Diskrepanz besteht zwischen der Identität (also dem Selbstbild) und dem Image (also dem Fremdbild) eines Unternehmens. Die Eingangs erwähnten „Gefühle oder Ahnungen", die im Hinblick auf die Corporate Identity gehegt werden, sollen also bestätigt oder entkräftet werden. Und es soll eine klare Erkenntnis darüber erlangt werden, wo Handlungsbedarf besteht:

Wo besteht Handlungsbedarf?
- Müssen zum Beispiel die Kommunikationsmaterialien überarbeitet oder konsolidiert werden, weil alles wie ein buntes Sammelsurium daherkommt?
- Stehen das Erscheinungsbild (jung, progressiv und flippig) in starkem Wiederspruch dazu, wie die Leistungen eines Unternehmens empfunden werden (konservativ, unflexibel und verstaubt)?
- Kann die angepeilte Zielgruppe mit den angebotenen Informationen über ein Unternehmen und seine Produkte gar nichts anfangen, weil der Nutzen nicht relevant ist oder falsch vermittelt wird?

Die Erkenntnisse, die durch die Analyse der Ist-Situation erlangt wurden, sollen dazu dienen, die Aufgaben für den weiteren Identitätsprozess zu bestimmen.

3.7.5
Die Festlegung des Soll-Zustandes

Ging es bei der Analyse der Ist-Situation um die Fragen „Wer sind wir?" und „Wo stehen wir heute?", so soll aus den gewonnenen Erkenntnissen die Antwort gefunden werden auf die Frage „**Wo wollen wir hin?**" Hier sollen einige wesentliche Bestandteile und Instrumente genannt werden, die besonders kleinen und mittelständischen Unternehmen in der IT-Branche helfen sollen, ihren Weg in der Zukunft zu bestimmen.

Ganz am Anfang steht dabei die **Definition der Kernkompetenz** eines Unternehmens. Die Formulierung der Kernkompetenz ist ein zentraler Bestandteil der Soll-Positionierung. Die Kernkompetenz kann dabei nicht völlig neu definiert werden, weil gerade CI betrieben wird. Im Gegenteil – die Kernkompetenz eines Unternehmens, also seine zentralen Fähigkeiten und Leistungen, waren ja auch Bestandteil der Ist-Analyse. Sie baut auf Vorhandenem auf, wird ggf. zum ersten Mal in dieser Form explizit formuliert oder aber aufgrund von Erkenntnissen in der Ist-Analyse anders strukturiert. Oder sie muss in Zukunft in veränderter Form kommuniziert werden. Die grundlegenden Aussagen, die zur Kernkompetenz eines Unternehmens getroffen werden, sind ein wiederkehrendes Signal des eigenen Selbstverständnisses eines Unternehmens und haben im Wesentlichen folgende Funktionen:

Festlegung der Kernkompetenz

- Sie machen den speziellen Leistungsschwerpunkt eines Unternehmens klar, mit dem es im Markt bestehen will. Dabei wird nicht nur auf die Begründungsdimension („Was machen wir?") eingegangen, sondern auch auf die Beschreibungsdimension („Wie machen wir das?"). Sozusagen ein Versprechen nach außen.

- Sie sind der qualitative Maßstab und zugleich ein Prüfkriterium für alle zukünftigen kommunikativen Aktivitäten eines Unternehmens.

Gerade in der IT-Branche ist eine klare und verständliche Kompetenzaussage von zentraler Bedeutung, zum einen für ein gemeinsames, von allen getragenes Selbstverständnis darüber, warum ein Unternehmen am Markt agiert, zum anderen als Grundlage für eine klare Botschaft für alle Zielgruppen nach außen. Wie schwer

Verständliche Botschaften vermitteln

ist es heute, in einem sich ständig wandelnden technischen Umfeld, Unternehmen und ihre Produkte voneinander zu unterscheiden oder deren Leistungen und Angebote zu kategorisieren und zu vergleichen. Und permanent wird die Unternehmensfahne dort wieder in den Wind gehängt, wo er gerade vermeintlich am stärksten weht. Das hat nichts mit koordinierter Identität zu tun. Gerade die Aussagen zur Kernkompetenz bilden das Fundament für die Identität eines Unternehmens und sollten nicht jede Woche nach Belieben verändert werden. Damit werden sowohl Kunden als auch Mitarbeiter verunsichert und es wird ihnen schwer gemacht, ein einheitliches und konsistentes Bild eines Unternehmens zu erhalten.

Veränderung braucht Energie

Die Soll-Position eines Unternehmens, als Ergebnis der Erkenntnisse aus der Ist-Analyse, impliziert immer, dass die Dinge im Unternehmen, wie sie heute sind, sich ändern. Diese Veränderungen betreffen sowohl externe als auch interne Zielgruppen. Gerade die interne Zielgruppe, die Mitarbeiter, soll zusammen die Unternehmensleistung erbringen. Jeder einzelne Mitarbeiter muss die Leistung, die Kernkompetenz seines Unternehmens nicht nur zur Kenntnis nehmen. Das allein bewirkt sicherlich noch keine Veränderung. Jeder Mitarbeiter muss die Kernkompetenz kennen, und mehr noch, er muss hinter der Kernkompetenz stehen. Das kann er nur, wenn er weiß, was sie für ihn bedeutet und wie er etwas dazu beitragen kann. Um hier die Mitarbeiter mit ins Boot zu holen, bietet sich das Unternehmensleitbild bzw. die **Leitbildentwicklung** an. (Die Begriffe Vision oder Mission Statement werden hier als Synonyme verwendet, vgl. Kapitel 3.6.) Die Mitarbeiter sollten an der Erstellung des Leitbildes beteiligt werden, so stehen sie viel eher dahinter, als wenn die Ergebnisse lediglich verkündet würden. Daher macht es Sinn, die Entwicklung eines Leitbildes an den Anfang der Kommunikationsarbeit zu stellen.

Das Leitbild sollte gemeinsam entwickelt werden

Für die Erstellung eines Leitbildes gibt es verschiedene Möglichkeiten. So kann das Leitbild vom Topmanagement formuliert werden. Das kostet sicherlich wenig Zeit und gewährleistet, dass das Leitbild den Vorstellungen der Geschäftsleitung entspricht. Allerdings ist das sicherlich kein Weg, der die Mitarbeiter wirklich ins Boot holt, und er wird auf geringe Akzeptanz stoßen. Außerdem werden wertvolles Wissen und Erfahrungen, die im Unternehmen vorhanden sind, nicht genutzt. Eine weitere Möglichkeit besteht darin, dass das Leitbild von den Mitarbeitern formuliert wird. Allerdings haben solche „basisdemokratischen Prozesse" meist das Problem, dass vieles zerredet wird und es fraglich ist, wer wann eine Entscheidung trifft. Die praktikabelste Möglichkeit ist die, dass vom Topmanagement oder von den Verantwortlichen des

CI-Projektes (meist die Geschäftsleitung und Vertreter aus dem Marketing) ein Leitbild entwickelt und formuliert wird, das dann im Unternehmen veröffentlicht, diskutiert und umgesetzt wird. Schließlich haben die CI-Verantwortlichen zunächst den besten Gesamtüberblick und kennen die Ergebnisse aus der Analyse der Ist-Situation. Die Mitarbeiter können dann anhand einer Vorlage Zustimmung oder Kritik äußern, eigene Vorstellungen einbringen und so aktiv an der Umsetzung mitwirken. Schließlich soll das Leitbild das gemeinsam angestrebte Selbstverständnis mit seinen Werten und Normen darstellen. Und das Handeln und Denken jedes Einzelnen soll sich daran ausrichten. Das kann nur erreicht werden, wenn diese Werte und Normen mit ihrem Verständnis übereinstimmen.

Die Diskussion des Leitbildes sollte ausführlich und mit ausreichend Zeit durchgeführt werden. Hier bieten sich ausführliche, gut vorbereitete und moderierte Workshops an, um zu einem Ergebnis zu kommen, das von allen getragen wird.

Die Formulierung des Selbstverständnisses scheint leicht, ist aber sicherlich eine der schwierigsten Aufgaben. So muss es auf der einen Seite klar und für alle leicht verständlich sein, sowohl für Mitarbeiter als auch für externe Bezugsgruppen. Allerdings muss es auch so konkret formuliert sein, dass es die einzigartige Identität des Unternehmens, um die es ja geht, deutlich macht. Grundlegende Anforderungen an das Leitbild sind:

Die Formulierung ist nicht einfach

- Es basiert auf der angestrebten Soll-Position.
- Es ist nachvollziehbar und verständlich formuliert (einfache, klare Sätze, positive Formulierungen).
- Es konkretisiert die Kernkompetenz des Unternehmens.
- Es vermittelt die Vision eines Unternehmens.
- Es ist die inhaltliche Rahmenvorgabe für die Kommunikation.
- Es ist die akzeptierte Grundlage des gemeinsamen Arbeitens aller.

Das Leitbild ist ein wichtiger Schritt in Richtung der angestrebten Soll-Position eines Unternehmens. Der Versuch, einen solchen Wandel allein durch Maßnahmen in die Wege zu leiten, wird schwierig. Neue Maßnahmen und Aktivitäten ohne konkret erkennbaren Hintergrund oder nachvollziehbare Begründung bedeuten für den Einzelnen zunächst, etwas zu tun, von dem er nicht überzeugt ist oder was ihm fremd ist. Idealerweise werden aber CI-Maßnahmen ergriffen, nachdem ein Leitbildprozess durchgemacht wurde und der Mitarbeiter auch die Relevanz und Notwendigkeit einzelner Maßnahmen erkennen und so auch mittragen kann.

3.7.6
Praktische Umsetzung von Corporate Identity

CI vermittelt Professionalität und Größe

Gerade für kleine und mittelständische Unternehmen steckt in der konsequenten Umsetzung von Corporate Identity eine große Chance, ein einheitliches und konsistentes Erscheinungsbild nach außen zu vermitteln und dadurch professioneller und letztlich auch größer zu wirken. Gleichzeitig haben diese Unternehmen – im Vergleich zu vielen Großen – mit begrenzten Budgets und Ressourcen zu kämpfen. Aber genau hier zeigt sich, dass Corporate Identity nicht nur etwas für große Unternehmen mit entsprechenden Mitteln ist, sondern dass Corporate Identity hilft, kosteneffektiv und ressourcenschonend ein professionelles Bild des Unternehmens zu vermitteln.

Wurde bei der Bestimmung der Soll-Position am Ende eines sicher etwas aufwendigeren, aber lohnenden Prozesses die Grundlage für eine einheitliche Corporate Identity gelegt, so geht es jetzt darum, diese zu operationalisieren. Es soll ja alles dafür getan werden, dieses einheitliche Bild konsistent zu vermitteln und das auch für die Zukunft zu gewährleisten. Hier haben sich eine Reihe von Hilfsmitteln für die tägliche CI- und Marketingarbeit bewährt, von denen alle Mitarbeiter profitieren können, nicht nur die im Marketing.

Entwicklung von Botschaften

Im Leitbild des Unternehmens sind das Selbstverständnis des Unternehmens sowie die Kernkompetenzen allgemein verständlich und für alle nachvollziehbar formuliert. Das ist aber noch nicht die Marketingsprache, die notwendig ist für die Kommunikation nach außen. Es ist erforderlich, für das Unternehmen und für seine Produkte und Dienstleistungen sog. Key Messages und Key Benefits, also Schlüsselbotschaften sowie den wesentlichen Nutzen für den Kunden, zu formulieren. Das sind eben genau die wenigen, aber wichtigen Botschaften, die bei der Zielgruppe ankommen und gelernt werden sollen. Sie sollen die Essenz dessen sein, was ein Unternehmen, ein Produkt oder eine Dienstleistung ausmacht und welchen einzigartigen Nutzen ein potentieller Kunde dadurch erlangt. Nur wenn diese Botschaften klar formuliert und allen Mitarbeitern auch bekannt sind, kann gewährleistet werden, dass sie einheitlich nach außen kommuniziert werden.

Textbausteine zur Verfügung stellen

Das Gleiche gilt für Textbausteine wie etwa kurze Texte über das Unternehmen, seine Historie und sein Leistungsangebot oder auch Beschreibungen von Produkten oder Dienstleistungen. Solche Texte werden von verschiedenen Mitarbeitern in den unterschiedlichsten Situationen immer wieder gebraucht. Und bei jeder Verwendung wird das Selbstverständnis des Unternehmens kommuniziert.

Stehen solche Texte nicht zur Verfügung, werden sie immer wieder „neu erfunden" und entsprechen der Wirklichkeit und Wahrnehmung einzelner. Solche Texte sollten vom Marketing zur Verfügung gestellt und gepflegt werden, um auch hier eine Einheitlichkeit in den Botschaften nach außen zu vermitteln – und nicht zuletzt, um den Mitarbeitern so die Arbeit zu erleichtern.

Alle Bestandteile des Corporate Designs und sämtliche Gestaltungsrichtlinien für das Unternehmen sollten in einem CD-Manual festgelegt und niedergeschrieben sein. Dieses CD-Manual ist kein von Agenturen für teures Geld verkauftes Kunstwerk, für das es von vielen gehalten wird. Jeder, der in der Marketingpraxis mit unterschiedlichen Dienstleistern wie Grafikern, Druckereien, Messebauern etc. zusammengearbeitet hat und der sein Augenmerk auf das einheitliche Erscheinungsbild seines Unternehmens legt, wird den Wert dieses Arbeitsmittels erkennen und schätzen.

Ein CD-Manual vereinfacht vieles

Heute ist ein CD-Manual digital und auf CD-ROM bzw. im Intra- und Extranet überall und jederzeit verfügbar. Es enthält neben den formulierten Gestaltungsrichtlinien gleichzeitig auch:

- Logovorlagen
- Schrifttypen
- Farbdefinitionen
- Dokumentvorlagen
- Gestaltungsraster
- Folienvorlagen
- etc.

So ist es ein unverzichtbares, praktisches Hilfsmittel für die tägliche Marketingarbeit, für externe Dienstleister sowie interne Mitarbeiter gleich hilfreich, es spart Kosten und sichert die Qualität und ein professionelles Erscheinungsbild.

Auch im Bereich der Pressearbeit empfiehlt es sich, einen Baukasten an Basismaterial zur Verfügung zu stellen. Hierzu zählen Aufbau und Gestaltung von Pressemeldungen und Pressetexten sowie die Unternehmens- und Produktbeschreibungen, die am Ende von Pressetexten verwendet werden, außerdem mediengerecht aufbereitete Hintergrundinformationen zum Unternehmen und seinem Leistungsangebot und ggf. Bilder, Grafiken oder Logos.

Ein Baukasten für die Pressearbeit

Von größter Bedeutung ist sicherlich das Material, das den Vertriebsmitarbeitern zur Verfügung gestellt wird, in Verbindung mit den entsprechenden Briefings. Der Vertrieb ist gewiss am schwersten in den CI-Prozess einzubinden – zugleich ist es die wichtigste Aufgabe überhaupt.

Effiziente Vertriebsmaterialien

Der Vertrieb ist das Bindeglied zwischen Unternehmen und potentiellen Kunden. Er sorgt für vielschichtige Kommunikation im direkten Kontakt und ist gleichzeitig wichtigster Lieferant von Informationen vom Markt und von den Kunden. Allerdings ist er die meiste Zeit unterwegs, und gerade in der IT ist dieser Bereich gekennzeichnet von hoher Fluktuation. Regelmäßige Briefings und Salestrainings sind von entscheidender Bedeutung.

Der Vertrieb muss das Marketingmaterial verstanden haben und richtig einsetzen können, Argumentationshilfen und entsprechende Foliensätze und Präsentationen sollen seine Arbeit erleichtern. Muss der Vertrieb seine Präsentationsfolien selbst erstellen, wird das nie zu einer einheitlichen Darstellung des Unternehmens nach außen kommen – und zusätzlich wertvolle Zeit kosten, die ein Vertriebsmitarbeiter besser für andere Aktivitäten nutzen sollte.

Corporate Identity als Prozess   Bei all diesen Maßnahmen und Instrumenten gilt: Corporate Identity ist ein permanenter Prozess, keine einmalige Aktion. Daher müssen diese Instrumente permanent gepflegt und aktualisiert werden. Was allerdings noch viel wichtiger ist: Die Instrumente müssen bekannt sein, und aktiv eingesetzt werden. Geschäftsleitung und Führungskräfte sollten hier mit gutem Beispiel vorangehen und dafür sorgen, dass ihre Mitarbeiter diese Instrumente ebenso kennen und nutzen. Neben regelmäßigen Informationen und Briefings bietet sich hier das Intranet als zentrale Anlaufstelle für alle CI-relevanten Instrumente und Hilfsmittel wie Textbausteine, Foliensätze, Broschüren, CD-Manuals etc. an.

3.8
Fazit

Geben Sie Ihrem Unternehmen eine einzigartige und unverwechselbare Identität. So können Sie sich und Ihr Unternehmen hervorheben aus der Masse und steigern die Wiedererkennung. Spendieren Sie Ihrem Unternehmen Corporate Identity. Der Weg zu diesem Ziel ist nicht schwer und hat viel mit gesundem Menschenverstand zu tun. Auf dem Weg dorthin lernen Sie viel über Ihr Unternehmen und Ihre Mitarbeiter – und Sie bekommen die große Chance, all Ihre Mitarbeiter auf diesem Weg mitzunehmen.

Einmal am Ziel angekommen, wird sich eine klare und eindeutige Corporate Identity als Plattform und Basis für alle marktgerichteten Aktivitäten bezahlt machen. Aber verlieren Sie dabei die Langfristigkeit dieses Ansatzes nicht aus den Augen:

Langfristiger Ansatz   `Corporate Identity ist ein permanenter Prozess, der stets aktiv betrieben und im Laufe der Zeit auch angepasst werden muss.`

4 Aufbau des Marketings in der IT-Branche

Katja Häußer
Grace Pampus
Gerhard Versteegen

4.1 Einführung

Es gibt besonders in der IT-Branche die unterschiedlichsten Arten, wie ein Marketingteam aufgebaut ist. Von der (leider sehr häufig anzutreffenden) One-Man-Show bis hin zur umfangreichen Marketingabteilung ist in der IT-Branche alles anzutreffen. Auch die Verantwortlichkeiten sind unterschiedlich geregelt, zum Teil fallen auch Vertriebsaufgaben in die Zuständigkeit des Marketings. Daher sollen in diesem Kapitel zunächst die unterschiedlichen Rollen[33] innerhalb des Marketings erläutert werden, bevor wir auf eine mögliche Organisationsstruktur zu sprechen kommen.

Unterschiedliche Formen des Aufbaus

Trotzdem soll bereits an dieser Stelle festgehalten werden, dass in den nächsten Jahren das Marketing erheblich mehr an Bedeutung gewinnen wird, als das derzeit der Fall ist. Und das ist keine Vermutung unsererseits, sondern eine Tatsache, die durch die folgenden Argumente untermauert wird:

Marketing gewinnt an Bedeutung

- Im Jahr 2000 gab es in der IT-Branche nur noch eins: ständig steigende Umsätze, schwindelerregende Aktienkurssteigerungen und keiner konnte sich vorstellen, dass sich das ändern könnte. Das Ergebnis war, dass die Vertriebsabteilungen immer mehr an Bedeutung gewannen.

---

[33] Wir sprechen hier zunächst bewusst von Rollen und nicht von Personen, da – wie später aufgeführt – eine Person durchaus mehrere Rollen in sich vereinen kann oder gewisse Rollen an Agenturen outgesourct werden können.

- Nach dem Börsencrash[34] und den ausbleibenden Umsatzsteigerungen wurden die Vertriebsabteilungen personell zum Teil signifikant reduziert und konnten somit ihren Stellenwert nicht mehr halten.

- Seit einiger Zeit ist festzustellen, dass die Aufgaben des Marketings sich nicht nur auf die Leadsgenerierung oder das Awareness Marketing konzentrieren, sondern zunehmend auch in den Bereich Marktforschung gehen. Man hat erkannt, dass sich der Umsatz nicht mehr so leicht erzielen lässt und daher der Markt intensiver betrachtet werden muss.

Zwei Schwerpunkte Der Schwerpunkt des ersten Teils dieses Kapitels stellt das Thema Telesales und Telemarketing sowie eine bestimmte damit verbundene Vertriebsform – das SPIN Selling – dar.

Der zweite Teil dieses Kapitels widmet sich dem Thema der Mitarbeiterführung im Marketing.

4.2
Die unterschiedlichen Rollen im Marketing

4.2.1
Marketingleiter

Aufgaben des Marketingleiters Jede derzeit aktuelle Form des Marketings verfügt über einen Marketingleiter. Dieser zeichnet verantwortlich für alle Inhalte des Marketings, insbesondere für das Marketingbudget. Bei international operierenden Unternehmen ist er auch für die Kommunikation mit den in den anderen Ländern tätigen Marketingmanagern bzw. Marketingdirektoren zuständig.

One-Man-Show Die in der IT-Branche bei kleineren Unternehmen mit nicht mehr als 30 Mitarbeitern häufig vorkommende Form der One-Man-Show bewirkt, dass der Marketingmanager alle im Folgenden aufgeführten Rollen zusätzlich einnimmt. Es liegt auf der Hand, dass in einem solchen Fall jede Aufgabe nur ein wenig und keine richtig ausgeführt wird.

---

[34] Besonders Unternehmen aus der IT-Branche waren von dem Börsencrash betroffen.

4.2.2
Eventmanager

Der Eventmanager ist verantwortlich für die Koordinierung und Abwicklung aller Events, an denen das Unternehmen teilnimmt. Mehr zu dem Thema Events ist Kapitel 7 zu entnehmen. Zu seinen typischen Tätigkeiten gehört der Umgang mit Agenturen, Veranstaltern und Messebauern. Je nach Anzahl und Größe der Events, bei denen das Unternehmen in Erscheinung tritt, kann sich dahinter eine größere Abteilung verbergen.

Aufgaben des Event-managers

Da derzeit Eventmanagement zu den wichtigsten Aufgaben im Marketing der IT-Branche gehört, ist der Eventmanager häufig auch der Stellvertreter des Marketingmanagers.

4.2.3
Pressesprecher

Der Pressesprecher ist die Schnittstelle zwischen dem Unternehmen und der Öffentlichkeit. Nicht immer ist der Pressesprecher im Marketing angesiedelt, auch wenn die Pressearbeit (siehe auch Kapitel 5) eine eindeutige Marketingaufgabe ist. Wegen der großen Bedeutung der Pressearbeit ist der Pressesprecher teilweise auch Mitglied der Geschäftsleitung.

Pressesprecher kann unterschiedlich organisatorisch angesiedelt werden

Auch hier hängt es häufig von der Größe eines Unternehmens ab, ob die Position des Pressesprechers mit einer einzelnen Person besetzt ist oder ob eine größere PR-Abteilung dahinter steht, die mit mehreren Presseagenturen zusammenarbeitet. In letzterem Fall ist dann meist die Abteilung selbst im Marketing angesiedelt und der Pressesprecher in der Geschäftsleitung.

4.2.4
Partnerschaftsmanager

In Kapitel 8 wird explizit auf das Thema Partnerschaften eingegangen. Je nach Anzahl der Partnerschaften ist es erforderlich, dass hier ein dedizierter Partnerschaftsmanager mit der Betreuung der unterschiedlichen Partner betraut wird.

Partnerschafts-manager ist erst bei mehreren Partner-schaften sinnvoll

Die organisatorische Aufhängung wird unterschiedlich gehandhabt, meistens ist der Partnerschaftsmanager im Marketing angesiedelt. Es ist aber auch durchaus möglich, dass der Partnerschaftsmanager an den Leiter der Consulting- und Schulungsabteilung berichtet.

Das macht vor allem dann Sinn, wenn die Partner in enger Zusammenarbeit mit den Consultants des Unternehmens stehen. Besonders bei Produkthäusern ist das der Fall.

4.2.5
Webmaster

Webmaster oder Webagentur?

Im Zeitalter des Internets gehört das Web zu einem der wichtigsten Marketingkanäle der IT-Branche. Kleinere Marketingabteilungen sind meist dazu gezwungen, eine Webagentur damit zu beauftragen, doch ziemlich schnell werden die Kosten für die Agentur derart in die Höhe schnellen, dass die Beschäftigung eines Webmasters sich rechnet.

Der Webmaster gehört unumstritten in die Marketingabteilung, eine andere Aufhängung macht nur wenig Sinn. Je nach Webauftritt kann es besonders bei Produkthäusern vorkommen, dass hier eine ganze Abteilung heranwächst.

4.2.6
Telemarketing

4.2.6.1
Allgemeines zu SPIN

Abhängig vom Vertriebsstil und der Anzahl an Leads

Das Thema Telemarketing ist stark abhängig vom Vertriebsstil und der Anzahl an Leads, die ein Unternehmen im Laufe eines Geschäftsjahres generiert. Bevor auf die Verantwortlichkeiten im Telemarketing eingegangen wird, soll zunächst eine Vertriebsform näher dargestellt werden, die Basis des Telemarketings ist: das so genannte SPIN Selling. SPIN steht dabei für die folgenden vier Nomen:

Wofür SPIN steht

- S für Situation
- P für Problem
- I für Information
- N für Need

Im Folgenden soll auf die jeweilige „Frageform" eingegangen werden, die sich hinter diesen vier Buchstaben bzw. den vier Nomen verbirgt.

4.2.6.2
S-Fragen

Diese Frageform soll anhand eines Beispiels näher erläutert werden. Angenommen ein Toolhersteller aus der IT-Branche kommt von einer erfolgreichen Messe zurück und hat ca. 2.000 Leads erzielt. Was passiert nun mit diesen Leads? Zunächst müssen sie innerhalb des Vertriebsinformationssystems (VIS) erfasst werden. Diese Tätigkeit wird meist von Aushilfskräften, Auszubildenden oder Marketingassistentinnen vorgenommen. *Beispiel*

Nun beginnt der erste wichtige Schritt innerhalb des Salescycles. Der Messekontakt wird qualifiziert. Es liegt auf der Hand, dass bei 2.000 Kontakten es unmöglich ist, dass ein Vertriebsmitarbeiter mit jedem einzelnen Konatkt einen Termin vereinbart. Somit findet eine Art Vorqualifizierung durch das Marketing statt. Hier kommt der Telequalifier zum Einsatz. Seine Aufgabe besteht darin, den Messekontakt anzurufen und die „Situation abzuklären" – der Telequalifier stellt also typische S-Fragen wie: *Qualifizierung des Kontaktes*

- Wann beginnt Ihr Projekt oder hat es schon begonnen? *Typische S-Fragen*
- Wenn das Projekt noch nicht begonnen hat, ist bereits das Budget für das Projekt genehmigt?
- Wer ist bzw. wird Projektleiter?
- Haben Sie schon Werkzeuge für ... angeschafft?
- Wenn nein, wurde hierfür schon ein Budget bereitgestellt?
- Wissen Sie, wie hoch dieses Budget ist?
- Wie viele Entwickler werden in dem Projekt arbeiten?
- Haben Sie schon von unserem Unternehmen gehört?
- Welchen Eindruck haben Sie von unserem Unternehmen?
- Haben Sie persönlich vielleicht schon bei einem anderen Unternehmen mit unseren Produkten gearbeitet?
- usw.

Diese Fragenliste wird natürlich nicht einfach abgearbeitet, sowohl die Reihenfolge als auch die Fragen stehen in einem engen Zusammenhang zu den Antworten, die der Telequalifier auf seine Fragen erhält. Ergebnis ist ein Situationsbericht, der die aktuellen Gegebenheiten des Projektes beim Messekontakt näher spezifiziert. Er ist ein sehr wichtiger Input für den Vertriebsmitarbeiter, mehr dazu weiter unten.

4.2.6.3
P-Fragen

Der nächste Schritt sind dann Fragen, in denen versucht wird, derzeit aktuelle Probleme beim Kunden zu identifizieren – also die so genannten P-Fragen. Typische Fragen zum Beispiel für einen Hersteller eines Anforderungsmanagementwerkzeuges wären:

- Setzen Sie bereits im Anforderungsmanagement professionelle Werkzeuge ein?

- Wie zufrieden sind Sie mit diesen Werkzeugen?

- Haben diese Werkzeuge Schnittstellen zu Ihren anderen, im Entwicklungsprozess eingesetzten Werkzeugen?

- Unterstützt Ihr Werkzeug alle Plattformen, auf denen Sie Ihre Software entwickeln?

- Wie absturzsicher ist Ihr derzeitiges Werkzeug?

Es ist offensichtlich, dass bereits hier gewisse fachliche Grundkenntnisse beim Telequalifier vorhanden sein müssen. Häufig werden diese Fragen schon von einem Telesales gestellt (der Unterschied zwischen einem Telequalifier und einem Telesales wird im nächsten Abschnitt behandelt). Ferner variieren hier die Fragen in noch größerem Maße von den Antworten, als das bei den S-Fragen der Fall war.

4.2.6.4
I-Fragen

Der nächste Fragenkomplex erfordert bereits nicht nur fachliches Grundwissen, sondern auch Produktkenntnisse. Hier kommen dann erfahrene Telesalesmitarbeiter zum Einsatz. Die Informationsfragen (I-Fragen) haben den Zweck, den Neukontakt mit Informationen (Vorteilen) der im Angebotsportfolio befindlichen Werkzeuge zu versorgen. Der Telesales hat dabei in der Regel eine Liste von so genannten Unique Selling Points (USP) der eigenen Werkzeuge, also Alleinstellungsmerkmale bzw. Vorteile, die die eigenen Produkte gegenüber den Wettbewerbsprodukten auszeichnen.

In der Regel wird dabei wie folgt vorgegangen. Da ja bereits die Situation und die Probleme des potentiellen Kunden bekannt sind, werden genau die USPs herausgestellt, die für den Angerufenen am besten passen. Zunächst wird der USP genannt und im Anschluss direkt der Nutzen, der sich dadurch für den Kunden ergibt.

Im obigen Beispiel des Anforderungsmanagements wären also typische I-Fragen:

- Wussten Sie, dass unser Produkt das einzige auf dem Markt verfügbare Werkzeug ist, das über eine elektronische Signatur zur Freigabe von Anforderungen verfügt? Damit können Sie Ihre Entscheidungsprozesse nicht nur erheblich beschleunigen, sondern auch noch das latente Sicherheitsrisiko eliminieren. *Typische I-Fragen*

- Wussten Sie, dass unser Produkt bereits in Ihrem Marktsegment ein De-facto-Standard ist? Damit reduzieren Sie Ihr Investitionsrisiko ganz erheblich.

- Wussten Sie, dass unser Produkt plattformübergreifend einsetzbar ist, also nicht nur im Microsoft-Umfeld? Damit ersparen Sie sich eine erneute Investition, wenn sich bei Ihnen die Entwicklungsumgebung ändern sollte.

- usw.

4.2.6.5
N-Fragen

Der letzte Fragentyp ist der Need-Fragentyp, hier geht es konkret um die Ermittlung des Bedarfes des Kunden. Hier ist dann weniger eine fachliche Ausbildung des Telesales, sondern eher eine vertriebstechnische Ausbildung gefragt. In vielen Unternehmen werden diese Fragen auch nicht mehr vom Telesales gestellt, sondern vor Ort vom Accountmanager. *Ermittlung des Kundenbedarfs*

Als Input liegt ja das Ergebnis der S-Fragen vor, der Telesales oder der Accountmanager kennt also die Anzahl der Entwickler und kann sich den Bedarf schon ungefähr vorstellen. Die Kunst des Vertriebes liegt jedoch darin, nun die Anzahl der zu verkaufenden Lizenzen zu optimieren.[35]

Typische Fragestellungen für N-Fragen sind:

- Sie befinden sich ja in der Planungsphase des Projektes, wie viele Lizenzen sind Ihrer Meinung nach in der Projektphase notwendig, wo die meisten Projektmitarbeiter im Einsatz sind?

- Sie sind mit der jetzt von Ihnen benötigten Anzahl an Lizenzen knapp unter der nächsten Rabattstaffel – ist in Ihrem Hause nicht noch ein ähnlich gelagertes Projekt in Planung, so dass Sie sich hier eventuell zusammentun könnten? *Typische N-Fragen*

- Laut Ihrem Unternehmensprofil sind Sie ja ein kontinuierlich wachsendes Unternehmen, denken Sie mal an die Zukunft, ist es nicht für Sie günstiger, wenn Sie jetzt gleich mehr Lizenzen bestellen? Sie kommen nicht nur in eine günstigere Rabattstaf-

---

[35] Etwas salopp ausgedrückt könnte man auch sagen, dass man versucht, dem Kunden mehr Lizenzen zu verkaufen, als er eigentlich braucht.

fel, auch Ihr Chef wird Ihr vorausschauendes Handeln zu würdigen wissen.

■ usw.

4.2.6.6
Unterschiede zwischen Telequalifier und Telesales

Zu Beginn dieses Abschnittes wurde auf die beiden Organisationseinheiten des Telequalifieres und des Telesales eingegangen. Im Folgenden sollen die wesentlichen Unterschiede zwischen diesen beiden Rollen dargestellt werden:

Die wesentlichen
Unterschiede

■ Ein Telesales ist rein von der Organisationsstruktur eine Stufe höher angesiedelt als ein Telequalifier. Der Telesales verfügt zumindest über fachliche Grundkenntnisse, die ihn dazu befähigen, tiefer gehende Fragen zu stellen.

■ Ein Telesales ist organisatorisch gesehen innerhalb des Vertriebs angesiedelt. Er wird auch nach einem anderen Gehaltsmodell entlohnt. In der Regel sind 50% seines Zielgehaltes umsatzabhängig. Der Telequalifier hingegen ist in der Marketingorganisation angesiedelt. Sofern er überhaupt einen variablen Anteil in seinem Gehalt hat, orientiert dieser sich nicht am Umsatz, sondern vielmehr anhand der Anzahl der „abtelefonierten" Leads.

■ Der nächste Karriereschritt eines Telequalifiers ist die Position des Telesales, dessen nächster Karriereschritt die des Vertriebsmitarbeiters (auch Salesmanager genannt).

Betrachtung des
Wirkungsfeldes

Eine gute Übersicht gibt die Betrachtung des Wirkungsfeldes eines Telesales bzw. Telequalifiers. Abbildung 13 zeigt das Wirkungsfeld eines Telequalifiers.

Bei der Betrachtung des Wirkungsfeldes spielen vier Kenngrößen eine Rolle:

Vier Kenngrößen

■ Die Gesprächstiefe, also wie intensiv (fachlich oder auch vertriebsorientiert) wird das Gespräch mit der Kontaktperson geführt.

■ Die Abschlusswahrscheinlichkeit, also wie groß ist die Wahrscheinlichkeit, dass nach dem Gespräch das Unternehmen von der Kontaktperson einen Auftrag erhält.

■ Die Anzahl der Kundenkontakte, also wie viele Gespräche werden täglich geführt.

■ Die Quotenabhängigkeit, also welche Abhängigkeit hat das Ergebnis des Gesprächs auf das Gehalt des Interviewers.

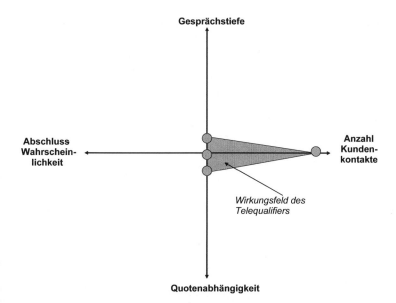

Abbildung 13:
Wirkungsfeld eines
Telequalifiers

Beim Telequalifier fällt auf, dass nur die Anzahl der Kundenkontakte sehr hoch ist, alle anderen Kenngrößen jedoch niedrig ausgeprägt sind und die Abschlusswahrscheinlichkeit gleich null ist. Abbildung 14 zeigt das Wirkungsfeld des Telesales.

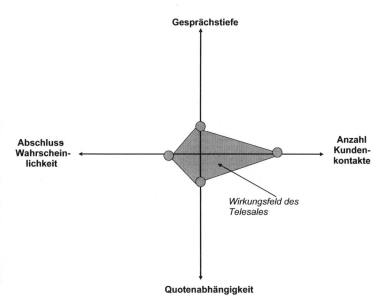

Abbildung 14:
Wirkungsfeld eines
Telesales

Beim Wirkungsfeld des Telesales ist die Anzahl der Kundenkontakte niedriger, dafür existiert eine gewisse Abschlusswahrscheinlichkeit. Besonders gravierend sind jedoch die Unterschiede zum Salesmanager, dessen Wirkungsfeld ist in Abbildng 15 dargestellt. Es fällt auf, dass hier die Abschlusswahrscheinlichkeit wesentlich größer ist, ebenso die Quotenabhängigkeit – die Anzahl der Kundenkontakte aber deutlich niedriger.

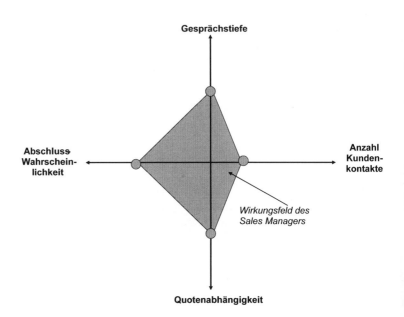

Abbildung 15:
Wirkungsfeld eines
Salesmanagers

4.2.6.7
Die Schnittstelle zum Vertrieb

Einsatz des
Salesmanagers

Die erste Schnittstelle zum Vertrieb war ja bereits durch die Involvierung des Telesales gegeben. Sie werden sich jetzt sicherlich fragen, wann denn in diesem gesamten Salescycle der Salesmanager zum Einsatz kommt. Dies kann schon zu einem sehr frühen Zeitpunkt der Fall sein, kann aber auch gar nicht eintreten – wenn zum Beispiel der Telesales so gut ausgebildet ist, dass er am Ende des Gesprächs dem Kunden per Fax ein Angebot zusendet und dieser direkt bestellt.[36]

---

[36] Die Erfahrung hat gezeigt, dass dies in letzter Zeit jedoch immer weniger der Fall ist, da Investitionsentscheidungen, insbesondere im Bereich von Werkzeugen, langfristig sind.

Wie oben bereits erwähnt, erstellt der Telequalifier nach Ermittlung der S-Fragen einen ausführlichen Situationsbericht, wie der aktuelle Stand beim potentiellen Kunden derzeit ist. Dieser Situationsbericht kann die folgenden Ergebnisse enthalten:

- Der Kontakt hatte rein informativen Charakter – es besteht derzeit weder Budget noch Bedarf.

Mögliche Ergebnisse eines Situationsberichtes

- Das Projekt hat bereits begonnen und der Kontakt ist ausreichend mit Lizenzen eines Wettbewerbers versorgt. Er ist mit dem Wettbewerbsprodukt zufrieden und wollte sich auf der Messe nur darüber informieren, was es sonst noch so auf dem Markt gibt.

- Das Projekt hat bereits begonnen und der Kontakt ist ausreichend mit Lizenzen eines Wettbewerbers versorgt. Er ist mit dem Wettbewerbsprodukt jedoch nicht zufrieden, allerdings steht derzeit kein Budget für einen Toolwechsel zur Verfügung.

- Das Projekt steht kurz vor Beginn, es werden aber nur wenige Lizenzen benötigt.

- Das Projekt hat bereits angefangen und man überlegt sich gerade einen Toolwechsel.

- Das Projekt steht kurz vor Beginn und es werden eine Vielzahl von Lizenzen benötigt.

- Neben diesem Projekt stehen noch weitere Projekte kurz vor Beginn und auch diese benötigen Lizenzen.

Sollte eine der letzten beiden Situationen eruiert worden sein, sind sofort die so genannten *red flags* zu setzen. Das bedeutet, der Telequalifier oder der Telesales versucht sofort einen Termin zwischen der Kontaktperson und dem Accountmanager – je nach sich abzeichnendem Umsatzumfang auch zusätzlich mit einem Topmanager des Unternehmens – zu vereinbaren.

Red flags

In den anderen Fällen nimmt der Salescycle seinen gewohnten Lauf durch das SPIN-Modell. Abbildung 16 visualisiert die unterschiedlichen Reaktionsmöglichkeiten auf einen Situationsbericht im SPIN Selling.

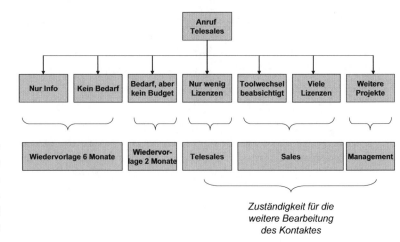

Abbildung 16:
Die unterschiedlichen
Reaktionsmöglichkei-
ten auf einen Situati-
onsbericht im SPIN
Selling

4.3
Möglicher Aufbau einer Organistionsstruktur im Marketing

4.3.1
Elementare Grundlagen

Marketingmanager hat fachliche und weisungsrechtliche Kompetenz

Es liegt auf der Hand, dass der Marketingmanager die fachliche und weisungsrechtliche Kompetenz im Marketing innehat. Je nach Marketingstrategie ist, wie bereits erwähnt, meist der Eventmanager sein Stellvertreter.

Für jede Organisationsform innerhalb von Marketing und auch Vertrieb gilt, dass ein Manager nicht mehr als 8-9 Direct Reports[37] haben sollte. Werden es mehr, sollte eine Zwischenebene eingeführt werden.

4.3.2
Einfache Organisationsstruktur

In der IT-Branche existieren in den meisten Marketingabteilungen nur zwei Hierarchieebenen, damit ergäbe sich die in Abbildung 17 dargestellte Organisationsstruktur.

---

[37] Mitarbeiter, die direkt an ihn berichten.

4.3.3
Komplexe Organisationsstruktur

Wird eine Marketingabteilung im Laufe der Zeit größer, so bildet sich eine dritte Hierarchieebene heraus. Prädestiniert zur Erweiterung sind auf der einen Seite das Eventmanagement und auf der anderen Seite der Telesalesbereich. Wie aus Abbildung 18 hervorgeht, wird beim Wachsen der Organisationsstruktur oft auch noch ein Webmaster Unterstützung in Form eines Webprogrammierers brauchen.

Allgemein gilt die folgende Regelung:

```
Die kritische Größe an zu führenden Mitarbei-
tern liegt im Marketing bei 7 Direct Reports.
Wird diese Zahl überschritten, sollte eine
zusätzliche Hierarchieebene eingeführt wer-
den.
```

Regel für Hierarchie-
aufbau

Die Beachtung dieser Regelung ist besonders dann wichtig, wenn ein Marketingteam sich aus unerfahrenen Mitarbeitern zusammensetzt, was in der IT-Branche sehr häufig der Fall ist.

4.3.4
Wichtige Schnittstellen innerhalb der Organisation

Bei innovativen Unternehmen steht keine Organisationseinheit für sich selber dar. Im Gegenteil, je komplexer das Geschäft ist, desto mehr Schnittstellen existieren innerhalb der einzelnen Organisationseinheiten. Schon längst hat sich der Begriff der *dotted line* etablieren können.

Dotted line

Unter eine Dotted Line versteht man eine Berichtsstruktur, wo ein Mitarbeiter zwei Vorgesetzte gleichzeitig hat, einen, an den er disziplinarisch berichtet, und einen, an den er fachlich berichtet. Letzteres entspricht dann der Dotted Line.

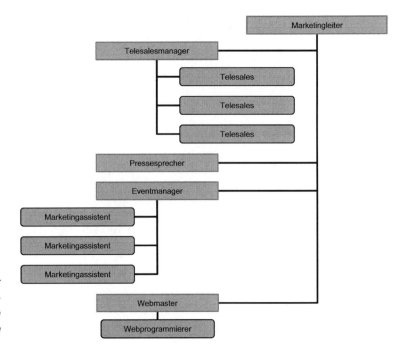

Abbildung 18:
Komplexere Organisa-
tionsstruktur im
Marketing

Auch im Marketing sind solche Strukturen häufig anzutreffen. Ein Beispiel wäre der Telesalesmanager, dem die einzelnen Telesalesmitarbeiter unterstehen. Sicherlich macht es Sinn, dass er an den Marketingleiter berichtet, doch ebenso sinnvoll ist es, dass er an den Vertriebsleiter berichtet, da er schließlich auch eine Vertriebsquote zu erfüllen hat. Abbildung 19 zeigt auf, wie diese Problematik durch eine Dotted Line gelöst werden kann.

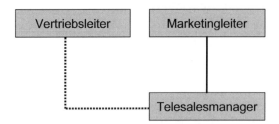

Abbildung 19:
Beispiel für eine
Dotted Line im
Marketing

Einige weitere Möglichkeiten für Dotted Lines innerhalb des Marketings wurden bereits am Anfang dieses Kapitels bei der Definition der Rollen aufgezeigt:

- Der Pressesprecher: Je nach Bedeutung der Pressearbeit im Unternehmen hat dieser nur eine Dotted Line zum Marketingleiter und berichtet direkt an den Geschäftsführer des Unternehmens.

Weitere Möglichkeiten für Dotted Lines

- Der Partnerschaftsmanager: Häufig hat er eine Dotted Line zum Leiter der Consulting & Schulungsabteilung.

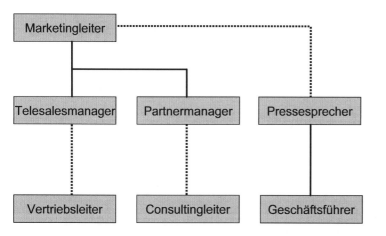

*Abbildung 20:
Komplexe Struktur mit Schnittstellen*

Abbildung 20 zeigt eine komplexe Struktur mit vielen Schnittstellen auf, der Einfachheit halber wurden diejenigen Mitarbeiter oder Abteilungsleiter, die nur über einen Berichtsweg verfügen, hier nicht mehr aufgeführt.

4.4
Aufhängung von Vertrieb und Marketing innerhalb der Organisationsstruktur

4.4.1
Allgemeines

Besonders in der IT-Branche sind die unterschiedlichsten Formen der Aufhängung dieser beiden Organisationseinheiten festzustellen. Es wurde bereits zu Beginn dieses Abschnitts erwähnt, dass es nur eine einzige Form gibt, die erfolgversprechend ist.

Unterschiedliche Formen der Aufhängung

Ebenso sei auch an dieser Stelle schon erwähnt, dass eine Vielzahl von Einflussfaktoren existieren, die einen Einfluss auf die Aufhängung von Vertrieb und Marketing innerhalb der Organisationsstruktur eines Unternehmens haben. Die beiden häufigsten Einflussfaktoren sind:

- Persönliche Vorlieben des Managements: Ist das Management eher vertriebsorientiert, wird auch die Aufhängung dieser beiden Organisationseinheiten entsprechend vorgenommen, ist das Management eher wirtschaftlich orientiert, sieht dies anders aus.

- Die Historie, wie das Unternehmen gewachsen ist: Manchmal kommt es vor, dass einer der Gründer des Unternehmens sich aus welchen Gründen auch immer plötzlich auf das Marketing konzentriert. In diesem Fall ist das Marketing dann auch entsprechend hoch aufgehängt.

4.4.2
Falsche Aufhängung des Marketings

Unabhängig davon, wie groß das Unternehmen ist – ob 20 oder 200.000 Mitarbeiter –, Marketing und Vertrieb sollten immer auf derselben Stufe stehen. Häufig ist jedoch anzutreffen, dass das Marketing innerhalb der Vertriebsstruktur integriert ist. Die folgenden Argumente sprechen gegen eine derartige Organisationsstruktur:

- Marketing denkt langfristig – Vertrieb kurzfristig (quartalsorientiert): Damit prallen hier unterschiedliche Interessen aufeinander. Ist nun der Vertrieb gegenüber dem Marketing weisungsbefugt, werden ausschließlich kurzfristige Denkweisen umgesetzt.

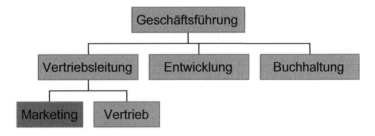

- Der Vertrieb ist mehr an Leadsgenerierung als an Awareness interessiert, somit wären Marketingaktivitäten, die zur Imagesteigerung beitragen, nahezu ausgeschlossen.

- Bei anstehenden Budgetkürzungen im Marketing würde dem Vertriebsleiter die im vorherigen Kapitel aufgeführte Argumentationskette fehlen.

- Im Extremfall könnte sogar der Vertriebsleiter eine Budgetkürzung im Marketing „anordnen", um die fehlenden Umsätze halbwegs auszugleichen.

- Marketing hat in gewisser Form auch eine Art Monitoringfunktion über den Vertrieb (siehe auch nächstes Kapitel), dies wäre bei einer derartigen Aufhängung nicht so einfach.

Argumente gegen eine Ansiedlung des Marketings innerhalb des Vertriebs

Abbildung 21 zeigt das Organigramm einer falschen Aufhängung des Marketings innerhalb einer Organisationsstruktur.

4.4.3
Richtige Aufhängung des Marketings

Nachdem im vorherigen Abschnitt dargestellt wurde, wo das Marketing nicht angesiedelt werden soll, wird nun die richtige Positionierung des Marketings innerhalb einer Organisationsstruktur dargestellt: auf gleicher Ebene wie der Vertrieb, direkt unter der Geschäftsleitung!

Marketing und Vertrieb müssen gleichgestellt sein

Abbildung 22 zeigt das Organigramm einer richtigen Aufhängung des Marketings innerhalb einer Organisationsstruktur.

Abbildung 22: Richtige Aufhängung des Marketings innerhalb einer Organisationsstruktur

4.5
Personalführung im Bereich Marketing

Katja Häußer
Grace Pampus

4.5.1
Einführung in die Personalführung

In unserer komplexen Geschäftswelt ist die Personalführung ein wichtiges und gleichzeitig äußerst schwieriges Kapitel des Arbeitslebens. Zum Vorgesetzten wird man leider nicht geboren und meistens hat man keine Gelegenheit, sich die erforderlichen Fähigkeiten anzueignen – bevor man diese Aufgaben übernimmt. Ent-

Personalführung ist wichtig und gleichzeitig schwierig

weder es kommt durch den Erfolg eines einzelnen Unternehmers und der daraus resultierenden Expansion des Unternehmens zur Beschäftigung von Mitarbeitern und somit zur „Beförderung" zum Chef, oder einem Angestellten eines größeren Unternehmens werden aufgrund guter Leistung mehr Verantwortung und Führungsaufgaben übertragen.

Zwei verschiedene Fälle

Im ersten Fall steht ein Einzelkämpfer plötzlich vor dem Problem, die anfallenden Aufgaben nicht mehr allein bewältigen zu können und sich zu seiner Entlastung Mitarbeiter suchen zu müssen, die einen Teil seiner Arbeitsbereiche übernehmen oder ergänzende Fähigkeiten in das Unternehmen einbringen. Im zweiten Fall steht ein Mitarbeiter, der sich bisher auf seine fachliche Kompetenz verlassen konnte, um die ihm – meist in überschaubarem Rahmen – übertragenen Arbeiten zu bewältigen, unvermutet vor der schwierigen Aufgabe der Personalführung. In beiden Fällen entstehen unweigerlich Hierarchien, die neue und vor allem andere Fähigkeiten verlangen als reine Fachkompetenz.

In den letzten 50 Jahren hat sich unsere Gesellschaft und damit auch das Geschäftsleben wesentlich verändert. Nicht nur der Markt ist enger und der Wettbewerb härter geworden, sondern auch das Verhältnis zwischen Vorgesetzten und Untergebenen hat sich dramatisch gewandelt.

Vorgesetzte ist nicht mehr der „Patriarch"

In unserer aufgeklärten und demokratisierten Welt ist der Vorgesetzte nicht mehr der „Patriarch", dessen Befehle widerspruchslos auszuführen sind und dem allein aufgrund seiner Stellung Respekt gebührt. Auch unsere Mitarbeiter sind nicht mehr reine Befehlsempfänger, die froh sind, am Monatsende ein ausreichendes Gehalt zu bekommen. In einer Leistungsgesellschaft haben wir es meist mit emanzipierten, engagierten Spezialisten zu tun, die (zu Recht) hohe Anforderungen an die emotionale und soziale Kompetenz ihrer Vorgesetzten stellen und auf mangelnde menschliche Reife empfindlich reagieren (möglicherweise sogar mit versteckter Arbeitsverweigerung und Sabotage).

Inkompetenter Chef oder unfähige Mitarbeiter?

In meiner 18-jährigen Berufstätigkeit als Trainerin und Coach haben mir Angestellte in unzähligen Gesprächen immer wieder berichtet, sie hätten es mit einem inkompetenten Chef zu tun, mit dem sie nur schwer auskämen. Andererseits berichteten mir Vorgesetzte gleichermaßen von ihren Schwierigkeiten im Umgang mit Mitarbeitern. Jeder, der im Berufsleben steht, hat ähnliche Erfahrungen gemacht. Dabei scheint die Sache doch ganz einfach: Es gibt Arbeit, also packen wir es an. Leider sind wir Menschen nicht so einfach strukturiert und nur selten geht es bei der Zusammenarbeit um die Sache selbst. Nur zu oft sind die menschlichen Probleme weit schwerwiegender. Die daraus entstehenden Reibungen in einem Unternehmen sind enorm. Könnten wir diese auf ein Minimum reduzieren, ließe sich die Produktivität erheblich steigern. Nur zufriedene und motivierte Mitarbeiter bringen zufrieden stellende Leistungen.

Das führt zu einer interessanten Frage: Wie viel Einfluss hat ein Vorgesetzter auf Zufriedenheit und Motivation seiner Mitarbeiter und damit auf deren Leistungsbereitschaft? Die meisten von Ihnen werden zu der Erkenntnis kommen, dass die Beziehung zwischen Vorgesetzten und Mitarbeitern einen wesentlichen und nicht zu unterschätzenden Faktor für den Erfolg eines Unternehmens darstellt. Wer den Stellenwert dieses Problems kennt, steht vor der Frage: Wie schaffe ich eine Beziehung zu meinen Mitarbeitern, die zu

Interessante Frage

- Vertrauen,
- Kooperation,
- Verantwortlichkeit und
- Motivation führt?

Inhalte der Beziehung zu Mitarbeitern

Oder anders ausgedrückt: Wer muss ich als Vorgesetzter sein (wobei die Betonung auf „sein" liegt)? Welche menschlichen Qualitäten und Fähigkeiten muss ICH besitzen, um diese erstrebenswerten Ergebnisse zu erreichen? Hierbei sollte man nicht dem Aberglauben verfallen, es läge allein an den Mitarbeitern. Die weit größere Verantwortung für das Betriebsklima liegt beim Vorgesetzten, dessen Abteilung oder Unternehmen stets ein Spiegel seiner selbst ist. Weise ich diese Verantwortung von mir und versuche, das Problem allein durch die Rekrutierung der „richtigen" Mitarbeiter zu lösen, bleiben herbe Enttäuschungen nicht aus.

Also bleibt einem Vorgesetzten oder demjenigen, der es werden möchte, nichts anderes übrig, als sich mit sich selbst auseinander zu setzen – ein Prozess, der meiner Erfahrung nach nie endet. Dabei ist zu erwähnen, dass der Versuch, dieses schwierige Unterfangen allein durchzuziehen, fast immer scheitert. Dazu benötigt man einen Coach oder ein eigens hierfür entwickeltes Persönlichkeitstraining, wie es auf dem Markt angeboten wird. Für ein Unternehmen zahlt es sich aus, seinen Führungskräften diese Möglichkeit zu bieten, auch wenn sich die Investition nicht sichtbar rechnet. Langfristig gesehen jedoch ist ein gutes und harmonisches Arbeitsklima die beste Zukunftsinvestition. Dennoch möchte ich hier zur Anregung auf einige Kriterien der „Führungsqualität" eingehen.

Verantwortung liegt beim Vorgesetzten

Vor gar nicht langer Zeit ist der Begriff „emotionale und soziale Kompetenz" entstanden, der sehr griffig klingt, auch wenn man nicht genau weiß, was sich dahinter verbirgt. Widmen wir uns

Emotionale und soziale Kompetenz

zuerst der so genannten „emotionalen Intelligenz". Als Vorgesetzter, Führungskraft oder jemand, der allgemein Menschen führt, muss man, wie ich es gern ausdrücke, „clean" sein. Das heißt, man muss die Fähigkeit besitzen, seine eigenen Gefühle und vor allem Vorurteile und Meinungen zurückzustellen und tatsächlich so weit wie möglich neutral zu bleiben. Das setzt ein hohes Maß an Integrität und Selbsterkenntnis voraus und ist eigentlich nur zu erreichen, wenn man sich in allen Bereichen des Lebens (sowohl beruflich als auch privat) um Authentizität bemüht.

Beispiel Um das zu erläutern, sei hier ein Beispiel genannt. Vor einigen Jahren habe ich als Co-Trainerin einen Workshop für die Marketingabteilung einer großen Bank gehalten. Auftraggeber war der Leiter dieser Abteilung, die aus 40 jungen, dynamischen und kreativen Mitarbeitern bestand. Während des dreitägigen Workshops kristallisierte sich heraus, dass der fachlich durchaus kompetente Abteilungsleiter stets versuchte, seine Mitarbeiter zufrieden zu stellen und zu „pampern". Zwei seiner herausragenden Eigenschaften waren Fürsorglichkeit und Verständnis – Eigenschaften, die wir durchaus als positiv ansehen, ebenso wie:

Wichtige Eigenschaften
- Zuverlässigkeit,
- Verantwortlichkeit,
- Freundlichkeit,
- Hilfsbereitschaft,
- Anpassungsfähigkeit
- usw.

Den positiven Eigenschaften des Menschen ist leider inhärent, dass wir uns mit ihnen identifizieren, denn schon als Kind haben wir dafür Anerkennung und Aufmerksamkeit bekommen. Das führt häufig dazu, dass wir auch in Situationen, in denen diese Verhaltensweise nicht angebracht ist, so reagieren. In unserem Beispiel bemühte sich der Abteilungsleiter durch Fürsorglichkeit und Verständnis, es jedem recht zu machen. Interessant waren für mich die Gespräche mit den Mitarbeitern am Abend nach dem Workshop. Es bestand die einhellige Meinung, dass ihr Chef kein Rückgrat besitze und sich nicht für sie einsetze.

Manko mit positiven Eigenschaften kompensieren Auf den ersten Blick erscheint das paradox. Aber wenn man dieses Verhalten näher betrachtet, wird es logisch. Jeder Mensch hat einerseits ein Gefühl von Manko und andererseits positive Eigenschaften, mit denen er dieses Manko kompensiert. In unserem Beispiel bemühte sich der Abteilungsleiter, von seinen Mitarbeitern akzeptiert und gemocht zu werden, das heißt, er war fürsorglich und verständnisvoll, UM diese Anerkennung zu bekommen, und es ging ihm im Grunde nicht um die Belange der Mitarbeiter. Mit anderen Worten, er war nicht authentisch, ohne es zu wollen und auch ohne es zu merken. Andererseits haben Menschen – besonders Mitarbeiter ihren Vorgesetzten gegenüber – ein gutes Gespür dafür, wer jemand ist. Kennt der Vorgesetzte nun seine eigenen Strukturen nicht, fällt er immer wieder in solche oder ähnliche Fallen.

Soziale Intelligenz und Kompetenz setzt voraus, dass man in der Lage ist, sich in die Denkweise und die Welt seiner Mitmenschen hineinzuversetzen und von diesem Standpunkt aus zu denken. Das klingt leichter als es ist. Denn eigentlich ist der Mensch ein geschlossenes System. Als Organismus haben wir keinen kognitiven Zugang zu unserer Umwelt, sondern nur als Beobachter. Es gibt keine Trennung von Wahrnehmung und Interpretation. Der Akt des Wahrnehmens ist Interpretation.[38] Obwohl wir mit dem Handicap leben müssen, nicht objektiv sein zu können, führt schon allein das Wissen darum zu dem Bemühen, den Standpunkt eines anderen verstehen zu wollen. Wenn ich mein Mitarbeiter wäre, was würde ich von der Situation halten, was würde ich empfinden oder denken? Man kann davon ausgehen, dass die meisten zwischenmenschlichen Probleme aus Missverständnissen oder enttäuschten Erwartungen entstehen, vor allem in der Arbeitswelt, denn hier fürchtet man unangenehme Konsequenzen, wenn man offen und ehrlich ist. Ein guter Vorgesetzter schafft eine Vertrauensbasis, die es erlaubt, Fehler zuzugeben, und zwar auf beiden Seiten.

Trennung von Wahrnehmung und Interpretation

Deshalb sollten Klarheit, Konsequenz und Geradlinigkeit Ihren Führungsstil bestimmen. Bemühen Sie sich um klare Kommunikation und achten Sie auf Ihre eigenen unausgesprochenen Erwartungen, denn diese führen stets zu Verstimmungen. Ihre Mitarbeiter können nicht ahnen, wo Sie Ihre Prioritäten setzen, und auch nicht Gedanken lesen. Deshalb sind klare Anweisungen unerlässlich, um Missverständnisse zu vermeiden.

Klarheit, Konsequenz und Geradlinigkeit

Sollten Ihre stillschweigenden Erwartungen nicht erfüllt werden, können Sie Ihre Mitarbeiter nicht dafür zur Verantwortung ziehen. Falls etwas nicht zu Ihrer Zufriedenheit erledigt wurde, fragen Sie sich stets zuerst, was Sie kommuniziert haben, bevor Sie jemanden tadeln. Vage Anweisungen lassen Spielraum für eigene Auslegungen. Bitten Sie zum Beispiel Ihre Sekretärin: „Richten Sie bitte den Konferenzraum für das Meeting her", wird sie das tun, was sie für richtig hält. Haben Sie eigene Vorstellungen, müssen Sie ihr genau erklären, wo Tische und Stühle stehen sollen usw.

---

[38] Siegfried J. Schmidt *Der Diskurs des Radikalen Konstruktivismus.*

Jeder bekommt die
Mitarbeiter, die er
verdient

Jeder bekommt die Mitarbeiter, die er verdient. Sie, als Vorgesetzter, sind der Motivationsmotor. Haben Sie demotivierte, frustrierte, unzuverlässige und wenig leistungsbereite Mitarbeiter, sollten Sie sich fragen, was Sie ausstrahlen. Sie sind Vorbild – ob Sie wollen oder nicht. Mitarbeiter orientieren sich an Ihrem Verhalten und Ihrer Arbeits- und Lebenseinstellung – ja Sie haben richtig gelesen, auch an Ihrer Lebenseinstellung, und zwar sowohl im positiven wie im negativen Sinne.

Ihre Einstellungen, das heißt, was Sie denken, beeinflusst Ihr Verhalten und Ihr Auftreten. Oft geschieht das unbewusst, aber unsere Mitmenschen bemerken es sehr wohl. Unser Wesen wird von unseren Gedanken bestimmt. Heidegger sagt: Die Sprache ist das Haus des Seins, in dieser Behausung wohnt der Mensch. Wer Sie sind, drückt sich in Ihren Gedanken und Worten aus. Stimmen Ihre Gedanken nicht mit dem überein, was Sie sagen, sind Sie nicht authentisch. Das Gleiche gilt auch für Ihr Handeln, denn auch dieses wird von unseren Gedanken gesteuert.

Kommen Sie Ihren versteckten Einstellungen auf die Spur. Wenn Sie einen Mitarbeiter für unfähig halten, wird er es auch sein, denn er spürt, was Sie von ihm halten, auch wenn Sie es nicht sagen, was wiederum Frustration und Demotivierung auslöst – also eine selbsterfüllende Prophezeiung, denn er wird Angst haben, Fehler zu machen, und Sie werden jeden noch so geringsten Fehler bemerken. Führungskräfte mit positiver Einstellung zu ihren Mitarbeitern haben viel öfter positiv motivierte Mitarbeiter.

Menschen zu führen ist eine spannende und lohnende Aufgabe. Nimmt man sie ernst, beginnt ein interessanter Prozess der eigenen Persönlichkeitsentwicklung, der nie aufhört. Hier geht es nicht um Disziplin, auch wenn man diese nicht außer Acht lassen darf, sondern um die Fähigkeit, sich selbst zu managen. Der Umgang mit sich selbst – Aufrichtigkeit und Selbstkritik – ist ein Indikator dafür, wie Sie andere behandeln. Wenn Sie mit sich selbst, Ihren Schwächen, Fehlern und Eigenheiten nachsichtig und geduldig, aber ebenso kritisch umgehen, werden Sie das auch mit Ihren Mitarbeitern tun. Können Sie sich selbst motivieren und haben Freude an der Arbeit, finden Sie auch Motivationsfaktoren für andere. Sind Sie sich selbst gegenüber klar und eindeutig, wirken Sie auch auf Ihre Umgebung klar und eindeutig.

Der Prozess der Persönlichkeitsentwicklung erfordert Feedback von anderen, und zwar nicht nur einmal. Wir selbst haben kein sicheres Gefühl dafür, wie andere uns wahrnehmen. Oft sind wir überrascht, was unsere Umgebung über uns denkt. Zum Beispiel wirken zurückhaltende oder unsichere Menschen häufig arrogant, obwohl sie sich selbst nicht als arrogant empfinden und es ihnen meistens auch nicht bewusst ist.

Fragen Sie Ihre Familienmitglieder, Freunde oder Bekannten, denen Sie vertrauen, wie Sie auf sie wirken. Weisen Sie Kritik nicht zurück, denn es ist eine Gelegenheit zu wachsen. Denken Sie daran, dass die Meinung, die Sie von sich haben, nicht zwangsläufig mit dem Bild übereinstimmen muss, das andere sich von Ihnen machen. Es besteht kein Grund, sich darüber zu ärgern, denn letztendlich haben Sie diesen Eindruck auch vermittelt.

Kluge Menschen übernehmen die Verantwortung dafür, was andere von ihnen denken, und wissen, dass sie das Bild durch ihr Verhalten und ihr Wesen zum größten Teil selbst erzeugen. Wollen Sie wissen, wie Sie als Vorgesetzter auf Ihre Mitarbeiter wirken, führen Sie von Zeit zu Zeit Mitarbeiterbefragungen durch. Wichtig ist, dass diese Befragungen anonym bleiben, denn sonst bekommen Sie keine ehrlichen Antworten. Die Aussagen Ihrer Mitarbeiter bieten Ihnen die Chance, Ihre Führungsfähigkeiten kontinuierlich zu verbessern. Nutzen Sie Möglichkeiten zur Weiterbildung, besuchen Sie einschlägige Seminare oder lassen Sie sich durch einen persönlichen Coach beraten.

Verantwortung übernehmen

4.5.2
Auswahlkriterien und Beurteilung von Bewerbern

Wenn in Ihrem Unternehmen eine Stelle neu zu besetzen ist, sollten Sie sich vorher genau überlegen, welche Anforderungen die neue Arbeitskraft erfüllen oder welche Voraussetzungen sie mitbringen soll. Unter Umständen ist es nicht erforderlich, für jeden Arbeitsplatz erfahrene und somit hoch bezahlte Kräfte einzustellen. Um das beurteilen zu können, ist zu empfehlen, die zu besetzende Stelle und die damit verbundenen Aufgaben präzise zu beschreiben, also eine Stellenbeschreibung zu machen.

Erfahrung ist nicht immer erforderlich

Vielleicht kann die eine oder andere Stelle auch mit Auszubildenden, Berufsanfängern oder Hilfskräften besetzt werden. Die Einarbeitung solcher Mitarbeiter erfordert vielleicht eine intensivere Betreuung, jedoch kann sich dieser Aufwand durchaus lohnen – für beide Seiten. Menschen, denen man eine Chance gibt, sind häufig flexibler, motivierter und zeigen eine größere Lernbereitschaft. Formulieren Sie Ihre eigenen Kriterien, denn diese richten sich nach der vorhandenen Personalstruktur Ihres Unternehmens oder Ihrer Abteilung und Ihren Vorstellungen. Im nächsten Absatz finden Sie zur Anregung eine Liste mit möglichen Kriterien.

Eine Chance geben

Wie Ihre Kriterien auch ausfallen mögen, wichtig ist, dass der neue Mitarbeiter in Ihr Team passt. Vielleicht sind Charakter und Teamfähigkeit höher zu bewerten als fachliche Kompetenz. Es könnte sogar ratsam sein, den einen oder anderen erfahrenen Mitarbeiter bei einer Stellenbesetzung hinzuzuziehen. Hier einige Anregungen:

Persönlichkeitsprofil Alter, Auftreten, Umgangston, Zuverlässigkeit, Belastbarkeit, Motivation, Auffassungsvermögen, Flexibilität, persönliche und berufliche Ziele usw.

Ausbildung Schulabschluss, abgeschlossene Berufsausbildung, Studium usw.

Berufserfahrung Branchenkenntnisse, Produktkenntnisse, Erfahrung im Umgang mit Kunden usw.

Fachkenntnisse und Fähigkeiten Computerkenntnisse, Erfahrungen mit bestimmten Programmen, Umgang mit anderen Hilfsmitteln, motorische Fähigkeiten, Kommunikationsfähigkeit usw.

4.5.3
Das Bewerbungsgespräch

Bevor Sie die Anwärter/innen für die Stelle zu einem Bewerbungsgespräch einladen, beurteilen Sie die eingegangenen Bewerbungsunterlagen:

Zum Gespräch einladen ▪ Unterlagen sind vollständig, ansprechend und übersichtlich. Das Persönlichkeitsprofil entspricht Ihrer Stellenbeschreibung, gewünschte Kenntnisse und Berufserfahrung sind vorhanden. Laden Sie den oder die Bewerber/in zu einem Gespräch ein.

Eventuell zum Gespräch einladen ▪ Unterlagen sind vollständig, ansprechend und übersichtlich, aber der oder die Bewerber/in entspricht nicht ganz Ihrer Stellenbeschreibung usw. Schreiben Sie einen Brief, in dem Sie der Person mitteilen, dass Sie die Unterlagen erhalten haben und ihr zu gegebener Zeit Bescheid geben.

Wenig oder kein Interesse ▪ Die Unterlagen sind nicht vollständig oder weisen andere Mängel auf und/oder diese Person entspricht nicht den Anforderungen der Stellenbeschreibung. Schicken Sie die Unterlagen mit einem freundlichen Begleitschreiben zurück.

Bereiten Sie sich auf das Bewerbungsgespräch vor und überlegen Sie sich im Voraus, worauf Sie achten und welche Fragen Sie dem oder der Bewerber/in stellen wollen. Das Gespräch sollte nicht unter Zeitdruck stattfinden, denn es ist sowohl für Sie und Ihr Unternehmen als auch für die berufliche Zukunft des Interessenten ausschlaggebend.

Empfangen Sie die Person mit einigen einleitenden Worten über Ihr Unternehmen. Bemühen Sie sich um Freundlichkeit und Offenheit, denn eingeschüchterte oder vorsichtige Menschen halten sich automatisch zurück. Damit Sie nichts vergessen, erstellen Sie einen Fragenkatalog, unter anderem zu:

Vorbereitung ist wichtig

- Lebenslauf
- Fähigkeiten
- Beruflicher Laufbahn
- Bisheriger Tätigkeit
- Zukunftsplänen
- Gründe für den beruflichen Wechsel
- Vorstellungen und Erwartungen an die neue Stelle und das Gehalt

Kommt die Person in Frage, besprechen Sie auch die wichtigsten Punkte des Arbeitsvertrags. Zum Abschluss des Gesprächs vereinbaren Sie, bis wann Sie dem Bewerber oder der Bewerberin das Ergebnis Ihrer Entscheidung mitteilen werden und verabschieden Sie sich mit einigen freundlichen Worten.

4.5.3.1
Checkliste Auswahlkriterien

So könnte eine Bewertungsliste aussehen, die man nach dem Gespräch ausfüllt:

Name des Bewerbers:
Wohnort:
Alter:
Familienstand:

Inhalte einer Bewertungsliste

Beurteilung: sehr gut - gut - akzeptabel - unzureichend

Persönlicher Eindruck
Auftreten:
Umgangsformen:
Selbstsicherheit:
Offenheit:
Pünktlichkeit:

Persönlicher Eindruck

Fachliche Kompetenz
Berufsausbildung:
Fachkenntnisse:
Zus. Ausbildung:
Berufserfahrung:
Ambitionen:
Passend für die Stelle:

Persönlichkeit:
Erscheinung:
Kommunikationsfähigkeit:
Verhandlungsgeschick:
Flexibilität:
Kompromissbereitschaft:
Zuverlässigkeit:
Verantwortlichkeit:

4.5.4
Motivation, Verantwortlichkeit, Teambewusstsein

4.5.4.1
Motivation durch gutes Betriebsklima

Jeder wünscht sich motivierte, leistungsbereite und kooperative Mitarbeiter. Grundsätzlich bringt jeder Mitarbeiter diese Eigenschaften mit, denn fast alle Menschen wollen ihre Sache gut machen und zeigen, was sie können. Davon sollte man als Führungsperson auch ausgehen, denn nur durch eine positive Einstellung zu seinen Mitarbeitern erzeugt man ein gutes Betriebsklima und kann Leistungsbereitschaft erwarten. Sie haben sicher schon einmal erfahren, wie schwierig es ist, für jemandem zu arbeiten, wenn man von dieser Person nicht angenommen und akzeptiert wird.

Überprüfen Sie Ihre Beziehung zu Ihren Mitarbeitern und Kollegen – und pflegen Sie sie. Ein klärendes Gespräch bringt fast immer gute Ergebnisse. Die meisten zwischenmenschlichen Probleme entstehen aus Missverständnissen. Schnell hat man sich eine Meinung über jemanden gebildet und vergisst, dass eine Meinung nur eine subjektive Sichtweise und mitnichten die ganze Wahrheit ist. Das, was wir hören und sehen, wird durch Erfahrungen aus der Vergangenheit gefiltert, aus denen wir mehr oder weniger unbewusst Schlussfolgerungen gezogen haben, die dann wiederum unsere Wahrnehmung in der gegenwärtigen Situation beeinflussen.

Um Menschen unvoreingenommen begegnen zu können, ist Denkarbeit vonnöten. Hilfreich könnte sein, wenn man sich vorstellt, dass das, was man denkt und glaubt, sich aus Beobachtungen und deren Interpretationen zusammensetzt, wobei jede Beobachtung oder Interpretation selbstredend nur subjektiv sein kann. Diese Art zu denken unterscheidet sich von positivem Denken dadurch, dass man nicht alles „positiv" sieht, sondern einfach in Betracht zieht, dass es auch anders sein könnte, weil man eventuell nicht alle Hintergründe kennt.

Mit dieser Einstellung hat jeder Mitarbeiter die Gelegenheit und die Chance, etwas richtig zu stellen oder zum Ausdruck zu bringen, denn Sie werden ihm zuhören und auch seinen Standpunkt nachvollziehen können. Das schafft Vertrauen – die beste Voraussetzung für gutes Betriebsklima und reibungslose Zusammenarbeit.

Vertrauen ist wichtige Voraussetzung

In diesem Zusammenhang muss auch der Tratsch erwähnt werden, denn nichts wirkt sich negativer auf das Betriebsklima aus. Fast jeder erwischt sich schon einmal dabei, dass er etwas geringschätzig über einen Dritten spricht. Dabei ist zu bedenken, dass Tratsch sämtliche Beziehungen zerstört:

- die Beziehung zwischen mir und der Person, über die ich rede,

Zerstörte Beziehungen

- die Beziehung zwischen der Person, mit der ich spreche, und der Person, über die getratscht wird, und

- nicht zuletzt zwischen mir und der Person, mit der ich über eine dritte Person tratsche, denn auch diese wird nicht den besten Eindruck von mir gewinnen.

Als Vorgesetzter kann man wesentlich dazu beitragen, dass sich der Tratsch in seiner Abteilung oder in seinem Betrieb zumindest in Grenzen hält, wenn man sich nicht scheut, Konflikte zwischen Mitarbeitern und Beschwerden über einen Mitarbeiter stets in Gegenwart der betroffenen Person beizulegen, und nicht mit jedem einzeln spricht. Das ist zwar nicht der einfachste Weg, aber hier lohnt sich konsequentes Handeln. Es versteht sich von selbst, dass man sich als Führungsperson nicht leisten kann, mit Mitarbeitern unverantwortlich über andere Mitarbeiter zu sprechen, denn wie schon gesagt, Sie sind stets Vorbild. Unterbinden Sie jeden Tratsch rigoros. Diese eindeutige Haltung ist die wirkungsvollste Maßnahme gegen das so genannte Mobbing, der neudeutsche Begriff für Auseinandersetzungen und kleine Gemeinheiten unter Kollegen, die es übrigens gibt, seit Menschen zusammen arbeiten.

Vorgesetzter ist in der Verantwortung

Konsequenz und eindeutiges, für die Mitarbeiter einschätzbares Verhalten des Vorgesetzten sind die Grundlage für ein gutes Betriebsklima – eine wichtige Bedingung für ein leistungsfähiges, motiviertes Team. Haben Sie ein Ohr für die Sorgen und Nöte Ihrer Mitarbeiter und verstecken Sie sich nicht hinter Ihrem vollen Terminkalender, denn auch Sie sind Teammitglied.

Zu einem guten Betriebsklima gehört auch eine konstruktive Kommunikationskultur. Vieles lässt sich durch gut geführte Gespräche lösen und voranbringen. Schaffen Sie kurze und funktionierende Kommunikationswege, die einen reibungslosen Informationsfluss ermöglichen, und gewöhnen Sie sich an, nicht das zu sagen, was Sie nicht wollen, sondern das, was Sie wollen.

Sorgen Sie für eine angenehme Atmosphäre in Ihrem Unternehmen oder in Ihrer Abteilung. Manchmal sind es nur Kleinigkeiten, die sich positiv auf das Betriebsklima auswirken, wie eine Schale Obst, kostenloser Kaffee, hin und wieder ein gemeinsames Mittagessen oder eine Ruheecke. Hier sind Ihrer Fantasie keine Grenzen gesetzt.

4.5.4.2
Motivation durch Transparenz

Geheimniskrämerei tut nie gut und undurchsichtige Entscheidungen sind fast immer demotivierend. Natürlich muss man als Führungsperson abwägen, was die Mitarbeiter wissen müssen und was nicht. Trotzdem kann man davon ausgehen, dass eine offene Kommunikation die Motivation fördert. Behalten Sie wichtige, die Mitarbeiter betreffende Informationen möglichst nicht für sich, bis irgendjemand sie doch herausfindet, sondern sorgen Sie dafür, dass alle Mitarbeiter gleichzeitig informiert werden, sonst gibt es böses Blut. Dafür kann man ein Intranet (sofern vorhanden), Umläufe oder Aushänge nutzen, die allerdings stets auf dem neuesten Stand sein sollten. Beauftragen Sie einen Ihrer Mitarbeiter mit der Pflege des „schwarzen Bretts", der regelmäßig überholte Informationen austauscht, sonst verlieren die Mitarbeiter das Interesse und beachten es nicht mehr.

Wöchentliche Teamsitzungen (die im Übrigen auch im Rahmen eines gemeinsamen Frühstücks abgehalten werden können), auf denen Arbeitsstand, Vorgehensweisen und Ziele besprochen werden, ermöglichen der Führungsperson und den Mitarbeitern, stets über den Stand der laufenden Projekte informiert zu werden. Sie fördern die Kommunikation unter den Mitarbeitern und das Gefühl der Zusammenarbeit. Wenn Engpässe, Störungen oder Terminverzögerungen auftreten, kann das Team nach Lösungen suchen, die dann auch gemeinsam getragen werden.

4.5.4.3
Motivation durch kluges Delegieren

Zur Transparenz eines Unternehmens gehört eine eindeutige Auf-
gabenverteilung und kluges Delegieren. Delegieren will gelernt
sein, denn die meisten Menschen neigen dazu, alles selbst erledigen zu wollen, und geben wichtige Aufgaben nicht gern aus der
Hand. Die Gründe dafür sind vielfältig – sei es Angst vor Risiko,
kein Vertrauen in die Fähigkeiten anderer oder Kontrollsucht.
Aber im Grunde scheut man nur die Verantwortung für eine effektive Kommunikation. Manchem fällt es auch schwer, jemandem zu
sagen, was er zu tun und zu lassen hat. Es scheint wesentlich leichter und weniger aufwendig zu sein, viele Dinge selbst zu erledigen.
Folgendes ist dabei zu bedenken: Wenn man immer nur das tut,
was man beherrscht, kann man sich nicht entwickeln. Wenn Sie
alles unter Kontrolle behalten, kommen weder Sie noch Ihre Mitarbeiter voran. Seien Sie großzügig und lassen Sie die Menschen
um Sie herum groß werden, anstatt sie klein zu halten. Ihr Erfolg
und Fortkommen hängt von der Effektivität Ihrer Abteilung ab.
Ein Vorgesetzter, der nicht delegiert, ist keiner und arbeitet wie ein
normaler Angestellter, was ja nicht Sinn und Zweck Ihrer Position
sein kann. Je mehr Verantwortung und Aufgaben Sie aus der Hand
geben können, umso mehr Zeit haben Sie für Ihre eigentliche Tätigkeit.

*Eindeutige Aufgaben-
verteilung*

Jeder Mitarbeiter sollte eine Stellenbeschreibung mit seinem
Aufgabenbereich und seinen Kompetenzen erhalten, also einen
Rahmen, innerhalb dessen er selbstständig arbeiten und sich ent-
falten kann. Von Ihrem Geschick hängt es ab, ob Ihre Mitarbeiter
Eigeninitiative und Selbstbewusstsein entwickeln und ihre Fähigkeiten ständig erweitern. Nur so schaffen Sie eine Plattform für die
erforderliche Motivation und Freude an der Arbeit.

*Stellenbeschreibung
mit Aufgabenbereich
und Kompetenzen*

Demotivierte Mitarbeiter sind nicht leistungsbereit und neigen
dazu, die Arbeit – mehr oder weniger unbewusst – zu sabotieren,
und sind stets ein Ärgernis. Gerade im Bereich Marketing hat man
es meist mit dynamischen und äußerst kreativen Menschen zu tun,
die vorwärts kommen wollen. Fördern Sie diese Kreativität, indem
Sie Anregungen und Verbesserungsvorschläge diskutieren und
gegebenenfalls aufnehmen. Manchmal ist es klüger, eingefahrene
Arbeitsweisen über Bord zu werfen, denn nichts ist für die Mitarbeiter motivierender als zu einem besseren Arbeitsablauf beitragen
zu können.

Kreativität fördern

Bieten Sie ihnen einen Rahmen für die persönliche Entwicklung.
Jeder will wissen, was von ihm erwartet wird, wofür er zuständig
ist, wofür nicht und woran er seine Erfolge messen kann. Stellen
Sie die Aufgaben dem Leistungsniveau entsprechend – und ein

*Rahmen für persönli-
che Entwicklung*

wenig darüber hinaus. Lassen Sie Ihre Mitarbeiter wissen, was Sie von Ihnen erwarten. Unausgesprochene Erwartungen (die nie hundertprozentig erfüllt werden können) führen zu Verstimmung und Frustration.

4.5.4.4
Motivation durch Verantwortung

Mitarbeiter sind Partner, nicht Handlanger

Vertrauen Sie Ihren Mitarbeitern und übergeben Sie ihnen genügend Verantwortung. Behandeln Sie sie als Partner, nicht als Handlanger. Sogar eine Hilfskraft will ernst genommen werden. Wenn Sie klare Kommunikationsstrukturen hergestellt haben und für regelmäßiges Feedback sorgen, behalten Sie die Fäden in der Hand, ohne sich um alles selbst kümmern zu müssen. Ihr Ansehen leidet sicher nicht, wenn Sie zugeben, nicht alles zu können oder zu wissen. Ganz im Gegenteil – ein Vorgesetzter, der sein Team geschickt managt und so zu Höchstleistungen anregt, wird respektiert und anerkannt.

Wenn Sie eine Aufgabe übergeben, nehmen Sie sich genug Zeit und sorgen Sie dafür, dass der Mitarbeiter alle erforderlichen Informationen bekommt, wozu auch Zusammenhänge innerhalb eines Projekts und Zielsetzungen gehören, denn so schaffen Sie den Kontext für die zu erfüllende Aufgabe.

Ohne Kontext keine Handlung

Jeder Handlung liegt immer ein bestimmter Kontext zugrunde. Ohne Kontext keine Handlung. Sagen Sie zum Beispiel Ihrer neuen Sekretärin: „Kaffee, bitte", schafft das einen anderen Kontext als „Einen Kaffee für meine wichtigen Gäste, bitte." Das klingt zwar banal, ist es aber nicht, denn sie wird über Ihre Gäste nachdenken und darauf achten, dass der Kaffee heiß ist, das Geschirr sauber usw. Begreift man Zusammenhänge, erkennt das Ganze, wird man diese in Betracht ziehen und anders handeln. Das führt zu mehr Verantwortungsbewusstsein und auch zu besseren Ergebnissen.

4.5.4.5
Motivation durch Teambewusstsein

Mangelnde Kommunikationsfähigkeit als Ursache

Viele Menschen werden zum Einzelkämpfer, weil die Zusammenarbeit mit anderen nicht ohne Spannungen abläuft. Negative Erfahrungen führen zu Rückzug und Vorsicht. Der Grund hierfür ist meistens mangelnde Kommunikationsfähigkeit. Der eine oder andere kann nicht gut mit Kritik umgehen und nimmt vielleicht alles persönlich, ein anderer trifft nicht immer den richtigen Ton und stößt auf Ablehnung.

Dort, wo Menschen zusammenarbeiten, kommt es auch zu Spannungen, denn jeder hat seine eigene Kommunikationsstruktur, die er seit der Kindheit erworben und gepflegt hat. Aber für ein gutes Team ist gute Kommunikation unerlässlich. Es ist verwunderlich, dass es in der Schule und im Studium das Fach Kommunikation nicht gibt. In der heutigen Geschäftswelt ist wirkungsvolle Kommunikation eine wesentliche Komponente für den Erfolg.

Die Bedeutung einer klaren und motivierenden Kommunikation ist in einer Welt, die scheinbar von Technologien, Online-Übertragungen und Verfügbarkeit von Daten beherrscht wird, noch wichtiger geworden. Kaum ein Mensch wird in gewaltloser Kommunikation oder konstruktiver Konfliktlösung geschult. Nur weil ein Mensch schon seit frühester Kindheit spricht, muss er nicht zwangsläufig gut kommunizieren. Wenn es Ihnen möglich ist, schicken Sie Ihre Mitarbeiter (möglichst einzeln oder zu zweit, nicht die ganze Abteilung auf einmal) auf einen guten Kommunikationskurs. Dort lernt man, besser und anders zuzuhören, kreativer und effektiver mit seinen Kommunikationsmöglichkeiten umzugehen, Meinungsverschiedenheiten rasch auszuräumen und selbstbewusst seine Meinung zu vertreten. Menschen, die sich nicht „riechen" können, lernen, sich gegenseitig zu akzeptieren und miteinander zu arbeiten anstatt gegeneinander. Viele Ängste und das Gefühl von Über- oder Unterforderung entstehen durch fehlende Kommunikation. Meistens sind es Gedankengebäude, die sich oft durch ein gut geführtes Gespräch in Luft auflösen.

Lernen, mit Kommunikationsmöglichkeiten umzugehen

Auch wenn Sie in der glücklichen Lage sein sollten, Ihre Mitarbeiter zu einer solchen Fortbildung schicken zu können (wobei natürlich auch Sie das Angebot wahrnehmen sollten), hängt es stets von Ihnen ab, ob sie Teambewusstsein entwickeln. Sorgen Sie dafür, dass die Teammitglieder miteinander sprechen, minimieren Sie das Konkurrenzdenken durch klare Strukturen und gerechte Behandlung. Schaffen Sie für Ihre Mitarbeiter Gelegenheiten, bei denen sie sich näher kennen lernen und auch einmal persönliche Dinge zur Sprache kommen, wie zum Beispiel gelegentliche Betriebsausflüge, Kabarett- oder Theaterbesuche und gemeinsame Essen. Solche Freizeitaktivitäten sind sehr hilfreich und fördern Motivation und reibungslose Zusammenarbeit.

Teambewusstsein entwickeln

Zum Schluss dieses Kapitels über Motivation möchte ich noch ein äußerst wichtiges Thema erwähnen: Leistungsanreize, Lob und Anerkennung. Wenn es Ihnen schwer fällt, Anerkennung auszusprechen, sollten Sie das sofort ändern. Auf Dauer ist das Arbeiten ohne Anerkennung frustrierend und demotivierend. Wir Menschen sind nun einmal darauf angewiesen und wollen wissen, ob wir unsere Sache gut machen. Ein Lob zur rechten Zeit bewirkt Wunder. Natürlich ist auch das monatliche Gehalt eine Anerken-

Leistungsanreize, Lob und Anerkennung

nung für gute Leistungen und eine gelegentliche Gehaltserhöhung tut sicher gut. Auch ein Bonussystem trägt zur Motivation bei.

Positive Impulse verstärken

Mit Lob verstärken Sie positive Impulse – Lob ist die Basis einer positiven Führungseinstellung. Leider ist es ein weit verbreitetes Phänomen, dass viele Führungskräfte lieber kritisieren als loben. Lob ist eine positive Verstärkung, Kritik lenkt den Fokus auf Negatives. Hin und wieder ein Lob zu hören, tut gut. Jeder Mensch genießt das. Dabei braucht man nicht zu übertreiben, sondern kann ehrlich seine Freude und Anerkennung zeigen. Man kann auch noch einen Schritt weiter gehen und Belohnungen aussprechen. Es muss nicht immer ein Belohnungssystem sein, kleine Überraschungen tun es auch. Es geht um Aufmerksamkeiten, nicht um große Geschenke! Falls Sie keine Ideen haben, fragen Sie Ihre Mitarbeiter.

4.5.4.6
Spaß, Ernst und Entdeckung der Kreativität

Eigenständige Berufswahl

In der Regel ist es heutzutage möglich, die Berufswahl selbst zu bestimmen. Sie hat also stärker als in Zeiten unserer Vorfahren etwas mit der individuellen „Berufung" zu tun. Grundsätzlich kann man also davon ausgehen, dass der gewählte Beruf etwas mit der Neigung, den Vorlieben und Fähigkeiten der jeweiligen Person zu tun hat. Das bedeutet, der gewählte Beruf entspricht in der prognostizierten Vorstellung dem Zutrauen an die eigenen Möglichkeiten und einer Vorstellung, diesen mit Spaß und Freude ausführen zu können.

Positive Grundeinstellung

Es ist also sehr wahrscheinlich, dass die Grundeinstellung zum eigenen Beruf zunächst einmal sehr positiv ist. Selbstredend wird diese im Laufe eines Berufslebens von vielen Einflüssen geprägt und mit positivem und negativem Feedback während der Arbeitsprozesse durchsetzt. Je nachdem, wie man gefördert, belohnt oder bestraft wird, verändert sich das Arbeitsverhalten und die Einstellung zum eigenen, selbst gewählten Beruf. Gerade hier ist offensichtlich ein besonderer Appell an die Führungspersonen zu richten.

Wie in den vorangegangenen Kapiteln bereits ausführlich beschrieben, ist es nur möglich, von einer Führungsperson, die mit sich im Reinen ist, erfolgreiches Arbeiten zu erwarten. Ist diese gefestigt, idealerweise gut gecoacht und hat selbst Spaß und Freude am eigenen Job, so kann dies auch an Mitarbeiter im Team weitergegeben werden. Damit sind die Voraussetzungen für einen angenehmen und selbstverständlichen Führungsstil geschaffen.

4 Aufbau des Marketings in der IT-Branche

Solch eine Führungsperson definiert durch richtige Einschätzung der Fähigkeiten der einzelnen Teammitglieder angemessene und realistische Aufgabenstellungen und versteht zudem die Kunst, herausfordernde Aufgaben zu vergeben und gleichzeitig eine Überforderung der eigenen Mannschaft zu vermeiden. Um dies einschätzen zu können, muss die Führungsperson das Team gut kennen, ganz eng mit ihm in Kontakt stehen und einen ständigen Informationsfluss aufrechterhalten. Dies gelingt beispielsweise durch strikt durchgeführte regelmäßige Meetings und einen aktuell gepflegten Informationspool (Intranet). Nur so kann schnell und rechtzeitig eine tatsächliche Überforderung festgestellt werden und eine entsprechende aktive Hilfestellung geleistet werden. Dabei genügt es oftmals, eine andere Betrachtungsweise oder einen ähnlich gelagerten Fall aufzuzeigen, damit weiterhin hervorragende Arbeit geleistet werden kann.

Aus meinem praktischen Erfahrungsschatz kann ich an dieser Stelle nur dazu raten, täglich wie selbstverständlich Check-Fragen zu stellen. Dies kann ganz banal sein: „Läuft das Projekt XY? Haben Sie dies oder das schon geklärt?" etc.

So erinnern Sie den Mitarbeiter, ohne ihn zu kritisieren, vielleicht an etwas, das er vergessen hat, und erhalten ganz beiläufig den gewünschten Status. Ebenso stellen Sie rechtzeitig fest, ob an diesem Job kompetent gearbeitet wird, und vermeiden damit vorausschauend größere oder schwerwiegende Fehler oder sogar, dass Dinge in Vergessenheit geraten oder gar nicht erledigt werden. Das minimiert die Fehlerquote erheblich und natürlich auch unnötigen Stress, Kosten und internen und externen Ärger.

Mitarbeiter werden auf diese Art und Weise viel sicherer und wissen, sie haben im Tagesgeschäft den nötigen Support. Sie werden sehen, das wird nicht als unangenehme Kontrolle verstanden, sondern ganz positiv als gut gemeinte Erinnerung. Es ist meiner Auffassung nach ein ganz entscheidender Faktor, um krasse Misserfolge für den einzelnen Mitarbeiter und damit auch für das gesamte Team und insbesondere auch die Führungsperson zu vermeiden. Dieses Nachfragen steigert die Erfolgsquote des Einzelnen extrem. Der Effekt ist mehr Spaß und Freude an der Arbeit.

Viele Führungspersonen sind natürlich befördert worden, weil sie herausragende Leistungen zeigten und in bestimmten Bereichen wahrscheinlich „besser waren/sind als andere". Dass sie in der neuen Position ganz andere Aufgaben und Anforderungen erwarten, ist vielen bei Annahme der neuen Position nicht klar. Gerade von diesen, so gut beherrschten Aufgaben werden sie dann nämlich entbunden.

Plötzlich erhalten sie keine Anweisungen mehr, sondern müssen diese erteilen und für den reibungslosen Arbeitsablauf einer ganzen Abteilung sorgen. Jede Führungsperson sollte sich darüber im Klaren sein und ihre Tätigkeit dementsprechend neu definieren. Ausschlaggebend ist die Erwartung, dass das Team dieselben ausgezeichneten Leistungen bringt wie die Führungsperson. Also heißt die Aufgabenstellung nun: „Wie bringe ich mein Team zu den Höchstleistungen, die man von mir gewöhnt ist?" Die Denkweise: „Ich kann alles besser als du" ist in einer führenden Position völlig deplatziert.

„Ich habe Erfahrung und Wissen, nutzt sie", ist die bessere Antwort. Diese grundsätzliche Einstellung spürt das Team. Sie fördert das Miteinander und verhindert das Gegeneinander. Ich empfehle meinen Mitarbeitern stets: „Kommt zu mir, stellt Fragen und profitiert von meinem Wissen und meiner Erfahrung." Die Aufgabe eines Vorgesetzten ist es, sein Team zu befähigen, nicht alles besser zu können. Nur so erhält er den nötigen Freiraum, seinen eigentlichen Aufgaben zur Sicherstellung des Unternehmenserfolges gerecht zu werden. Ganz eigennützig sollte er sich zudem bewusst machen, dass Höchstleistungen im operativen Geschäft nur bis zu einem gewissen Alter möglich sind. Deshalb ist es unerlässlich, sein Team mindestens an die eigenen Leistungen heranzuführen. Mit ein wenig Glück und gezielter Förderung wird es sogar noch besser. Dies wäre ein durchaus wünschenswerter Zustand.

Doch zurück zu unserem Thema. Sollten trotz sorgfältiger kommunikativer Maßnahmen doch einmal Fehler passieren, darf es keine typischen Bestrafungen geben. Suchen Sie gemeinsam nach einer konstruktiven Lösung und vermeiden Sie Tadel und nicht gerechtfertigte Kritik, denn diese können nur destruktiv sein. Dann erhalten Sie den gewünschten Lerneffekt und können sicher sein, dass dieser verinnerlicht wird und der Fehler nicht so schnell wieder passiert.

Signalisieren Sie den Mitarbeitern, dass es menschlich ist, Fehler zu machen, damit sie den Mut haben, selbst Entscheidungen zu treffen und auch dazu zu stehen. Bei einer Fehleranalyse geht es nicht darum, einen Schuldigen zu finden und diesen an den Pranger zu stellen. Im Verhältnis zur höheren Etage oder nach außen zu Kunden ist es ebenfalls entscheidend, dem Team die Sicherheit zu geben, dass die Führungsperson zu den Mitarbeitern steht. Ist das gegeben, wird sich das Team ständig verbessern und durch die notwendige Sicherheit vor allem Spaß und Freude auch an schwierigen Aufgaben haben.

In unserer Gesellschaft ist Spaß an der Arbeit oftmals verpönt. *Spaß an der Arbeit*
Der Begriff der Spaßgesellschaft tut hier ihr Übriges, genauso wie
die Einstellung, dass Schule und Beruf „der Ernst des Lebens" sind.
Ein freundliches, vielleicht sogar an mancher Stelle lustiges Arbeitsklima, das von Spaß und Freude geprägt ist, schließt ernsthaf-
tes Arbeiten keineswegs aus. Gelingt es einer Führungsperson,
Liebe an der Arbeit und Neugierde am Detail zu propagieren und
zu vermitteln, wird automatisch eine verantwortungsvolle und
ernsthafte Komponente implementiert. Zugegeben – ein etwas
ungewöhnlicher Aspekt. Aber eine Tätigkeit, die man liebt, wird
geachtet und sicher nicht sabotiert. Wird dieser Aspekt verinnerlicht, so können Sie gewiss sein, dass die übertragenen Aufgaben
zur vollen Zufriedenheit erledigt werden. Eine Tätigkeit, die nur als
„notwendiges Übel" betrachtet wird, spornt nicht an. Für den
Dienst nach Vorschrift erntet man keine Anerkennung und das
Erfolgserlebnis stellt sich nicht ein.

Als Führungsperson sollten Sie unbedingt Begeisterung an der *Begeisterung leben*
eigenen Arbeit und Leistung zum Ausdruck bringen. Gerade im
Bereich Marketing lässt sich dies wunderbar durchführen. Denn
hier haben Sie den Vorteil, dass tatsächlich etwas produziert wird.
Wie beglückend und befriedigend ist es, einen fertigen Prospekt als
Druckwerk in den Händen zu halten, ein Mailing durchgeführt zu
haben, worauf man idealerweise noch ein beachtenswertes Feedback erhält, oder voller Bewunderung und Stolz vor einem Messestand zu stehen, in dem das eigene Know-how und die eigenen
Ideen stecken.

Wenn dann noch zur rechten Zeit Lob und Anerkennung des *Kreative Potentiale*
Vorgesetzten bewusst und vor den Kollegen kundgetan werden, *wecken*
spornt das sicher zu noch besseren Leistungen an. Wird die Aufgabenstellung noch mit neuen Aspekten und Herausforderungen
kombiniert, die Wachstum und Karriereperspektive bedeuten,
sind wir schon beim nächsten wichtigen Punkt. Sie werden überrascht sein, wie auf diese Weise kreative Potentiale geweckt werden
und Ihnen Ihre Mitarbeiter interessante Ideen unterbreiten. Auch
wenn sich diese vielleicht von Ihren eigenen Vorstellungen unterscheiden, betrachten Sie sie unvoreingenommen, denn die Kreativität Ihres Teams ist für Ihr eigenes Wachstum und Fortkommen
ausschlaggebend!

4.5.5
Zusammenfassung

Der Führungsaufgabe
gerecht werden

In den vorangegangenen Seiten haben wir darauf hingewiesen, dass Führungspersonen an ihrer persönlichen Entwicklung arbeiten sollten, um ihrer Führungsaufgabe gerecht werden zu können. In unserem Land ist diese Einstellung leider noch nicht sehr weit verbreitet. Einen Spiegel vor Augen gehalten zu bekommen, erfordert sicher Mut zu Offenheit und Selbstkritik. Die Einsicht, nicht perfekt zu sein, kann natürlich zunächst ein wenig unangenehm sein. Nach kürzester Zeit überwiegt jedoch die Freude an der eigenen Entwicklung und am Freisetzen eines enormen Wachstumspotentials. Dieses Kapitel wurde von einem Coach in Zusammenarbeit mit einer Gecoachten geschrieben und berichtet praxisnah über Erfahrungen, die während eines Prozesses sukzessive umgesetzt wurden.

Situationsanalysen

Während des Coachings werden Situationsanalysen gemacht, in kreativer Weise mit neuen Denkanstößen Lösungsansätze erarbeitet und sowohl die Entwicklung des Teams als auch der Führungsperson gefördert. Hier möchte ich zwei Beispiele nennen, die in meinem Unternehmen eine erstaunliche Wirkung hatten: die Vermeidung von Klatsch und Tratsch innerhalb des Teams sowie das Erkennen der so genannten Komfortzonen. Klatsch und Tratsch in der Abteilung und im Unternehmen sind ein wohlbekanntes Übel, das nicht nur das Arbeitsklima zerstört, sondern auch Geld kostet, denn schlechte Beziehungen zwischen Mitarbeitern führen auf Kosten der Effektivität zu Reibungsverlusten, die nicht zu unterschätzen sind. Tratsch ist leicht zu unterbinden, indem Sie die betroffenen Personen gegenüberstellen und dazu auffordern, offen über das herrschende Problem zu sprechen.

Klatschrate
minimieren

Dadurch wurde die Klatschrate in meinem Unternehmen wesentlich minimiert und meine Mitarbeiter haben gelernt, Probleme offen und ehrlich zu diskutieren und zu lösen. Tritt ein Problem mit einer externen Person auf, zeige ich verschiedene Betrachtungsweisen für die Person oder deren Verhalten auf und versuche, Verständnis zu wecken. Außerdem ruft Tratsch starre Positionen hervor, aus denen man nur schwer wieder herauskommt, was eine große Belastung für das gesamte Team darstellt und worunter die Leistung leidet. Seit ich konsequent gegen den Tratsch in meinem Unternehmen vorgehe, hat sich die Beziehung unter den Mitarbeitern wesentlich verbessert und Spaß und Freude an der Arbeit sind zurückgekehrt.

Ein anderes Beispiel für einen neuen Denkansatz ist die Identifizierung von Komfortzonen. Jeder Mensch verfügt über gewisse Komfortzonen, die er ungern überschreitet. Manche Dinge oder Tätigkeiten werden nur widerwillig erledigt, ungeliebte Aufgaben aufgeschoben oder es wird versucht, sich darum zu drücken – egal, wie wichtig sie sind! Versuchen Sie einmal gemeinsam mit Ihrem Team die Komfortzonen Ihrer Mitarbeiter aufzudecken und bewusst zu machen. Sie werden feststellen, dass dies ebenfalls teamfördernd ist, und können sicher auch an der einen oder anderen Stelle über die aufgedeckten Vermeidungsstrategien und Ersatzhandlungen, die angewendet werden, um diese Komfortzonen nicht verlassen zu müssen, gemeinsam lachen.

Identifizierung von Komfortzonen

Vielleicht können Sie durch geschicktes Managen, Umverteilen oder durch gerechte Abwechslung den Widerwillen vor der Erledigung bestimmter Aufgaben minimieren. Jedenfalls hat das in meinem Team zu einer unglaublichen Bereitschaft geführt, sich gegenseitig zu unterstützen und zu helfen, die Produktivität und den Teamgeist erhöht – nicht zu vergessen den Spaß, den wir haben, wenn wir uns gegenseitig erwischen.

Heute kann ich als gecoachte Führungskraft sagen, dass ich meinen Job mit mehr Spaß und Freude ausübe, mehr Verständnis für meine Mitarbeiter aufbringe und vor allem weniger gereizt und gestresst bin. Es ist nicht problematisch und auch nicht peinlich, Führungsschwächen festzustellen, wenn man bereit ist, daran zu arbeiten. Wenn wir Schmerzen verspüren, gehen wir zum Arzt, wenn wir Speck ansetzen, gehen wir ins Fitness-Studio, zum Personal Trainer oder gar zum Ernährungsberater. Wollen wir eine Sportart erlernen, gehen wir zum entsprechenden Sportlehrer, und wenn wir ein juristisches oder steuerliches Anliegen haben, nehmen wir uns einen Anwalt oder engagieren einen Steuerberater. Warum soll man es sich nicht erlauben, Führungsschwächen zuzugeben und sich von einem Coach beraten zu lassen? Stattdessen hat man die Erwartung, Führungsqualitäten mit der Muttermilch erhalten zu haben und „das schon zu können".

Mehr Verständnis für Mitarbeiter

Oft ist dies nicht der Fall. Überforderung und Stress sind die Folge. Um dies bewusst zu machen und den Mut zum „Personal Coach" zu fördern, haben wir dieses Kapitel geschrieben.

Überforderung und Stress

4.6
Fazit

Die Organisationsstruktur und der Aufbau des Marketings in der IT-Branche ist zum Teil sehr unterschiedlich. Oft kommt es vor, dass eine Person mehrere der in diesem Kapitel definierten Rollen inne hat – abhängig von der jeweiligen Größe des Unternehmens.

Zweiter Berichtsweg   Ebenfalls ist im Marketing häufig das Prinzip der Dotted Line als zweiter Berichtsweg zu finden. Damit wird eine optimale Kommunikation zwischen den jeweiligen Organisationseinheiten sichergestellt.

Der Mitarbeiterführung im Marketing kommt eine besondere Bedeutung zu, da es sich hier um kreative Mitarbeiter handelt. Wichtig ist die offene Kommunikation und das „Vorleben" durch die Führungskraft.

5 Pressearbeit

Gerhard Versteegen

5.1
Einführung in die Pressearbeit

Pressearbeit – häufig auch als Public Relations oder kurz einfach nur PR bezeichnet – gehört zu den wichtigsten Instrumenten des Marketingmix. Mit einer guten Pressearbeit kann ein Unternehmen den Bekanntheitsgrad auf dem Markt erheblich steigern. In der IT-Branche (aber nicht nur da) ist es üblich, dass Unternehmen mit PR-Agenturen zusammenarbeiten.

Bekanntheitsgrad auf dem Markt steigern

In diesem Kapitel wird auf die folgenden Aspekte eingegangen: Zunächst werden die wichtigsten Inhalte der Pressearbeit vorgestellt. Im Anschluss daran werden dann die wichtigsten Instrumente der Pressearbeit besprochen, wie zum Beispiel Artikel, Anwenderberichte, Pressemeldungen, Pressekonferenzen und Ähnliches. Ebenfalls zur Sprache kommen die drei wichtigsten Elemente der Pressearbeit:

- Der Publikationskalender als Kommunikationskanal zwischen Agentur und Unternehmen sowie als Monitoringkomponente für den Erfolg der Pressearbeit.

Die drei wichtigsten Elemente der Pressearbeit

- Die Datenbank mit den Kontaktdaten der Journalisten und Redakteure.

- Die Clippingliste und deren statistische Auswertung zur weiteren Planung der Pressearbeit.

Danach widmen wir uns der Zusammenarbeit mit Presseagenturen, nach welchen Kriterien man sie aussucht, welche unterschiedlichen Formen der Zusammenarbeit es gibt und welche Voraussetzungen zur Zusammenarbeit mit einer Presseagentur erfüllt sein müssen.

Zum Schluss wird dann noch kurz auf die häufigsten Fehler eingegangen, die in der Pressearbeit gemacht werden.

5.2
Inhalte der Pressearbeit

5.2.1
Einführung

Was ist Pressearbeit? Bevor wir uns der eigentlichen Thematik widmen, soll dargestellt werden, was Pressearbeit eigentlich ist. Presse*arbeit* setzt sich aus 2 Wörtern zusammen: Presse und Arbeit, mit dieser Aussage soll betont werden, dass es sich wirklich um Arbeit handelt – und zwar um akribische Arbeit! Auf der anderen Seite sind reinrassige „Worker" für die Pressearbeit auch nicht einsetzbar – letztendlich muss die zuständige Person im Marketing oder zuständige Kundenberater der Presseagentur über das notwendige Fachwissen verfügen. Eine derartige Situation ist auf dem Markt sehr selten anzutreffen – umso glücklicher können sich die Unternehmen schätzen, die eine entsprechende Agentur beschäftigen.

Unabhängig, ob man mit einer Presseagentur zusammenarbeitet oder ob man als kleines Unternehmen die Pressearbeit selber durchführt, es sind eine Vielzahl von Regeln zu beachten, die für den Erfolg der Pressearbeit von entscheidender Bedeutung sind. Diese Regeln bestimmen auch automatisch die Inhalte der Pressearbeit und sollen in den folgenden Abschnitten genauer dargestellt werden. Im Detail handelt es sich um die folgenden Aspekte:

Vielzahl von Regeln
- Die regelmäßige Pflege der Ansprechpartner in den Redaktionen
- Die regelmäßige Analyse und Pflege der Mediadaten
- Die regelmäßige Information der Redaktionen
- Das regelmäßige Führen von Statistiken
- Die regelmäßige Nutzung des Webs und von E-Mail
- Die regelmäßige Zusammenarbeit mit der Anzeigenabteilung

Regelmäßiger Prozess Aus dieser Auflistung geht bereits hervor, dass das Wort „regelmäßig" ständig vorkommt – damit soll zum Ausdruck gebracht werden, dass die Pressearbeit kein punktuelles Arbeiten, sondern einen regelmäßigen Prozess darstellt.

5.2.2
Kontaktdatenpflege

5.2.2.1
Einführung

Die wichtigste Basis der Pressearbeit sind die Kontakte in die Redaktionen der einzelnen Verlage. Diese Kontakte unterliegen besonders in den letzten beiden Jahren einem ständigen Wandel und müssen daher genauestens gepflegt werden. Nichts ist peinlicher, als monatelang einem Journalisten, der schon längst nicht mehr beim Verlag beschäftigt ist, Presseinformationen zukommen zu lassen. Die Kontaktdaten lassen sich zwar auch in einer Exceliste pflegen, sind dann aber allenfalls für ein Mailing oder zum Nachschlagen einer Telefon- oder Faxnummer geeignet.

Basis der Pressearbeit

Wesentlich effektiver ist es, hier mit einem kleinen Vertriebsinformationssystem (VIS) zu arbeiten, wie zum Beispiel Act, wo auch die Historie der Kontaktaufnahmen veröffentlicht werden können.

Einsatz eines Vertriebsnformations-systems

5.2.2.2
Datenbeschaffung

Bevor wir uns der Datenerfassung widmen, wollen wir darauf eingehen, wie man überhaupt zu den Kontaktdaten von Journalisten und Redakteuren kommt. Selbst wenn ein Unternehmen mit einer Presseagentur zusammenarbeitet, sind die folgenden Quellen zu nutzen[39]:

- Das Internet: Mit einem Tag Aufwand kann man sich auf den jeweiligen Webseiten der Verlage schon einen ansehlichen Presseverteiler zusammenstellen. Zumindest die meisten Redakteure können dadurch ermittelt werden.

Internet

- Partner: Jedes Unternehmen arbeitet heutzutage mit Partnern zusammen. Wird diese Partnerschaft auch gelebt und existiert nicht nur auf dem Papier, so ist der gegenseitige Austausch des Presseverteilers eine gute Chance für beide Seiten, zusätzliche Kontaktdaten zu erhalten.

Partner

- Artikelverfolgung über einen längeren Zeitraum: Hierbei handelt es sich um eine mühselige akribische Kleinarbeit, die aber notwendig ist, um auch an die Kontaktdaten der freien Journalisten

Artikelverfolgung

---

[39] Presseagenturen haben zwar einen umfangreichen Presseverteiler, der muss jedoch an die Bedürfnisse und Gegebenheiten des Kunden angepasst werden. Viele Magazine innerhalb des Presseverteilers von Presseagenturen sind für einen einzelnen Kunden nicht von Bedeutung.

zu gelangen. Viele Magazine arbeiten hauptsächlich mit freien Journalisten. Erscheint also ein Artikel, der zu dem Dienstleistungs- oder Produktportfolio des Unternehmens passt, so ist der freie Journalist in die Kontaktdatenbank mit aufzunehmen. Meist ist jedoch ein Anruf bei der Redaktion erforderlich, da die Kontaktdaten nicht dem Artikel zu entnehmen sind.

Messen und Kongresse

- Messen und Kongresse: Hier ist in erster Linie die CeBIT zu nennen. Die meisten Verlage sind auf der CeBIT vertreten, auch wenn hauptsächlich die Anzeigenverkäufer am Stand anzutreffen sind, ein Probeexemplar erhält man immer. Aus dem Impressum können dann die entsprechenden Kontaktdaten übernommen werden. Im Idealfall kann direkt auf der Messe bereits ein erster Kontakt hergestellt werden.

Auf diese Art und Weise kann innerhalb weniger Wochen eine Kontaktdatenbank heranwachsen, die für eine erfolgreiche Pressearbeit die Grundlage darstellt. Im Folgenden wollen wir untersuchen, welche Daten zu erfassen sind.

5.2.2.3
Zu erfassende Daten

Beschäftigen wir uns zunächst einmal mit den wichtigsten Attributen, die über einen Journalisten oder Redakteur in einem VIS festgehalten werden sollten. Diese wären:

Wichtige Attribute von Journalisten oder Redakteuren

- Name und Vorname sowie Titel des Journalisten oder Redakteurs
- Verlag
- Magazin[40]
- Ausrichtung des Magazins (technisch oder Management, Fachartikel oder Erfahrungsberichte)
- Anschrift (Postanschrift)
- Ressort[41]
- Themenschwerpunkt[42]
- E-Mail[43]

---

[40] Viele Verlage bringen mehrere Magazine auf den Markt, daher ist diese Unterscheidung notwendig.

[41] Einige Magazine haben für unterschiedliche Ressorts feste Journalisten zugeteilt.

[42] Je nach Umfang des Magazins sind die jeweiligen Ressorts nochmals in Themenschwerpunkte unterteilt.

Aber diese Daten sind nur die Kerndaten (Stammdaten), wichtig sind die bereits oben angesprochenen Erfahrungs- und Gesprächsberichte. Im Einzelnen sollten die folgenden zusätzlichen Informationen über jeden Journalisten und Redakteur geführt werden:

- Letzter Kontakttermin

- Art des Kontaktes, hier wäre zu unterscheiden zwischen:
  - Telefonischer Kontakt
  - Kontakt per E-Mail
  - Persönliches Gespräch
  - Interview
  - Teilnahme an einer Pressekonferenz

- Kurze Personenbeschreibung, hier sollten Angaben stehen bezüglich:
  - Zuständigkeit im Verlag
  - Einstellung zum Unternehmen
  - Fachlicher Hintergrund
  - Ob er zu Pressekonferenzen geht
  - Ob er öfters über einen Wettbewerber schreibt

- In welchen Mailings er integriert werden soll

- usw.

Stammdaten

Zusätzlichen Informationen

Was macht der Redakteur?

In Anhang A sind die wichtigsten IT-Magazine der IT-Branche aufgelistet, allerdings ohne Ansprechpartner, weil diese relativ häufig wechseln.

5.2.2.4
Besonderheit: Branchenorientierte Ausrichtung des Unternehmens

Eine Besonderheit hinsichtlich der Führung der Kontaktdatenbank für Journalisten und Redakteure liegt vor, wenn das Unternehmen einen branchenorientierten Fokus hat. In diesem Fall ist zumindest die Excel-Datei, die zur Versendung der Pressemitteilungen genutzt wird, zweidimensional zu führen. Das bedeutet, dass alle Journalisten und Redakteure ein zusätzliches Attribut erhalten, in welcher Branche das entsprechende Magazin anzusiedeln ist.

Diese Vorgehensweise hat den Vorteil, dass bei einer branchenorientierten Pressemeldung die Aussendung vereinfacht wird und gewährleistet ist, dass jeweils die richtige Meldung an den richtigen Journalisten bzw. Redakteur versendet wird.

Branchenorientierte Pressemeldung

Dabei ist zu beachten, dass die branchenübergreifenden Magazine, wie zum Beispiel die iX oder die IT Management, mit einem

---

[43] Besonders wichtig für die elektronische Zusendung von Pressemitteilungen oder Artikeln.

bestimmten Attribut versehen werden, so dass sie in jedes Mailing mit aufgenommen werden.

5.2.2.5
Fazit

Kontaktdatenpflege bildet die Grundlage

Die Kontaktdatenpflege bildet die Grundlage für eine erfolgreiche Pressearbeit. Die Erstellung der erforderlichen Datenbank kann in wenigen Wochen erledigt sein, muss aber kontinuierlich weiterbetrieben werden. Branchenorientierte Unternehmen sollten eine zweidimensionale Datenbank pflegen, um branchenorientierte Versendungen von Pressemitteilungen sicherstellen zu können.

5.2.3
Analyse und Pflege der Mediadaten

5.2.3.1
Begriffsklärung

Mediadaten werden von jedem Verlag für jedes Magazin herausgegeben. Sie enthalten alle notwendigen Informationen über das Magazin, der Schwerpunkt liegt bei den Informationen zur Anzeigenschaltung, also:

Inhalte von Mediadaten

- Preise
- Mögliche Formate
- Rabattstaffelungen
- Beilagen
- usw.

Zu unterscheiden sind dabei zwei verschiedene Arten von Mediadaten:

Zwei verschiedene Arten von Mediadaten

- Mediadaten, die auch über redaktionelle Themenschwerpunkte Auskunft geben.
- Mediadaten, die sich ausschließlich auf Informationen über Anzeigenschaltung beschränken.

Im weiteren Verlauf dieses Kapitels wollen wir uns auf die Mediadaten beschränken, die auch über redaktionelle Inhalte Auskunft geben.

5.2.3.2
Die Vorgehensweise bei der Auswertung der Mediadaten

Im ersten Schritt sind die Mediadaten, die redaktionelle Angaben enthalten, von den übrigen auszusortieren. Danach werden die Themenschwerpunkte mit dem Dienstleistungsangebot bzw. dem Produktportfolio abgeglichen. Hierbei sollte man ruhig etwas Fantasie an den Tag legen. Es muss nicht unbedingt immer das Kernthema getroffen werden, da die Redaktionen auch oft in Ergänzung zum Schwerpunktthema Randgebiete betrachten.

Im Anschluss werden alle gefundenen Übereinstimmungen in einem Publikationskalender eingetragen. Entscheidend sind dabei zwei Termine, die in den Kalender übernommen werden müssen:

- Der Redaktionsschluss, also der Tag, an dem der Artikel der Redaktion vorliegen muss.

- Der Erstverkaufstag, also der Tag, an dem der Artikel erscheinen wird.

Zwei wichtige Termine

Wichtig: Diese Termine sind als *Opportunity* – nicht als *gefixt* zu markieren! Der nächste Schritt besteht nun in der direkten Kontaktaufnahme mit dem jeweils zuständigen Redakteur. Diese sollte jedoch auf keinen Fall unvorbereitet stattfinden. Mehr dazu ist dem Kapitel 5.3.6 zu entnehmen.

Es soll an dieser Stelle darauf hingewiesen werden, dass diese Tätigkeiten auf keinen Fall ausschließlich einer Presseagentur übertragen werden dürfen, im Idealfall wird diese Planung gemeinsam mit der Agentur vorgenommen.

Planung gemeinsam mit der Agentur vornehmen

5.2.3.3
Weitere Pflege des Publikationskalenders

Der Publikationskalender ist das zentrale Steuerungselement der Pressearbeit. Bei Zusammenarbeit mit einer Presseagentur stellt er den Kommunikationskanal zwischen Unternehmen und Agentur dar. Üblicherweise ist dieser Kalender im November, spätestens jedoch Anfang Dezember fertig gestellt.

Zentrales Steuerungselement

Idealerweise wird dieser Publikationskalender elektronisch geführt, um besser zwischen Unternehmen und Agentur kommunizierbar zu sein. Je nach Status kann dann eine unterschiedliche Farbe genutzt werden.

Allerdings muss der Publikationskalender das ganze Jahr über ständig gepflegt und angepasst werden, die folgenden Elemente müssen integriert werden:

- Sobald einer der obigen Termine gefixt werden konnte, wird der Status entsprechend geändert.

- Sobald neue Informationen[44] eintreffen über geplante redaktionelle Inhalte, die für das Unternehmen von Interesse sind, werden Redaktionsschluss und Erstverkaufstag mit dem Status *Opportunity* eingetragen.

- Alle Pressemitteilungen, die das Unternehmen demnächst zu veröffentlichen plant, werden, sobald der Publikationstag bekannt ist, eingetragen. Sie erhalten zunächst den Status *planed*, dann *public*.

- Alle erschienenen Clippings (siehe Kapitel 1) werden mit dem Status *published* eingetragen.

5.2.3.4
Analyse des Publikationskalenders

Schon beim ersten Blick auf den Publikationskalender zeigt sich, ob die Planung der Pressearbeit erfolgversprechend wird oder nicht. Wichtig ist, dass einerseits eine gewisse gleichmäßige Verteilung über das gesamte Jahr hinweg stattfindet und andererseits die Sommermonate nicht die wichtigsten Beiträge enthalten.

Die Analyse des Publikationskalenders ist gemeinsam mit der Presseagentur durchzuführen – es ist die Aufgabe der Agentur dafür Sorge zu tragen, dass die Gleichverteilung stimmt.

5.2.3.5
Ausblick

Im Laufe dieses gesamten Kapitels wird immer wieder die Sprache auf den Publikationskalender kommen. Wichtig dabei ist, dass nicht nur auf die Aktualität der Termine geachtet wird, sondern auch auf die jeweilige Korrektheit des Status. Fassen wir noch mal zusammen, welche unterschiedlichen Status existieren können:

- *Opportunity* – Dieser Status bedeutet, dass hier eine gute Möglichkeit besteht, einen redaktionellen Beitrag zu platzieren.

- *Fixed* – Der von der Redaktion eingereichte Vorschlag für den redaktionellen Beitrag wurde angenommen.

- *Published* – Ein redaktioneller Beitrag ist erschienen. Dabei kann es sich auch um Beiträge handeln, die nicht vom Unternehmen oder der Presseagentur platziert wurden.

---

[44] Einige Magazine schicken monatlich einen Themenfahrplan an Anzeigenkunden, des Weiteren können den jeweiligen Webseiten der Verlage die künftigen Schwerpunkte entnommen werden.

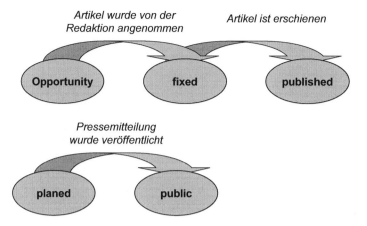

Abbildung 23:
Die unterschiedlichen
Statusmöglichkeiten
in einem Publikati-
onskalender

- *Planed* – Diesen Status hat eine Pressemitteilung, solange sie nicht erschienen ist.

- *Public* – Eine Pressemitteilung wurde vom Unternehmen veröffentlicht.

Abbildung 23 zeigt den Zusammenhang der unterschiedlichen Statusmöglichkeiten sowie die Übergänge von einem zum anderen Status auf.

5.2.4
Informationsversorgung der Presse

Die regelmäßige Informationsversorgung der Journalisten und Redakteure ist die Basisarbeit jeder Pressearbeit. Die große Frage ist nur, wer kriegt was? Ein technisches White Paper mag für einen fachlich versierten Journalisten oder Redakteur so interessant sein, dass er sofort einen Artikel darüber verfasst, für einen Wirtschaftsjournalisten hingegen ist es wertlos.

*Regelmäßige Infor-
mationsversorgung*

Genau umgekehrt verhält es sich dann mit einem Quartals- oder Jahresbericht. Was nutzt es, wenn man einem Journalisten, der schwerpunktmäßig das Thema Hardware behandelt, eine Pressemitteilung zum Thema Software Engineering zukommen lässt?

Zu unterscheiden sind die folgenden Wege der Informationsversorgung:

- Informationsversorgung über Pressemitteilungen (siehe Kapitel 5.3.2)

*Wege der Informati-
onsversorgung*

- Informationsbereitstellung via E-Mail-Newsletter (siehe Kapitel 5.3.3)

- Informationsversorgung über Pressekonferenzen (siehe Kapitel 5.3.4)

- Informationsversorgung über Interviews (siehe Kapitel 5.3.5)

Passive Informations-
versorgung Dies sind die gängigen Methoden, wie Journalisten und Redakteure über Neuigkeiten aktiv informiert werden. Die passive Informationsversorgung ist aber ebenfalls von Bedeutung. Darunter ist zu verstehen, dass den Journalisten und Redakteuren ein Medium bereitgestellt wird, wo sie selbstständig recherchieren können. Ein solches Medium könnte zum Beispiel ein Presseportal sein. Das Zusammenspiel zwischen aktiver und passiver Informationsversorgung stellt eine ideale Informationsplattform für Journalisten dar. Die Bereitstellung von

- Fach- oder Methodenartikeln,

- Anwenderberichten,

- Case Studies oder Success Stories

gehört nicht zur Informationsbereitstellung, da es sich dabei um Ergebnisse der Informationsbereitstellung handelt. Mehr hierzu ist den anschließenden Kapiteln zu entnehmen.

5.2.5
Führen von Statistiken

Mittel, um den Erfolg
der Pressearbeit zu
messen

Bereits in Kapitel 1 wurde der Begriff des Clippings eingeführt. Clippings sind ein ideales Mittel, um den Erfolg der Pressearbeit zu messen. Sie sind aber auch die Grundlage für den weiteren Verlauf der Pressearbeit. Zunächst sind die Clippings mit Hilfe der schon vielfach zitierten Excelliste wie folgt zu erfassen:

Inhalte einer
Clippingliste

- Datum des Clippings

- IT-Magazin, Verlag und Ausgabe

- Inhalt des Clippings[45]

Art des Clippings ist
von Bedeutung

- Art des Clippings, zu unterscheiden sind:
  - Kurzmeldung
  - Interview
  - Testbericht (nur bei Produkten)
  - Anwenderbericht
  - Fach- oder Methodenartikel

---

[45] Bei einem Produkthaus, das mehrere Produkte im Portfolio hat, ist diese Angabe besonders wichtig – ebenso für ein Dienstleistungsunternehmen, das in unterschiedlichen Bereichen Dienstleistungen anbietet.

- Autor des Clippings
- Angabe, ob persönlicher Kontakt zum Autor besteht
- Angabe, ob das Erscheinen des Clippings dem Unternehmen im Vorfeld bereits bekannt war
- Angabe, ob das Clipping von der Presseagentur oder dem Unternehmen selber platziert wurde
- Angabe, ob das Clipping eher positiv oder negativ ist (zum Beispiel mit Hilfe einer Skala nach Schulnoten)

Mit Hilfe einer statistischen Auswertung dieser Auflistung können die folgenden Ergebnisse über einen Zeitraum von ca. einem halben Jahr[46] analysiert werden:

- In welchem IT-Magazin war man besonders häufig vertreten?
- In welchem IT-Magazin war man weniger gut vertreten?
- Welches IT-Magazin hat weitgehend positiv über das Unternehmen und seine Dienstleistungen / Produkte berichtet?
- Welches IT-Magazin hat eher negativ über das Unternehmen und seine Dienstleistungen / Produkte berichtet?
- Welches IT-Magazin hat des öfteren Pressemitteilungen abgedruckt?
- Welches IT-Magazin hat Pressemitteilungen mehr oder weniger ignoriert?

Analyse der Clippingliste

Mit Hilfe dieser Statistik können dann die Pressearbeiten für die nächsten Quartale festgelegt werden:

- Welche Journalisten müssen künftig besser betreut werden?
- Bei welchen Redaktionen sollte ein Redaktionsbesuch vorgenommen werden?
- Bei welchen Magazinen sollte man versuchen, über eine Anzeigenschaltung eine bessere redaktionelle Berücksichtigung zu erhalten?
- Welche freien Journalisten müssen künftig besser betreut werden?[47]

Auswertung der Analyse

---

[46] Minimaler Zeitraum
[47] Grundvoraussetzung dafür ist natürlich, dass das Unternehmen bzw. die Presseagentur erst einmal einen Überblick darüber hat, welche freien Journalisten überhaupt über die entsprechende Thematik berichten.

Die jeweiligen Aktivitäten werden in einem Activity-Plan festgehalten und mit Meilensteinen versehen. Hinter den Meilensteinen steht das jeweilige Ziel der Activity[48]. Am Ende des Jahres kann dann der Erfolg (bzw. der Erfolg der Presseagentur) gemessen werden.

5.2.6
Nutzung des Webs und von E-Mail

5.2.6.1
Nutzung des Webs

Dass Internet spielt auch in der Pressearbeit eine entscheidende Rolle. Immer mehr Journalisten konzentrieren sich darauf, ihre Informationen aus dem Internet zu beziehen. Dabei stehen die unterschiedlichsten Informationsquellen zur Verfügung:

- Presseportale verschiedener Presseagenturen (mehr zum Thema Presseportale ist dem Kapitel 5.4.5 zu entnehmen)

- Allgemeine Presseinformationsdienste, die für Journalisten und Redakteure Informationen bereitstellen (zum Beispiel Reuters)

- Die jeweiligen Webseiten der Dienstleistungsanbieter oder Produkthersteller

- Die Webseiten untereinander[49]

Es ist jedoch nicht davon auszugehen, dass ein Redakteur oder Journalist ständig auf den Webseiten sämtlicher Unternehmen nach Informationen recherchiert, da dies viel zu aufwendig ist. Der Rechercheweg verläuft anders. Nur wenn eine Information von Bedeutung ist, wird der Redakteur explizit auf der Webseite des Produkthauses oder des Dienstleistungsanbieters nach weiteren Informationen suchen.

Es muss also das Ziel eines Unternehmens sein, seine Informationen in einem Medium bereitzustellen, wo Journalisten gebündelte und komprimierte Informationen erhalten, hierfür eignen sich Presseportale oder noch besser – die Presseinformationsdienste. Ein Beispiel ist Abbildung 24 zu entnehmen.

---

[48] Es muss dabei realistisch vorgegangen werden, so ist es wenig erfolgversprechend, wenn ein kleines Consulting-Haus sich zum Ziel setzt, auf der Titelseite der Computerwoche redaktionell erwähnt zu werden.

[49] Also die Webseiten der Verlage untereinander.

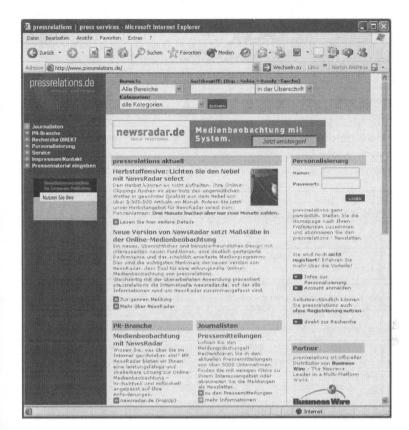

Abbildung 24:
Beispiel für einen
Presseinformations-
dienst

5.2.6.2
Nutzung von E-Mail

Die Nutzung von E-Mail ist ein weiteres Mittel, um Journalisten und Redakteuren Informationen zukommen zu lassen. Viele wollen zum Beispiel die Pressemitteilungen gar nicht mehr als Brief zugesendet haben, sondern bevorzugen die Übertragung der Informationen per E-Mail.

Man sollte jedoch hier behutsam vorgehen und zunächst Kontakt mit dem Journalisten oder Redakteur aufnehmen, denn nichts ist nerviger, als wenn ein Redakteur, der eigentlich zuständig ist für das Ressort Hardware, ständig mit E-Mails eines Anbieters für Textverarbeitungssoftware zugeschüttet wird. Auch nach der 1.000 E-Mail wird er nichts darüber berichten und hat sehr wahrscheinlich sich schon längst eine Regel definiert, in der Versender als Spam festgelegt wird und die E-Mail ungelesen im Papierkorb verschwindet.

Behutsam bei der Versendung von E-Mails vorgehen

5.2.7
Zusammenarbeit mit den Anzeigenabteilungen

5.2.7.1
Gesetzliche Grundlagen

Die Pressearbeit ist oft verknüpft mit der Mediaarbeit. Auch wenn dies eigentlich mit dem Pressegesetz nicht zu vereinbaren ist. So ist Ziffer 7 des Kodex des Deutschen Presserats Folgendes zu entnehmen:

Ziffer 7 des Kodex des Deutschen Presserats

```
Die Verantwortung der Presse gegenüber der
Öffentlichkeit gebietet, dass redaktionelle
Veröffentlichungen nicht durch private oder
geschäftliche Interessen Dritter oder durch
persönliche wirtschaftliche Interessen der
Jouralistinnen und Journalisten beeinflusst
werden. Verleger und Redakteure wehren derar-
tige Versuche ab und achten auf eine klare
Trennung zwischen redaktionellem Text und
Veröffentlichungen zu werblichen Zwecken.
```

5.2.7.2
Die Realität

Wenig Wert auf Einhaltung

Doch wird heutzutage hier nur noch wenig Wert auf die Einhaltung gelegt [Braun2002]. So lässt sich mittlerweile so mancher Verlag durch die Buchung einer umfangreichen Anzeigenschaltung davon überzeugen, den ein oder anderen Artikel im redaktionellen Teil mit aufzunehmen. Letztendlich bedeutet dies, dass Unternehmen, die Awareness Marketing betreiben (also ohnehin umfangreiche Anzeigenkampagnen schalten), auch im redaktionellen Bereich sehr schnell Erfolge verzeichnen können.

Stornierung von Anzeigen als Druckmittel

Die Stornierung von Anzeigen ist mittlerweile ein beliebtes Druckmittel, das ebenfalls häufig angewendet wird, um den redaktionellen Teil eines Magazins zu beeinflussen. Erscheint ein allzu negativer Artikel über ein Unternehmen, das ansonsten in dem gleichen Magazin gewohnt ist, Anzeigen zu schalten, so ist es schon öfters vorgekommen, dass zumindest in den darauf folgenden zwei oder drei Ausgaben keine Anzeigen dieses Unternehmens wiederzufinden waren.

Diese Situation bewirkt häufig einen Interessenkonflikt zwischen Anzeigenabteilung und Redaktion. Da in Krisenzeiten die Anzeigenabteilung für die finanzielle Grundlage sorgt, kann man sich vorstellen, wer des Öfteren diesen Konflikt siegreich übersteht.

5.2.7.3
Ausblick und Alternativen

Es bleibt abzuwarten, wie schnell ein Magazin, das sich durch Anzeigenplatzierungen redaktionell beeinflussen lässt, seine Glaubwürdigkeit gegenüber dem Leser verliert. Damit setzt dann die zweite Kostenschraube an: rückläufige Abos! Die Verlage stehen hier also vor einer echten Herausforderung.

Glaubwürdigkeit gerät in Gefahr

Eine Alternative zur Anzeige hat sich hierzulande mittlerweile auch etablieren können – das so genannte Advertorial. Hierbei handelt es sich um einen redaktionellen Beitrag, der jedoch als Anzeige (genauer gesagt als Advertorial) gekennzeichnet ist.

Advertorial als Alternative

5.3
Instrumente der Pressearbeit

5.3.1
Einführung

Zur Umsetzung der Pressearbeit stehen unterschiedliche Instrumente zur Verfügung. Dabei gilt, dass ein Unternehmen, das die Pressearbeit selbstständig durchführt, nahezu die gleichen Instrumente nutzen kann, wie eine Presseagentur.[50] Wichtig ist, dass die jeweiligen Instrumente nicht wahllos angewendet werden, da jeder Journalist eine bestimmte Kombination präferiert.

Im Einzelnen werden in den anschließenden Kapiteln die folgenden Instrumente der Pressearbeit besprochen:

- Pressemeldungen
- E-Mail-Newsletter
- Pressekonferenzen
- Interviewtermine
- Redaktionelle Pressearbeit
- LAC
- Case Studies und Success Stories

Unterschiedliche Instrumente der Pressearbeit

Der Schwerpunkt liegt dabei auf der redaktionellen Pressearbeit, da diese am effektivsten, aber auch am schwierigsten ist. Zentrales Steuerungsmittel ist der bereits erwähnte Publikationskalender.

Schwerpunkt ist die redaktionelle Pressearbeit

---

[50] Mehr zum Thema Presseagenturen ist Kapitel 5.4 zu entnehmen.

5.3.2
Pressemeldungen

5.3.2.1
Begriffsfindung

Ursprüngliche Sinn einer Pressemitteilung

Eines der gängigsten Mittel der Pressearbeit sind Pressemeldungen. Dabei handelt es sich um eine vom Unternehmen selbst verfasste Meldung, die über ein wichtiges Ereignis berichtet, das eine signifikante Auswirkung auf den Geschäftserfolg des Unternehmens hat. Dies ist eigentlich der ursprüngliche Sinn einer Pressemitteilung. Wie jedoch im nächsten Abschnitt deutlich wird, nutzen die meisten Unternehmen Pressemitteilungen, um über alles mögliche Außenwirksame zu berichten. So veröffentlichen beispielsweise Microsoft oder IBM bis zu zehn Pressemitteilungen am Tag.

5.3.2.2
Die Bedeutung von Pressemeldungen

Pressemeldungen werden aus unterschiedlichen Gründen erstellt, aufzuführen wären hier:

Unterschiedliche Gründe

- Ein Unternehmen berichtet über einen neu gewonnenen Großauftrag[51].

- Ein Unternehmen berichtet über einen Quartals- oder Jahresabschluss[52].

- Ein Unternehmen berichtet über die Neubesetzung einer Schlüsselposition im Topmanagement.

- Ein Unternehmen berichtet über eine Übernahme.

- Ein Unternehmen berichtet über ein neues Produkt oder ein neues Produktrelease.

- Ein Unternehmen berichtet über die Teilnahme an einer Messe oder an einem Kongress.

- usw.

Nicht der alleinige Sinn und Zweck

Häufig wird übersehen, dass die alleinige Information der Medienwelt beim besten Willen nicht der einzige Sinn und Zweck der Pressearbeit ist. Hier gibt es noch zahlreiche andere Gründe, die im Folgenden besprochen werden sollen:

---

[51] Ab einer gewissen Auftragsgröße sind börsenorientierte Unternehmen verpflichtet, dies mitzuteilen.
[52] Für börsenorientierte Unternehmen ebenfalls verpflichtend.

- Pressemitteilungen werden nicht nur versendet, sondern auch auf der eigenen Webseite[53] abgelegt. Dort kann sie jeder nachlesen, auch der Wettbewerb. Und je mehr Erfolgsmeldungen über neue Aufträge man hier platziert, umso mehr beeindruckt man den Wettbewerb.

Weitere Gründe

- Pressemitteilungen sind auch für die eigene Vertriebsmannschaft ein hervorragendes Salesinstrument. Man hat wieder einen neuen Grund, einen Kunden oder Interessenten, der kurz vor einer Entscheidung steht, anzurufen.

- Auch wenn man von vornherein weiß, dass die Pressemeldung nicht abgedruckt wird, weil der Inhalt einen Abdruck nicht rechtfertigt, hat man bei der Redaktion sich wieder in Erinnerung gerufen.[54]

- Pressemitteilungen sind häufig die Grundlage dafür, dass ein Redakteur sich bei einem Unternehmen meldet und nähere Informationen haben möchte. Daraus kann dann ein redaktioneller Beitrag werden.

Doch wie verfasst man eine Pressemitteilung und welche Fehler sollte man dabei vermeiden? Darüber gibt der nächste Abschnitt Auskunft. Zunächst soll noch eine Meldungsart behandelt werden, die von besonderer Bedeutung ist: die Erfolgsmeldung! Sobald ein Dienstleistungsunternehmen oder ein Produkthaus einen neuen Auftrag gewonnen hat, ist es sinnvoll, dies der Außenwelt mitzuteilen – schon alleine wegen der oben aufgeführten Nebeneffekte, die Pressemeldungen erzielen.

Erfolgsmeldungen als Besonderheit

Doch sind bei Erfolgsmeldungen zwei wichtige Arten zu unterscheiden:

- Erfolgsmeldungen, bei denen der Kunde bereit ist, dass sein Name genannt wird.

Zwei wichtige Arten von Erfolgsmeldungen

- Erfolgsmeldungen, bei denen der Kunde nicht bereit ist, dass sein Name genannt wird.

Ersteres bewirkt, dass die Pressemeldung von der Pressestelle des Kunden freigegeben werden muss, was zu erheblichen Verzögerungen führen kann, je nach Größe und Geschäftsfeld des Kunden. Auf der anderen Seite sind Pressemeldungen, in denen der Kunde nicht genannt wird, das Papier nicht wert, auf dem sie gedruckt

---

[53] Und natürlich – sofern man mit einer Presseagentur zusammenarbeitet – auch auf einem Presseportal.
[54] Getreu dem Motto „Hallo, wir leben noch" – was heutzutage gar nicht oft genug wiederholt werden kann.

sind, wenn man es alleine unter dem Aspekt der Wahrscheinlichkeit sieht, dass die Meldung abgedruckt wird.

Dabei ist zu berücksichtigen, dass – sofern es sich um einen sehr bekannten Kunden handelt – man den Kunden sehr gut umschreiben kann, ohne ihn dabei zu nennen, und jeder weiß sofort, um wen es sich handelt. Beispiele:

Mögliche Umschreibungen eines Kunden

- Ein weltweiter Elektronikkonzern mit Sitz in München

- Ein Automobilhersteller mit Sitz in Wolfsburg

- Ein Transportunternehmen mit Sitz in Frankfurt

Den Wettbewerb beeindrucken

Auch wer nicht jeden Tag das Handelsblatt auswendig lernt, kann hinter diesen Umschreibungen die Unternehmen Siemens, Volkswagen und Deutsche Bahn erkennen. Das führt zwar nach wie vor nicht zum Abdruck der Meldung, aber für den Vertrieb ist diese Meldung jetzt sehr wichtig. Auch der Wettbewerb wird von der Meldung beeindruckt sein. Somit dienen solche Meldungen zwar nicht dem ursprünglichen Zweck (man kann eigentlich auf die postalische Versendung der Meldung verzichten), da sie nicht abgedruckt werden, aber sie erfüllen einen anderen Zweck und sind damit sinnvoll und wertvoll.

5.3.2.3
Häufige Fehler bei der Verfassung von Pressemeldungen

Richtlinien erfüllen

Die Erfahrung hat gezeigt, dass Pressemeldungen gewisse Richtlinien erfüllen müssen, um überhaupt gelesen zu werden. Man versetze sich in die Lage eines Redakteurs, der täglich 30 und mehr Pressemeldungen auf seinen Tisch bekommt – soll er die alle lesen? Bestimmt NICHT – denn dann ist sein Arbeitstag beendet, bevor er die letzte überhaupt bearbeitet hat. Öffnen wird er sie wahrscheinlich schon alle (sofern er sie nicht vom Sekretariat schon geöffnet vorgelegt bekommt), aber dann entscheidet bereits der erste Blick. Was heißt das nun?

Die Überschrift ist besonders wichtig

Die Pressemitteilung sollte bereits durch die Headline erkennbar machen, um was es in der Meldung geht!

Das klingt sehr einleuchtend, wird aber oft vernachlässigt. Bewährt hat sich eine Art Header, in dem folgende Angaben aufgeführt werden:

Angaben im Header

- Titel der Meldung

- Untertitel (sofern vorhanden)

- Themengebiet (zum Beispiel Software Engineering, Personalmeldung, Veranstaltungen usw.)[55]

- Anzahl der Zeichen[56]

Des Weiteren sollte am Ende der Meldung ein Verweis aufgeführt sein, wo er diese Meldung sich als Dokument downloaden kann und wo er ergänzendes Bildmaterial findet. Mehr zu diesem Thema ist dem Kapitel 5.4.5 über Presseportale zu entnehmen.

Viele Unternehmen begehen den Fehler, dass sie unheimlich mitteilungsbedürftig innerhalb ihrer Pressemeldungen sind – auch hier gibt es eine Faustregel.

Pressemeldungen sollten einen Umfang von 2 bis 3 Seiten nicht überschreiten.

Faustregel

Die Begründung liegt auf der Hand: Bei 30 und mehr Pressemeldungen wird vom Redakteur eine 6-seitige Meldung nie im Leben von vorne bis hinten gelesen, ferner werden Pressemeldungen meist in einer Rubrik abgedruckt, wo sie ca. 10 Zeilen in Anspruch nehmen.

Auch unter dem Aspekt, dass die Pressemitteilung als Salesinstrument zum Einsatz kommen soll, ist eine längere Pressemitteilung eher als untauglich zu werten.[57]

Ein weiterer Fehler, der immer wieder begangen wird, ist der Versand der Meldung. Oft wird gnadenlos an den Gesamtverteiler eine Pressemeldung ausgesendet, ohne überhaupt zu überlegen, ob die folgenden Punkte erfüllt sind:

- Ist der Redakteur, an den diese Meldung gesendet wird, überhaupt zuständig für das Themengebiet?

- Ist der Inhalt der Meldung überhaupt für das Magazin von Interesse?[58]

Zu beachtende Aspekte

---

[55] Damit kann der Redakteur die Meldung sofort zuordnen.

[56] Durch die Angabe der Anzahl der Zeichen kann der Redakteur sofort abschätzen, ob er in der Meldungsrubrik noch Platz für die Pressemeldung hat oder nicht, wobei er sie ohnehin nicht 1:1 übernehmen wird.

[57] Einzige Ausnahme: Es handelt sich wirklich um eine sehr wichtige Meldung, die nicht nur für das Unternehmen von großer Bedeutung ist, sondern für den gesamten Markt! In diesem Fall wird der Redakteur auch höchstwahrscheinlich einen Artikel aus der Meldung verfassen und dann kommt ihm jede zusätzliche Information entgegen.

[58] Viele IT-Magazine haben zum Beispiel keine Rubrik „Personalmeldungen" – warum also den neuen Geschäftsführer dort mit einer Pressemeldung ankündigen? Die Meldung wandert ungelesen in die Rundablage!

- Will der Redakteur überhaupt Pressemeldungen per Post erhalten? Viele Redakteure bevorzugen mittlerweile die Zusendung von Pressemeldungen via E-Mail.

- usw.

Somit gilt auch hier eine wichtige Regel:

Verteiler überprüfen

```
Vor jeder Versendung einer Pressemeldung ist
der Verteiler zu überprüfen und eine Ein-
schränkung der Empfänger vorzunehmen.
```

Ganz nebenbei können auf diese Art und Weise auch Portokosten gespart werden. Pressemeldungen können durch Zitate aufgelockert werden, je nach Zitat kann auch die Glaubwürdigkeit der Meldung erhöht werden. Die folgenden Zitattypen sind dabei zu unterscheiden:

Zitattypen

- Zitat einer hoch gestellten Persönlichkeit aus dem Management des Unternehmens.

- Zitat eines Kunden, der sich lobend über das Produkt oder die Dienstleistung äußert.

- Zitat eines Analysten, der das Unternehmen positiv darstellt.

Stellenwert der Zitate von Analysten oder Kunden

Es liegt auf der Hand, dass Zitate von Analysten oder Kunden einen wesentlich höheren Stellenwert haben, als Zitate aus der eigenen Unternehmensleitung. Man sollte es auch nicht übertreiben, mehr als zwei Zitate sollten innerhalb einer Meldung nicht integriert werden. Zu beachten ist dabei, dass externe Zitate freigegeben werden müssen, was eine gewisse Verzögerung der Meldung bewirken kann. Daher sollte bereits im Vorfeld versucht werden, sich die entsprechenden Zitate zu besorgen.

5.3.3
E-Mail-Newsletter

Ideale Ergänzung

Die Informationsbereitstellung über E-Mail-Newsletter ist als ideale Ergänzung zu der Versendung von Pressemitteilungen zu sehen. Unter diesem Newsletter ist jedoch nicht die Aneinanderreihung der letzten Pressemeldungen zu verstehen. Er sollte auch nicht wöchentlich, sondern nur monatlich versendet werden und es muss eine Unsubscribe-Möglichkeit bestehen. Im Idealfall ist ein derartiger Newsletter wie folgt aufgebaut:

- Direkt am Anfang steht eine Art Inhaltsverzeichnis, also welche Themen werden in dem Newsletter behandelt.

Aufbau des E-Mail-Newsletters

- Generell sollte der Newsletter die folgenden Rubriken enthalten:
  - News: Kurze Nennung der News und dann ein Link zu der Originalmeldung auf dem Web.
  - White Paper: 5-zeiliger Abstract, aus dem der Inhalt des White Papers hervorgeht, anschließend ein Link zu dem White Paper.[59]
  - Success Story oder Case Study: Ebenfalls 5-zeiliger Abstract, aus dem der Kunde und das Produkt bzw. die erbrachte Dienstleistung hervorgeht, und dann der entsprechende Link.[60]
  - Veranstaltungen: Auflistung (falls verfügbar mit Link zur jeweiligen Webseite) von Veranstaltungen, wo das Unternehmen in den nächsten 4 Wochen vertreten ist.
  - Bei der Aufmachung des Newsletters könnte man den Empfängern wahlweise eine grafisch aufbereitete HTML-Version oder eine reine Textversion zur Verfügung stellen.

Ein derartiger Newsletter kann nicht nur an Journalisten und Redakteure versendet werden, es macht auch durchaus Sinn, wenn ein Unternehmen seinen Kunden diesen Newsletter anbietet.

Newsletter auch an Kunden senden

5.3.4
Pressekonferenzen

Zur Pressearbeit gehört die regelmäßige Veranstaltung von Pressekonferenzen. Doch was heißt regelmäßig? Ein Unternehmen wie IBM oder Microsoft kann sich sicherlich erlauben, alle 2 oder 3 Wochen eine Pressekonferenz einzuberufen – doch was ist mit den anderen zigtausend Unternehmen der IT-Branche? Wie viele Pressekonferenzen soll man veranstalten?

Was heißt regelmäßig?

Eins ist sicher – derzeit werden Redakteure und Journalisten mit Einladungen zu Pressekonferenzen geradezu überschwemmt, würden sie zu jeder Konferenz gehen, sie wären keinen Tag mehr in der Redaktion. Daher sollte die folgende Regel beachtet werden:

---

[59] Derartige White Paper können für Redakteure die Basis für einen Fachartikel sein.

[60] Success Stories können die Basis für einen Anwenderbericht sein, in dem Fall nimmt dann meist der Redakteur direkt den Kontakt zum Kunden auf.

**Eine Pressekonferenz sollte ausschließlich
dann einberufen werden, wenn entweder das
Thema von herausragender Bedeutung ist, oder
einer der Sprecher eine absolute Koryphäe auf
seinem Gebiet darstellt.**

Bei der Planung und Durchführung der Pressekonferenz ist wie
folgt vorzugehen:

*Wer soll eingeladen
werden?*

- Im ersten Schritt ist eine Liste von Journalisten und Redakteuren zu erstellen, bei denen man der Überzeugung ist, dass das
Thema für sie von Interesse wäre. Hierbei sollte realistisch vorgegangen werden, denn wenn man nach Erstellung dieser Liste
erkennt, dass das Thema voraussichtlich nicht genügend Teilnehmer anlockt, hat man hier einen noch sehr frühen Zeitpunkt, um die Durchführung der Pressekonferenz zu stoppen.
Ferner ist eine Mindestzahl an Teilnehmern festzulegen.

- Im nächsten Schritt ist eine Agenda zu erstellen (maximal 3
Stunden mit Pausen), die auf den ersten Blick erkennen lässt,
um was es in der Pressekonferenz geht.

- Je nach Budget ist die Pressekonferenz vormittags oder am spä-
ten Nachmittag mit Open End (Dinner und Getränke inklusive)
durchzuführen.

- Als Durchführungsort für die Pressekonferenz ist eine Lokation
zu wählen, die mindestens eine der folgenden Bedingungen erfüllt:

*Bedingungen für den
Veranstaltungsort*

  - Sie ist zentral gelegen und gut erreichbar.
  - Sie hat einen wohlklingenden Namen oder ist sehr bekannt.
  - Sie hängt thematisch mit dem Motto der Pressekonferenz zu-
sammen.

- Die Agenda und der Veranstaltungsort sind in ein Einladungsschreiben zu integrieren, in dem aufgeführt wird, welchen Nutzen der Journalist bzw. der Redakteur davon hat, wenn er die
Pressekonferenz besucht.

- Ferner ist dem Einladungsschreiben ein bereits ausgefülltes
Antwortfax beizufügen, in dem der Journalist bzw. Redakteur
die folgenden Möglichkeiten ankreuzen kann:

*Inhalte eines Antwort-
faxes*

  - Ja, ich komme zur Pressekonferenz.
  - Nein, ich bin leider anderweitig terminlich gebunden, bitte
schicken Sie mir ausführliche Presseinformationen zu.
  - Nein, ich komme nicht zur Pressekonferenz und bin an dem
Thema nicht interessiert.

- Eine Woche nach Versendung der Einladung muss jeder Journalist und Redakteur, von dem bisher keine Rückmeldung kam, telefonisch kontaktiert werden.

- Wenn eine Woche vor der Pressekonferenz die im Vorfeld festgelegte Teilnehmerzahl noch nicht zu mindestens 50% erreicht ist, muss eine intensive Nachfassaktion gestartet werden.

- Für die teilnehmenden Journalisten und Redakteure sind aussagekräftige Handouts zu erstellen. Je nachdem wie heterogen die Teilnehmer sind, müssen unterschiedliche Handouts ausgeteilt werden (technische Handouts und Handouts im Managementstil).

Handouts sind wichtig

Auf die sonstigen Erfordernisse, wie zum Beispiel organisatorische Absprachen mit dem Hotel u.Ä. soll an dieser Stelle nicht weiter eingegangen werden.

Veranstaltet man eine Pressekonferenz unter Zuhilfenahme einer Presseagentur, so ist es üblich, dass die Agentur nach Anzahl der Teilnehmer bezahlt wird. Hier sollte jedoch in jedem Fall eine Höchstsumme vereinbart werden.

Eine Besonderheit sind Pressekonferenzen auf der CeBIT – diese Möglichkeit sollte jedoch nur wahrgenommen werden, wenn man etwas Neues zu berichten hat. Wenn die Pressekonferenz im Pressezentrum der Messe stattfindet, braucht man sich um viele organisatorische Dinge nicht mehr zu kümmern, da die Messe AG hier einen umfangreichen Service bereitstellt.

Besonderheit Pressekonferenzen auf Messen

5.3.5
Interviewtermine

Ein weiterer wichtiger Bestandteil der Pressearbeit ist die Vereinbarung von Interviewterminen. Diese können entweder im Anschluss an eine Pressekonferenz stattfinden oder zum Beispiel auf Messen und Kongressen. Zu unterscheiden sind dabei zwei verschiedene Arten von Interviewterminen:

- Interviewtermine, wo man in Form von Redaktionsbesuchen eine Art Rundreise durch verschiedene Redaktionen macht.

Zwei verschiedene Arten von Interviewterminen

- Interviewtermine, wo der Redakteur oder Journalist das Unternehmen (oder den Ausstellungsstand des Unternehmens auf einer Messe oder Kongress) persönlich besucht.

Diese Interviewtermine sollten ebenfalls gut vorbereitet werden. Sowohl Länge des Interviews als auch Inhalte müssen im Vorfeld festgelegt werden. Im Idealfall findet im Vorfeld des Interviews ein Telefonat mit dem Journalisten oder Redakteur statt, bei dem die

Gute Vorbereitung ist wichtig

Themen festgehalten werden, die im Interview besprochen werden sollen. Damit kann sich der Interviewte auf das Gespräch sehr gut vorbereiten. Eine generelle Regel bei Interviews dieser Art ist:

Wird ein Mitglied des oberen Managements interviewt, sollte auf alle Fälle ein Techniker des Unternehmens bereitstehen, falls während des Interviews das Gespräch zu techniklastig wird.

Die Begründung liegt auf der Hand: Es kommt gerade bei Messen ab und zu vor, dass der ursprüngliche Ansprechpartner der Presse verhindert ist und einen Kollegen zu dem Interviewtermin schickt. Dieser interessiert sich auch für das Thema, aber im Gegensatz zu dem ursprünglich geplanten Ansprechpartner liegt sein Fokus nicht auf der Managementsicht, sondern eher im technischen Bereich. Auch wenn dies nicht die Regel ist – einer solchen Situation sollte man nicht unvorbereitet gegenüberstehen.

Press Briefings Interviewtermine werden allgemein auch als Press Briefings bezeichnet. Das bedeutet, ein Vertreter (oder mehrere) eines Unternehmens informiert einen Journalisten oder Redakteur über das Unternehmen und die angebotenen Dienstleistungen bzw. Produkte. Das Ergebnis ist kein konkretes Interview, das dann in einer Frage/Antwort-Form abgedruckt wird.[61]

5.3.6
Redaktionelle Pressearbeit

5.3.6.1
Inhalte der redaktionellen Pressearbeit

Im bisherigen Verlauf dieses Kapitels waren Presseinformationen der wesentliche Bestandteil unserer Betrachtungen. Doch der wesentliche Anteil der Pressearbeit liegt in der redaktionellen Berichterstattung. Diese kann unterschiedliche Formen annehmen, zu unterscheiden sind:

Unterschiedliche Formen der redaktionellen Berichterstattung
- Fachartikel
- Methodenartikel
- Anwenderberichte

---

[61] Es sei denn, der Redakteur findet das Gespräch derart interessant, dass er dies selber vorschlägt.

- Interviews
- Produkttests
- Produktvergleiche
- Produktübersichten

In den nächsten Abschnitten wird auf diese Inhalte der Pressearbeit detailliert eingegangen. Dabei wird unterschieden, welche Art von Artikel für Dienstleistungsunternehmen und welche für Produkthäuser besser geeignet sind.

5.3.6.2
Platzierung von redaktionellen Inhalten

Die Planung der Artikel wurde bereits anhand des Publikationskalenders zu Beginn des Kapitels erwähnt, wir wollen hier an der Stelle wieder aufsetzen, wo anhand der Mediadaten die möglichen Themengebiete identifiziert wurden und nun mit den jeweils zuständigen Redakteuren Kontakt aufgenommen wird. Die im Anschluss beschriebene Vorgehensweise ist für alle in den folgenden Abschnitten aufgelisteten redaktionellen Inhalte vergleichbar.

Wie bereits erwähnt sollte die Kontaktaufnahme zu den Journalisten gut vorbereitet stattfinden. Schauen wir uns die Ausgangssituation an: Bekannt ist das Thema. Ebenfalls bekannt ist, welche Art von redaktionellen Beiträgen das jeweilige Magazin bevorzugt. Genauso ist bekannt, ob das Magazin lieber selber Artikel durch die eigenen Redakteure verfasst oder lieber mit freien Autoren arbeitet und ob das Magazin zum Beispiel von einem Mitarbeiter eines Consulting-Unternehmens einen Fachartikel über ein Gebiet akzeptiert, auf dem das Consulting-Unternehmen beratend tätig ist. Somit kann eigentlich eine optimale Vorbereitung stattfinden. Diese sieht wie folgt aus:

Ausgangssituation

- In einem ersten Schritt wird ein Artikelangebot erstellt. Dieses enthält die folgenden Komponenten:
  - Titel des Artikels
  - Autor des Artikels
  - Schwerpunkt des Artikels gemäß der Mediadaten
  - Abstract des Artikels (ca. 10 Zeilen inhaltliche Beschreibung des Artikels)
  - Ca. 10 Stichpunkte, also aussagekräftige Keywords darüber, welche Themen in dem Artikel behandelt werden.
  - Geplanter Umfang des Artikels (Angabe in Zeichen[62])

Komponenten eines Artikelangebots

---

[62] Üblich sind heutzutage ca. 12.000 Zeichen ohne Leerzeichen.

- Elemente des Artikels wie Strichzeichnungen, Screenshots oder Fotos einschließlich der Angabe der jeweiligen Anzahl der Elemente
- Abgabetermin des Artikels
- Versicherung, dass der Artikel in der Form bisher in keiner anderen Zeitschrift erschienen ist.[63]

- Im Idealfall werden für diesen Schwerpunkt drei oder vier unterschiedliche Angebote (natürlich auch mit unterschiedlichem Inhalt) erstellt, damit der Redakteur den Artikel auswählen kann, der am besten zu den bereits vorliegenden oder geplanten Artikeln passt.

- Wenn der Redakteur persönlich bekannt ist, kann man ihm die Artikelvorschläge per E-Mail zukommen lassen, wenn nicht, sollte man zuerst die telefonische Kontaktaufnahme suchen.

- Wenn innerhalb der nächsten drei Wochen eine Zusage kommt, kann man im Publikationskalender den Status des eingereichten Artikels ändern und mit der Erstellung des Artikels beginnen. Wenn eine Absage eingetroffen ist, sollte man auf alle Fälle nach dem Grund fragen und sich die Antworten notieren. Nur so kann man beim nächsten Artikelangebot erfolgreicher sein.

- Hat man innerhalb der letzten drei Wochen noch keine Antwort erhalten, sollte man versuchen, den Redakteur telefonisch zu erreichen und den Stand der Dinge abfragen.

Zeit

November — **Analyse der Mediadaten / Thema gefunden**

Dezember — **Artikelvorschlag eingereicht**

Januar — **Nachhaken**

Januar — **Zusage der Redaktion**

*Abbildung 25:
Die Einreichung eines
Artikelvorschlags von
der Idee bis zur An-
nahme oder Absage
des Vorschlags*

---

[63] Ganz wichtig! Ist heutzutage nahezu Ausschlusskriterium bei allen IT-Magazinen.

Abbildung 25 zeigt den Ablauf von der Idee des Artikels bis hin zur Annahme bzw. Absage des Artikels durch die Redaktion. Wurde der redaktionelle Beitrag von der Redaktion angenommen, so sollte möglichst bald mit der Erstellung des Artikels begonnen werden. Für einen Redakteur gibt es nichts Schlimmeres, als wenn alle von ihm beauftragten Artikel erst zum Redaktionsschluss eintreffen. Schließlich muss er die Artikel noch redigieren. Reicht man hingegen den Artikel schon drei Wochen vor Redaktionsschluss ein, hat man beim Redakteur schon mal einen Pluspunkt gesammelt.

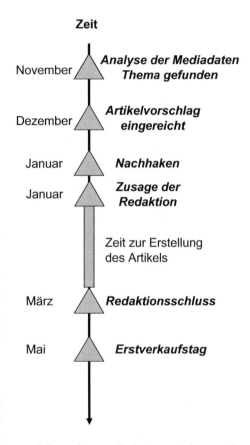

Abbildung 26:
Der zeitliche Verlauf
von der Idee zu einem
Artikel bis zum Ab-
druck in einem
IT-Magazin

Nachdem der Artikel eingereicht wurde, wird er vom Redakteur redigiert. Es kann passieren, dass dieser den Artikel auch ablehnt, wenn er einen zu hohen Werbeanteil beinhaltet. Einige Redaktionen arbeiten auch mit so genannten Korrekturfahnen. Diese werden an den Autor geschickt mit der Bitte um Freigabe bzw. zur Verbesserung der markierten Textpassagen. Bis der Artikel dann erscheint, vergehen ca. nochmals 3 bis 4 Wochen.

Korrekturfahnen

Abbildung 26 stellt den zeitlichen Verlauf von der Idee eines Artikels bis zum Abdruck in einem IT-Magazin dar.

Unterschiedliche Typen der redaktionellen Berichterstattung

Im Folgenden soll nun auf die unterschiedlichen Typen der redaktionellen Berichterstattung eingegangen werden. Sofern Unterschiede hinsichtlich der oben aufgeführten Einreichung von Vorschlägen für redaktionelle Inhalte existieren, werden sie in dem jeweiligen Abschnitt besprochen.

5.3.6.3
Fachartikel

Fachliches Knwo-how unter Beweis stellen

Fachartikel gehören zu den wichtigsten Bestandteilen der Pressearbeit für einen Dienstleistungsanbieter. Hier kann der Dienstleistungsanbieter sein fachliches Knwo-how unter Beweis stellen. Aber auch Produktanbieter können innerhalb eines Fachartikels geschickt ihre Produkte erwähnen.

Ein Dienstleistungsanbieter sollte darauf achten, dass der Autor des Artikels einer seiner Consultants ist und auch der Firmenname erwähnt wird, der Produkthersteller hingegen sollte versuchen, dass aus dem Artikel nicht erkennbar wird, dass der Autor bei dem Produkthersteller beschäftigt ist.

Mehrfach verwendbar

Fachartikel haben den Vorteil, dass sie in etwas abgewandelter Form und mit unterschiedlichen Schwerpunkten versehen mehrfach verwendbar sind. Es muss jedoch darauf geachtet werden, dass die jeweiligen Artikel sich deutlich unterscheiden – besonders bei den Abbildungen ist darauf zu achten. Mehrfachverwendung bedeutet in diesem Fall, dass der Artikel in unterschiedlichen Magazinen abgedruckt werden kann.

5.3.6.4
Methodenartikel

Methodischen Background unter Beweis stellen

Methodenartikel sind eine Unterform von Fachartikeln, sie konzentrieren sich auf Vorgehensweisen – zum Beispiel im Software Engineering ein Artikel über UML 2.0 (Unified Modeling Language). Auch hierbei gilt, dass diese Artikelart in erster Linie für einen Dienstleistungsanbieter von Interesse ist. Er kann damit seinen methodischen Background unter Beweis stellen und sich damit von den so genannten „Wald- und Wiesenprogrammierern" differenzieren.

Für Produkthäuser sind Methodenartikel dann von Interesse, wenn einerseits das angebotene Werkzeug die Methode unterstützt und andererseits man sich durch die Unterstützung dieser Methode von seinen Wettbewerbern abheben kann. Eventuell ist die Unterstützung dieser Methode ja auch ein Unique Selling Point

(USP) des Produktherstellers – dann hat der Artikel einen besonders hohen Stellenwert.

Auch Methodenartikel können unter Berücksichtigung der oben aufgeführten Regeln mehrfach verwendet werden.

5.3.6.5
Anwenderberichte

Anwenderberichte sind mit Sicherheit die hochwertigsten redaktionellen Inhalte, die ein Unternehmen in der Presse platzieren kann. Aber sie gehören auch zu den schwierigsten Herausforderungen der Pressearbeit, da hier eine Situation eintritt, wo nicht mehr zwei Seiten[64] involviert sind, sondern drei, da nun der Kunde des Unternehmens noch hinzukommt.

Hochwertigste redaktionelle Inhalte

Anwenderberichte sind sowohl für Dienstleistungsunternehmen als auch für Produkthäuser von gleichem Stellenwert. Sie unterscheiden sich jedoch wie folgt:

```
Ein Anwenderbericht eines Dienstleistungsun-
ternehmens stellt dar, WIE ein Problem gelöst
wurde, ein Anwenderbericht eines Produkthau-
ses stellt dar, WOMIT ein Problem gelöst wur-
de.
```

Im Idealfall kann folgendermaßen vorgegangen werden:

- Im ersten Schritt ist mit dem Kunden eine Vereinbarung zu treffen, dass eine Veröffentlichung zum Beispiel des Projektes vorgenommen wird, wobei der Kunde genannt werden darf. Dies sollte in schriftlicher Form geschehen.[65]

Vorgehensweise bei der Erstellung von Anwenderberichten

- Unabhängig von dem später zu publizierenden Anwenderbericht erhält das Unternehmen auf diesem Weg auf alle Fälle eine Success Story.

- Diese Success Story kann, sobald sie vom Kunden freigegeben wurde, einer Redaktion oder einem Journalisten als Anwenderbericht angeboten werden. Wie eine Success Story zu erstellen ist, wird in Kapitel 5.3.7 dargestellt.

---

[64] Unternehmen und Verlag bzw. Redakteur.

[65] Geschickt ist es, wenn man diese Vereinbarung bereits vor Projektbeginn schließt und in den Projektvertrag mit einbezieht. Zuständig für eine solche Vereinbarung ist in der Regel der Vertrieb – nicht das Marketing, da die Kontakte zum Kunden meist nur auf der Vertriebsseite vorhanden sind.

- Sagt die Success Story dem Redakteur oder Journalisten zu, sind zwei unterschiedliche Vorgehensweisen möglich:

Zwei unterschiedliche Vorgehensweisen

  – Der Redakteur will den Anwenderbericht selbstständig verfassen und nimmt Kontakt zu dem Kunden auf. Dies hat zwar den Vorteil, dass man dann keine weitere Arbeit mehr mit dem Artikel hat, aber auch den Nachteil, dass man keinen Einfluss auf die Inhalte des Artikels ausüben kann. Daher sollte man den Redakteur darum bitte, den Anwenderbericht, bevor er abgedruckt wird, nochmals gegenlesen zu dürfen.
  – Der Redakteur überlässt es dem Unternehmen den Anwenderbericht zu verfassen. In diesem Fall sollte bereits im Vorfeld geklärt werden, ob das Unternehmen und seine Dienstleistung bzw. seine Produkte namentlich aufgeführt werden dürfen und in welchem Umfang (prozentualer Anteil im Artikel) darauf eingegangen werden darf. Selbst wenn der Redakteur auf einer 100%igen Neutralität – also keine Nennung von Firma, Dienstleistung oder Produkt – besteht, sollte der Anwenderbericht trotzdem erstellt werden, da in Zusammenhang mit der Success Story ein weiteres Marketinginstrument zur Verfügung steht.

- Wenn der Anwenderbericht veröffentlicht wurde und das Unternehmen gut dargestellt ist, sollten auf alle Fälle Sonderdrucke von dem Bericht bei dem Verlag beauftragt werden. Dies hat zwei Hintergründe: Zum einen hat man ein zusätzliches Marketinginstrument, zum anderen ist in der heutigen Zeit jeder Verlag auf solche Einnahmen angewiesen und daher wirkt sich die Bestellung von Sonderdrucken positiv auf die weitere Zusammenarbeit aus.

Mögliche Zusammenarbeit von Produkthäusern und Dienstleistungshäusern

Eine zusätzliche Möglichkeit besteht darin, dass sich hier Produkthäuser und Dienstleistungshäuser zusammentun können – das bedeutet, dass wenn bei einem Kunden ein Produkthaus sein Produkt eingeführt hat und ein Dienstleistungsunternehmen das Projekt mit diesem Produkt abgewickelt hat, hier ein gemeinsames Interesse für einen Anwenderbericht existiert.

Auf diese Weise ist zwar eine zusätzliche Partei involviert, die den Anwenderbericht freigeben muss, aber die Vorteile wiegen dies wieder auf:

- Die Kosten (Druck der Success Story, Sonderdrucke des Anwenderberichtes, eventuelle Involvierung einer Presseagentur) werden geteilt.

- Dienstleistungsunternehmen und Produkthaus machen gegenseitig füreinander Werbung, wenn die Success Story und der Anwenderbericht verteilt werden.

- Ein gemeinsames Folgegeschäft wird wahrscheinlich.

5.3.6.6
Interviews

Interviews sind nicht zu verwechseln mit den zuvor aufgeführten Press Briefings. Hierbei handelt es sich um Interviews, die auch in einer Frage/Antwort-Form abgedruckt werden. Zu unterscheiden sind zwei unterschiedliche Formen der Platzierung von Interviews in der Presse:

- Aktive Platzierung: Es wird eine besonders wichtige Nachricht veröffentlicht (diese Nachricht muss nicht vom eigenen Unternehmen kommen!). Nun wendet man (oder die Presseagentur) sich an die unterschiedlichen in Frage kommenden Redakteure und bietet einen Ansprechpartner für ein Interview an. Dieser Weg ist sehr schwierig. Grundsätzlich gilt, es muss ein unübersehbarer Zusammenhang zwischen der interviewten Person und der Nachricht existieren.

Zwei unterschiedliche Formen der Platzierung von Interviews

- Passive Platzierung: Ein Redakteur hat eine wichtige Nachricht erhalten und bittet nun um die Stellungnahme eines Vertreters aus dem Unternehmen. Auch hier gilt, dass eine solche Situation nur eintritt, wenn ein konkreter Zusammenhang besteht.

Gerade für kleinere Unternehmen ist es sehr schwierig, sich über ein Interview zu platzieren. Interviews werden häufig nur mit Personen durchgeführt, die hinreichend bekannt sind. Es sei jedoch auch darauf hingewiesen, dass es Magazine in der IT-Landschaft gibt, bei denen man sich ein Interview kaufen kann. Die Kosten sind je nach Umfang und Platzierung entsprechend hoch.

Kauf von Interviews ist möglich

5.3.6.7
Produkttests

Für ein Produkthaus sind Produkttests natürlich von erheblicher Bedeutung, sofern das eigene Produkt davon betroffen ist. Doch welche Art von Produkttests existieren überhaupt? Zu unterscheiden sind im Allgemeinen:

- Produkttest, der völlig ohne Wissen des Herstellers von einem Redakteur oder Journalisten verfasst wird.
- Produkttest, der von einem freien Journalisten in Absprache mit dem Hersteller verfasst wird.
- Produkttest, den eine Redaktion vornimmt.
- Artikel über eine Studie, die mehrere Produkte gleicher Art getestet hat.

Unterschiedliche Arten von Produkttests

Nun liegt die Schlussfolgerung nahe, dass je mehr Kenntnis der Hersteller von dem Produkttest hat, desto besser wird der Test werden. Doch das entspricht nicht der Tatsache, richtig ist: Je mehr Einfluss der Hersteller auf den Autor des Artikels hat, desto besser wird er.

Doch inwieweit kann ein Hersteller überhaupt Einfluss auf einen Artikel haben? Eine interessante Frage, die sich sicherlich viele Hersteller stellen – dabei ist die Antwort gar nicht so schwer:

Wenn der Hersteller davon in Kenntnis gesetzt wird, dass sein Produkt einem Test unterzogen werden soll, so wäre es fahrlässig, das Produkt der Redaktion zuzusenden und einige Wochen oder Monate später gespannt den Test zu lesen. Hier muss der Hersteller bereit sein, Zeit und damit auch Geld zu investieren. Im Idealfall wird wie folgt vorgegangen:

- Zunächst muss überprüft werden, auf welcher Plattform das Produkt getestet werden soll und ob diese den Mindestvoraussetzungen entspricht.

- Der Hersteller sollte anschließend einen Techniker bereitstellen, der das Produkt bei der Redaktion (zusammen mit dem Redakteur) installiert.

- Dieser Techniker wird dann auch zum Paten des Produkttests. Er muss über den gesamten Testzeitraum zumindest telefonisch und per E-Mail bereitstehen, um aufkommende Fragen sofort zu beantworten.

- Als Hersteller sollte man sich auf alle Fälle zusichern lassen, dass der Test vor Abdruck dem Techniker zur Ansicht vorgelegt wird, um zu vermeiden, dass sachliche Fehler in dem Test enthalten sind.[66]

Wird der Produkttest von einem Kunden des Herstellers vorgenommen, erfährt dies der Hersteller in den seltensten Fällen. Hier hat der Hersteller deutlich weniger Einfluss. Nahezu keinen Einfluss hat der Hersteller bei vergleichenden Produkttests innerhalb von Studien. Hier wird häufig mit Fragebögen gearbeitet, die vom Hersteller auszufüllen sind. Bei seriösen Analysten werden dann die Angaben anhand einer Testversion überprüft, um zu vermeiden, dass der Hersteller sein Produkt im Fragebogen „schönt".

Der Idealfall für einen Hersteller ist der Test durch einen freien Journalisten, den der Hersteller sehr gut kennt und von dem er weiß, dass er eine positive Grundeinstellung zum Produkt und zum Unternehmen hat. Wichtig dabei ist, dass der freie Journalist

---

[66] Es sei jedoch darauf hingewiesen, dass nicht jede Redaktion dazu bereit ist.

für die Platzierung des Produkttests sorgt und nicht der Hersteller
selber.

5.3.6.8
Leseranalyse Computerpresse (LAC)

Ein wichtiges Hilfsmittel, um sich einen Überblick über die doch *Wichtiges Hilfsmittel*
recht umfangreiche Landschaft an IT-Zeitschriften zu machen, ist
die Arbeitsgemeinschaft LAC. Die LAC wurde 1989 gegründet, um
den Wunsch von Werbungtreibenden und Agenturen nach Leis-
tungsnachweis und Planungsdaten für den Computermarkt umzusetzen. Sie ist eine zeitlich befristete Arbeitsgemeinschaft zum
Zweck der Durchführung der Markt- und Leseranalyse Computer-
presse. Die Arbeitsgemeinschaft LAC hat – nach einigen Vorerhe-
bungen und Pretests – im Jahr 1994 erstmals eine vergleichende
Markt-Media-Studie vorgelegt. Die LAC besteht derzeit aus 14
Trägerverlagen mit 30 teilnehmenden Titeln.

Für die folgenden IT-Magazine (nähere Angaben siehe Anhang A) können derzeit über die Webseite www.lac.de die Mediadaten abgerufen werden:

Magazine, deren
Mediadaten abgeru-
fen werden können

- CHIP
- Client ServerComputing
- com!online
- Computer Reseller News
- Computer Zeitung
- ComputerPartner
- Computerwoche
- c't NetworkWorld
- Datacom
- InformationWeek
- Internet Magazin
- Internet Professionell
- Internet World
- IT FOKUS
- IT Management
- IT-Business News
- IT-DIRECTOR
- iX-Magazin

- LANline
- Net-Investor
- Network Computing
- PC Direkt
- PC Magazin
- PC Professionell
- PCgo!
- PC-Shopping
- PC-Welt
- Windows 2000 Magazin

5.3.6.9
Fazit

Anwenderberichte sind besonders wichtig

Die redaktionelle Pressearbeit ist der wichtigste Bestandteil der Pressearbeit. Hier sei besonders auf die Bedeutung von Anwenderberichten hingewiesen, die als Sonderdruck ein hervorragendes Marketinginstrument darstellen. Aber auch Fach- und Methodenartikel sind von Bedeutung, Interviews sind jedoch deutlich schwieriger zu platzieren. Für Produkthäuser ebenfalls wichtig sind die unterschiedlichen Formen von Produkttests.

Die in Anspruchnahme einer Presseagentur ist nicht zwingend notwendig, erleichtert jedoch die Pressearbeit ungemein. Das gilt besonders für Unternehmen, die bisher nur über wenig Erfahrung mit der Presse verfügen oder nur spärliche Kontakte zu Journalisten und Redakteuren haben. In Kapitel 5.4 wird explizit auf die Zusammenarbeit mit einer Presseagentur eingegangen.

5.3.7
Case Studies und Success Stories

5.3.7.1
Grundlagen

Bereits in Kapitel 1 wurden die beiden Begriffe Case Study und Success Story erläutert. Schwerpunkt dieses Abschnitts ist die Vorgehensweise bei der Erstellung sowie der generelle Aufbau dieser beiden Marketinginstrumente.

Einsatz bei der Pressearbeit

Im Anschluss wird darauf eingegangen, inwieweit sich Case Studies und Success Stories bei der Pressearbeit einsetzen lassen und wie dabei vorgegangen werden muss.

5.3.7.2
Grundstruktur für eine Case Study und eine Success Story

Eine Case Study hat genauso wie eine Success Story eine gewisse Struktur, die – einmal eingeführt – bei allen weiteren Case Studies und Success Stories so durchgehalten werden muss, um einen Wiedererkennungseffekt zu erreichen. Diese Struktur hängt von einer Reihe von Rahmenbedingungen ab:

Struktur muss immer beibehalten werden

■ Die wichtigste Rahmenbedingung ist das Corporate Design, die Case Studies und Success Stories müssen absolut mit diesem übereinstimmen.

Rahmenbedingungen

■ Arbeitet das Unternehmen branchenübergreifend oder hat man sich auf eine bestimmte Branche fokusiert? Bei einer branchenübergreifenden Tätigkeit sollte die Branche, aus der die Case Study oder Success Story stammt, sofort erkennbar sein (zum Beispiel durch einen Einklinker, unterschiedliche Farbgestaltung oder einen Reiter – abhängig vom Corporate Design).

■ Vertreibt das Unternehmen nur ein Produkt oder verfügt es über eine ganze Produktpalette? Ist Letzteres der Fall, müssen auch hier sichtbare Unterscheidungen vorgenommen werden. Gleiches gilt bei unterschiedlichen Dienstleistungen.

Produkt oder Produktpalette?

■ Abhängig von den beiden zuvor aufgeführten Punkten muss die Überschrift gewählt werden. Auf alle Fälle muss der Kunde namentlich in der Überschrift auftauchen sowie das eingesetzte Produkt bzw. die genutzte Dienstleistung. Ist das Unternehmen branchenübergreifend tätig und bietet es gleichzeitig auch noch unterschiedliche Produkte oder Dienstleistungen an, dann muss mit einer zweiten Überschriftszeile gearbeitet werden.

■ Welches Budget steht für die Produktion von Case Studies und Success Stories zur Verfügung? Dies hat einen wichtigen Einfluss auf deren Umfang, also ob man sich mit einem 1-Seiter begnügen muss oder ob man mehrseitige Broschüren produzieren kann. Es sei bereits an dieser Stelle darauf hingewiesen, dass sowohl Case Studies als auch Success Stories ein derart wichtiges Marketinginstrument sind, dass hier die absolut falsche Stelle vorliegt, um an Kosten zu sparen.

Budget ist wichtig

Erst wenn alle diese hier aufgeführten Rahmenbedingungen geklärt sind und im Corporate Design Manual festgehalten wurden, kann mit der Produktion von Case Studies und Success Stories begonnen werden.

Ferner muss festgelegt werden, wer die Zielgruppen für Case Studies und Success Stories sind. Üblicher Weise verhält es sich wie folgt:

- Case Studies werden eher auf Projektleiterebene verteilt, sie sollten daher technisch orientiert sein.

- Success Stories werden eher auf Managementebene benutzt, daher sollte der Stil der Success Story dem auch angepasst sein und die Aufmachung sehr professionell vorgenommen werden.

5.3.7.3
Der generelle Aufbau und die Erstellung einer Case Study

Eine Case Study beschreibt den Vorgang der Auswahl eines Produktes oder eines Dienstleistungsunternehmens. Daher bietet es sich an, die Case Study in die folgenden Bereiche aufzugliedern:

Bereiche einer
Case Study

- Block 1: Überschrift, siehe vorhergehenden Abschnitt
- Block 2: Kurze Vorstellung des Kunden
- Block 3: Beschreibung der Ausgangssituation beim Kunden (Problemstellung)
- Block 4: Welches Produkt bzw. welche Dienstleistung wurde in Anspruch genommen, um das Problem zu lösen
- Block 5: Kurze Beschreibung des Produktes oder der Dienstleistung
- Block 6: Was waren die wesentlichen Entscheidungskriterien für die Auswahl des Produktes oder der Dienstleistung
- Block 7: Kurze Beschreibung des Unternehmens
- Block 8: Kontaktdaten des Unternehmens

Wettbewerber mit
aufnehmen?

Im Idealfall kann noch ein zusätzlicher Block mit aufgenommen werden, wo die Wettbewerber aufgeführt werden, gegen die das Projekt gewonnen wurde, eventuell sogar noch die Gründe, warum man sich von dem ein oder anderen Wettbewerber abgehoben hat. Die Erfahrung hat jedoch gezeigt, dass hier auf Kundenseite oft Zurückhaltung geübt wird.

Die hier vorgenommene Einteilung in Blöcken ist thematisch zu sehen, nicht von der Aufbereitung her. Es bieten sich unterschiedliche Möglichkeiten der Aufbereitung an, so kann der Text als Fließtext in Form eines Artikels verfasst werden oder auch in Form eines Interviews. Man sollte auf alle Fälle versuchen, ein Zitat des Projektleiters zu erhalten, und dieses integrieren (im Idealfall direkt unter dem Foto des Projektleiters, siehe unten).

Die grafische Aufarbeitung dieser Texte sollte von einer professionellen Agentur vorgenommen werden, wobei das folgende Bildmaterial (abhängig vom Corporate Design) in die Case Study integriert werden sollte:

- Falls mit Zitaten gearbeitet wird ein Foto vom Zitatgeber
- Falls das abzuwickelnde Projekt allgemein von Interesse ist (zum Beispiel die Programmierung der Elektronik eines Fahrzeuges) ein aussagekräftiges Foto (für das Fahrzeugbeispiel würde sich eine Designstudie des neuen Fahrzeuges anbieten, sofern diese zum Erstellungszeitpunkt der Case Study bereits veröffentlicht werden darf)
- Logo des Kunden
- Logo des Unternehmens

Zu integrierendes Bildmaterial

Der zeitliche Rahmen, innerhalb dessen die Case Study entsteht, kann sich über einen längeren Zeitraum hinwegziehen. Kritisch sind in erster Linie die Punkte, bei denen auf eine Freigabe des Kunden gewartet werden muss, da hier das Unternehmen keinen oder nur wenig Einfluss auf die Reaktionszeit hat.

Zeitlicher Rahmen

Abbildung 27 visualisiert den zeitlichen Ablauf zur Erstellung einer Case Study sowie die wesentlichen Meilensteine.

Abbildung 27: Zeitlicher Verlauf zum Aufbau einer Case Study

5.3.7.4
Der generelle Aufbau und die Erstellung einer Success Story

Success Story ist
umfangreicher
Eine Success Story ist in der Regel etwas umfangreicher als eine Case Study. Sie setzt sich aus ähnlichen Elementen zusammen, wie oben beschrieben. Das wesentliche Ziel der Success Story besteht darin, darzustellen, wie ein Kunde erfolgreich ein Projekt abgewickelt hat unter Einsatz eines Produktes oder durch die Unterstützung eines Dienstleistungsunternehmens.

Eine mögliche Struktur sieht unter Berücksichtigung der Corporate-Design-Vorgaben wie folgt aus:

- Block 1: Überschrift, hier sollte eine Redewendung wie: „Erfolgreicher Einsatz von *Produktname* bei *Kundenname*" oder „*Dienstleistungsname* hilft *Kundenname* im Projekt *Projektname* weiter" stehen. Für Produkthäuser besonders wertvoll wäre, wenn der Kunde zuvor mit einem Wettbewerbsprodukt gearbeitet hat, das in diesem Projekt abgelöst wurde. Dann sollte in einer zweiten Überschrift stehen: „*Produktname eigenes Produkt* löst *Produktname Wettbewerbsprodukt* ab". Solche Aussagen sind von unschätzbarem Wert, wenn Vertriebsmitarbeiter bei einem anderen Kunden in einer vergleichbaren Situation sind und der neue Kunde noch vor einer Produktablösung zurückschreckt.

- Block 2: Kurze Vorstellung des Kunden

- Block 3: Beschreibung des Projektes des Kunden

- Block 4: Welches Produkt bzw. welche Dienstleistung wurde in dem Projekt in Anspruch genommen

- Block 5: Kurze Beschreibung des Produktes oder der Dienstleistung

- Block 6: Warum war das Produkt oder die Dienstleistung so erfolgreich in dem Projekt

Return-on-Investment-
Rechnung ist elemen-
tar wichtig
- Block 7: Return-on-Investment-Rechnung (besonders für Produkthäuser elementar wichtig)

- Block 8: Kurze Beschreibung des Unternehmens

- Block 9: Kontaktdaten des Unternehmens

Fließtext oder
Interview
Auch für Success Stories gilt, dass sie in Form von Fließtext oder als Interview aufgebaut werden können. Ebenso sollte die Aufbereitung von einer Agentur vorgenommen werden. Als grafische Elemente sind dieselben nutzbar wie bei einer Case Study. Zusätzlich sollte jedoch eine Visualisierung der Return-on-Investment-

Rechnung[67] vorgenommen werden (typische Zeitachse, um anzuzeigen, wann der RoI erreicht wurde).

Besonders wenn eine Return on Investment Rechnung in die Success Story integriert werden soll, ist der zeitliche Aufwand zur Erstellung nicht zu unterschätzen, da hier eine umfangreiche Kostenanalyse vom Kunden durchzuführen ist. Nicht jeder Kunde ist bereit, sich diese Arbeit zu machen, hier haben es Produkthäuser etwas einfacher, da sie den Kunden in „Naturalien"[68] für seinen Aufwand entschädigen können, ohne dass auf Seiten des Produktherstellers größere Kosten anfallen. Ein Dienstleistungsunternehmen tut sich da etwas schwerer, ein kostenloses Consulting zum Ausgleich anzubieten.

Abbildung 28 zeigt den zeitlichen Verlauf zum Aufbau einer Success Story einschließlich der wichtigsten Meilensteine.

Abbildung 28:
Zeitlicher Verlauf zum
Aufbau einer Success
Story

---

[67] Sofern diese Bestandteil der Success Story ist.
[68] Gemeint sind damit zusätzliche Lizenzen oder eine Lizenz eines anderen Produktes.

5.3.7.5
Die ideale Ergänzung von Success Stories

Einsatz beim
Management
Bereits eingangs des Kapitels wurde erwähnt, dass Success Stories in erster Linie beim Management zum Einsatz kommen. Hat das Management nun eine Success Story vor sich und wird dadurch hinreichend sensibilisiert, so ist es häufig der Fall, dass die Success Story an die Fachabteilung weitergeleitet wird. Dieser ist die Success Story natürlich technisch nicht aussagekräftig genug.

White Papers als
Ergänzung
Daher bietet es sich an, Success Stories mit so genannten White Papers zu ergänzen. Diese White Papers geben dann eine detaillierte technische Beschreibung, wie oder mit welchem Produkt das Projekt abgewickelt wurde.

Will man mit solchen White Papers arbeiten, müssen die folgenden Aspekte berücksichtigt werden:

Aspekte von White
Papers
- Die Erstellung eines solchen White Papers ist extrem zeitaufwendig und kann nur von jemandem vorgenommen werden, der aktiv in dem Projekt beteiligt war – also nicht vom Marketing.

- Wenn in dem White Paper der Kunde und sein Projekt erwähnt werden, muss auch das White Paper vom Kunden freigegeben werden.

- Alternativ kann das White Paper abstrakt gehalten werden, das vermeidet zwar den Abstimmungsprozess mit dem Kunden, nimmt dem White Paper aber einen Teil seiner Wirkung.

- Bei der Erstellung des White Papers fallen nahezu keine Kosten an (außer natürlich der Arbeitszeit), da eine grafische Aufarbeitung nicht notwendig ist.

Link in der Success
Story
Steht von vornherein fest, dass ein solches White Paper erstellt wird, kann in der Success Story ein Link integriert werden mit dem Hinweis, auf welcher Webseite das White Paper zum Download bereitsteht.

5.3.7.6
Einsatz von Case Studies und Success Stories in der Pressearbeit

Hilfsmittel für die
Pressearbeit
Fertig gestellte Case Studies und Success Stories können ein wertvolles Hilfsmittel für die Pressearbeit sein. In diesem Buch wurde bereits darauf eingegangen, dass eine Success Story ein ideales Hilfsmittel zur Platzierung von Anwenderberichten ist, das dem Redakteur einen guten Überblick darüber verschafft, um was es in dem Anwenderbericht gehen wird.

Aber auch für Fachartikel oder Methodenartikel können Success Stories durchaus als Input dienen, besonders wenn sie um die oben erwähnten White Papers ergänzt sind. In dem Fall ist dann allerdings das White Paper der entscheidende Input für den Redakteur.

Case Studies dienen eher indirekt der Pressearbeit, sie werden häufig nur als Referenz benutzt. Wenn zum Beispiel ein Artikel über Software-Entwicklungswerkzeuge von einem Journalisten oder Redakteur erstellt wird, hat er hier eine Vorlage, was der Kunde für Auswahlkriterien herangezogen hatte, und kann eventuell (nach Rücksprache mit dem Kunden) diesen auch als Beispiel aufführen. *Case Studies dienen eher indirekt der Pressearbeit*

5.3.7.7
Fazit

Case Studies und Success Stories sind hervorragende Marketinginstrumente, die von vertrieblicher Seite her immer wieder gern zum Einsatz gebracht werden. In einem gewissen Maße sind sie auch ein wichtiger Input für die Pressearbeit (besonders Success Stories). Die Erstellung dieser Instrumente ist allerdings sehr zeit- und zum Teil auch kostenaufwendig. *Hervorragende Marketinginstrumente*

Im Idealfall werden diese Instrumente miteinander kombiniert, es wird also zunächst mit dem Kunden eine Case Study aufgebaut, anschließend eine Success Story und zum Schluss wird ein White Paper erstellt.

5.3.8
Zusammenfassung der Instrumente der Pressearbeit

In diesem Kapitel wurden die einzelnen Instrumente der Pressearbeit vorgestellt. Die Platzierung redaktioneller Inhalte wurde dabei als wichtigstes Instrument herausgearbeitet. Eine gute Pressearbeit berücksichtigt (und verwendet) jedoch alle Instrumente, um eine ausgewogene Präsenz in der Presse zu haben. *Alle Instrumente verwenden*

Eine der wesentlichen Grundvoraussetzungen für den Erfolg der Pressearbeit sind Erfahrung und Kontakte zu Journalisten und Redakteuren. Über beides verfügen Presseagenturen, womit sich das nächste Kapitel beschäftigt. Wir wollen dabei die folgenden Aspekte beleuchten:

- Die wesentlichen Aufgaben einer Presseagentur

- Die notwendige Zusammenarbeit zwischen Presseagentur und Unternehmen

- Die unterschiedlichen Möglichkeiten, wie eine Presseagentur genutzt werden kann

- Kriterien, die bei der Auswahl der Presseagentur zu beachten sind

- Die Bedeutung eines Presseportals

- Die häufigsten Fehler, die bei der Arbeit mit Presseagenturen gemacht werden

5.4
Pressearbeit unter Zuhilfenahme einer Presseagentur

5.4.1
Aufgaben einer Presseagentur

Idealvorstellung einer Presseagentur

„Eine Presseagentur ist dafür verantwortlich, ein Unternehmen kontinuierlich und im besten Licht in der Presse darzustellen." Das ist die Idealvorstellung, die jeder Kunde von einer/seiner Presseagentur hat. Doch die Realität sieht häufig anders aus. Eine Presseagentur kann nur so gut sein, wie die Zusammenarbeit mit dem Unternehmen ist. Zu den Hauptaufgaben einer Presseagentur gehören die folgenden Tätigkeiten:

Hauptaufgaben einer Presseagentur

- Kontinuierliche Pflege der Journalisten- und Redakteursdatenbank

- Formulierung und Versendung von Pressemeldungen

- Platzieren von redaktionellen Inhalten

- Organisation von Pressekonferenzen

- Organisation von Interviews

- Erstellung von Pressemappen

- Pflege des Publikationskalenders

- Übersetzung von Pressemeldungen[69]

Zusammenarbeit mit dem Auftraggeber ist von Bedeutung

Nahezu alle diese Tätigkeiten sind nur dann erfolgreich durchführbar, wenn die Zusammenarbeit mit dem Auftraggeber reibungslos funktioniert. Wie eine optimale Zusammenarbeit aussieht, wird im nächsten Abschnitt beschrieben.

---

[69] Dies trifft für Unternehmen zu, deren Hauptstelle im Ausland ist. Meist kommen dann auch die Pressemeldungen, insbesondere Unternehmensmeldungen, in englischer Sprache nach Deutschland und müssen übersetzt werden.

5.4.2
Die Zusammenarbeit zwischen Agentur und Unternehmen

5.4.2.1
Zusammenarbeit bei der Erstellung der Datenbank

Die Journalisten- und Redakteursdatenbank ist eine wichtige Grundlage für eine erfolgreiche Pressearbeit. Wie diese Datenbank zu erstellen ist, wurde bereits am Anfang dieses Kapitels erläutert. Dabei wurde auch festgehalten, dass diese Datenbank gemeinsam mit der Presseagentur (sofern man denn mit einer Agentur zusammenarbeitet) zu erstellen ist.

Grundlage für eine erfolgreiche Pressearbeit

Das hat den folgenden Hintergrund: Presseagenturen verfügen in der Regel über einen umfangreichen Verteiler. Doch nicht alle in diesem Verteiler enthaltenen Magazine sind für das Unternehmen von Bedeutung. Des Weiteren sind in dem Verteiler mit Sicherheit nicht alle für das Unternehmen relevanten IT-Magazine enthalten. Besonders wenn das Unternehmen branchenorientiert aufgestellt ist, fehlen in den gängigen Presseverteilern meist die branchenspezifischen Fachpublikationen.

Die gemeinsame Erstellung der Datenbank ist also eine wichtige Grundlage für die erfolgreiche Zusammenarbeit. Dabei kann die Presseagentur die „lästigen" Aufgaben hinsichtlich der Recherche vornehmen, die Entscheidung, welches Magazin in den Verteiler aufgenommen wird, sollte jedoch vom Unternehmen getroffen werden.

Datenbank muss gemeinsam erstellt werden

5.4.2.2
Zusammenarbeit bei der Formulierung von Pressemeldungen

Die Formulierung einer Pressemeldung ist mitentscheidend dafür, ob sie abgedruckt wird oder nicht. Hier haben Presseagenturen einen enormen Erfahrungsschatz, auf den das Unternehmen zurückgreifen sollte. Hingegen sind die technischen Inhalte der Agentur meist fremd.

Formulierung einer Pressemeldung ist entscheidend

Je nach Auftragsvolumen (siehe auch Kapitel 5.4.3) stellt die Presseagentur dem Unternehmen ein oder zwei Kundenbetreuer zur Verfügung, die ausschließlich für dieses Unternehmen tätig sind. Bis diese sich halbwegs in die Thematik eingearbeitet haben, vergeht jedoch eine Zeit. Gerade hier ist dann das Unternehmen gefragt, den inhaltlichen Input beizusteuern.

Die Bereitstellung von Zitaten kann zum Beispiel die Presseagentur übernehmen, ebenso die Übersetzung von englischen Pressemeldungen, wobei hier ein genaues Korrekturlesen vom Unternehmen erforderlich ist.

Bereitstellung von Zitaten

Auch die Versendung der Pressemeldung wird dann von der Agentur übernommen, wobei das Unternehmen darauf bestehen sollte, dass die Meldungen per Hand mit Briefmarken beklebt werden und nicht als Postwurfsendungen verschickt werden.

5.4.2.3
Zusammenarbeit bei der Platzierung von redaktionellen Inhalten

Platzierung von redaktionellen Inhalten

Die Platzierung von redaktionellen Inhalten gehört zu den wichtigsten Aufgaben einer Presseagentur. Hier zeigt sich, wie gut die Kontakte der Agentur zu den jeweiligen Redaktionen und Journalisten wirklich sind.

Doch auch hier ist die Presseagentur angewiesen auf die enge Zusammenarbeit mit dem Unternehmen, letztendlich kann der inhaltliche Input nur dann fachlich korrekt und vor allem vollständig dargestellt werden, wenn das Unternehmen die Agentur mit dem entsprechenden Input versorgt.

Hierbei gibt es generell drei Möglichkeiten zu unterscheiden, die möglichst in einer aufeinander abgestimmten Kombination angewendet werden sollten:

Drei Möglichkeiten

- Der Kundenberater erhält neben seinem Ansprechpartner aus dem Marketing noch einen technischen Ansprechpartner aus dem Unternehmen (sofern existent den technischen Leiter). Dieser zeichnet dann dafür verantwortlich, dass der gewünschte redaktionelle Inhalt rechtzeitig der Presseagentur bereitgestellt wird. Die Betonung liegt dabei auf dem richtigen Zeitpunkt, denn Pressearbeit ist ein extrem termintreues Geschäft – kein Magazin wird auch nur einen Tag den Druck verschieben, nur weil ein Artikel noch nicht da ist.

„Externe" Autoren

- Die Presseagentur kontaktiert alle freien Journalisten, die ihr aus dem Umfeld des Kunden bekannt sind, und überprüft, wer dazu bereit ist, künftig Artikel für das Unternehmen zu schreiben. Man muss sich jedoch im Klaren sein, dass dadurch höhere Kosten anfallen. (Je Artikel mindestens 1.000,00 Euro) Auf der anderen Seite erscheinen dann auch Artikel mit „externen" Autoren, was besonders für Produkthäuser von Bedeutung ist.

- Die dritte potentielle Autorengruppe stellen die Kunden des Unternehmens dar. Hier ist jedoch sehr behutsam vorzugehen, der Ansprechpartner für die Presseagentur sollte auf alle Fälle der Vertriebsleiter[70] sein, denn niemand ist näher am Kunden als der Vertrieb.

---

[70] Bei einem Dienstleistungsunternehmen wäre das dann der Projektleiter.

Werden alle drei Autorengruppen gleichmäßig zum Einsatz gebracht, ist das Unternehmen optimal in der Presse vertreten. Entscheidend für den Erfolg ist die Zusammenarbeit zwischen Agentur und Unternehmen.

*Drei Autorengruppen
gleichmäßig zum
Einsatz bringen*

5.4.2.4
Zusammenarbeit bei der Organisation von Pressekonferenzen

Die Organisation einer Pressekonferenz erfordert ebenfalls eine
enge Zusammenarbeit zwischen Presseagentur und Unternehmen.
Das Wichtigste, was im Vorfeld zu unternehmen ist, besteht in der
Abstimmung der jeweiligen Zuständigkeiten. Im Einzelnen ist
dabei festzulegen:

- Festlegung der einzuladenen Journalisten und Redakteure, hier
  sollten beide Seiten – also Unternehmen und Presseagentur –
  unabhängig voneinander zunächst eine Liste erstellen, die dann
  im Anschluss abgeglichen wird.

*Für eine Pressekonfe-
renz durchzuführende
Aktivitäten*

- Wie ist die Sprechweise für die Einladung – hier muss eine einheitliche Sprache festgelegt werden.

- Wer ruft zu welchem Zeitpunkt welchen Journalisten oder Redakteur an? Es ist unbedingt zu vermeiden, dass ein Redakteur
  von zwei unterschiedlichen Seiten angerufen wird.

- Was ist der genaue Inhalt der Presseinformationsmappen (siehe
  auch unten)?

- Wer macht was im organisatorischen Ablauf (Auswahl und
  Detailklärung mit dem Hotel, Bewirtung etc.)?

- Wie ist der genaue Ablauf der Agenda, welche Rolle übernimmt
  dabei die Presseagentur (zum Beispiel Vorstellung der einzelnen
  Teilnehmer)?

Hier ist es meist ausreichend, wenn man sich per E-Mail und Telefon abstimmt, als Koordinierungsinstrument hilft ein Projektplan
mit Meilensteinen. Es sei noch mal erwähnt, dass die meisten Presseagenturen nach Anzahl der Teilnehmer bezahlt werden, man
sollte auf alle Fälle einen Höchstbetrag vereinbaren, will man nicht
etliche freie Journalisten und nur wenige Redakteure dort wieder-
finden. Es ist generell zu überlegen, ob man bei den Teilnehmern
der Pressekonferenz finanziell differenziert zwischen Redakteur
und freiem Journalist.

*Projektplan als Koor-
dinierungsinstrument*

5.4.2.5
Zusammenarbeit bei der Organisation von Interviews

Zentrale Inhalte müssen der Agentur bekannt sein

Ein Interview kann nur dann erfolgreich sein, wenn sowohl der Interviewte als auch der Pressevertreter entsprechend vorbereitet sind. Aber auch die Agentur muss wissen, was die zentralen Inhalte des Interviews sein sollen und vor allem welcher Journalist oder Redakteur vom Unternehmen bevorzugt wird.

Im Idealfall erstellen Unternehmen und Presseagentur zusammen einen Interviewleitfaden, der dann im Anschluss mit dem jeweiligen Pressevertreter besprochen und auf dessen Bedürfnisse angepasst wird.

5.4.2.6
Zusammenarbeit bei der Erstellung von Presseinformationsmappen

Bei jeder Marketingaktivität, die ein Unternehmen durchführt und wo die Wahrscheinlichkeit besteht, dass Pressevertreter vor Ort sein könnten, muss das Unternehmen eine ausreichende Anzahl an Pressemappen vorrätig halten.

Die Pressemappen werden von der Agentur konfektioniert, der Inhalt muss mit dem Unternehmen jeweils abgestimmt werden. Üblicherweise enthält eine Pressemappe die folgenden Informationsmaterialien:

Inhalte einer Pressemappe

- Das Firmenprofil

- Eine Broschüre über das Produkt bzw. die Dienstleistung, die in Zusammenhang mit dem Event steht

- Die letzten drei Pressemeldungen, die im thematischen Zusammenhang mit dem Event stehen

- Success Stories oder Case Studies, die im thematischen Zusammenhang mit dem Event stehen

- Artikelvorschläge, die in Zusammenhang mit dem Event stehen

- Kurze Vorstellung des Ansprechpartners, der auf dem Event für Pressegespräche zuständig ist

Eventuell auch eine CD

Je nach Veranstaltung kann es auch Sinn machen, eine CD beizulegen, auf der zum Beispiel technische White Papers, die in Zusammenhang mit dem Event stehen, enthalten sind.

Bei größeren Messen, wie zum Beispiel einer CeBIT – wo kein spezieller thematischer Schwerpunkt existiert –, muss die Pressemappe entweder allgemeiner gehalten sein oder man macht sich die Arbeit und erstellt verschiedene Pressemappen, die dann entsprechend der Ausrichtung des Journalisten oder Redakteurs verteilt werden.

5.4.2.7
Fazit

Dieser Abschnitt hat aufgezeigt, wie wichtig die Zusammenarbeit zwischen Unternehmen und Presseagentur ist. Häufig wird übersehen, dass mit der alleinigen Beauftragung einer Presseagentur ein Unternehmen noch lange nicht von der Pressearbeit befreit ist. Es muss immer ein zentraler Ansprechpartner im Unternehmen für die Pressearbeit verantwortlich sein. Dieser benötigt dann zusätzlich Unterstützung aus dem technischen und dem vertrieblichen Bereich.

Alleinige Beauftragung einer Presseagentur reicht nicht

5.4.3
Unterschiedliche Nutzungsarten von Presseagenturen

5.4.3.1
Einführung in die Thematik

Ein IT-Unternehmen kann auf unterschiedliche Weise eine Presseagentur nutzen – ausschlaggebend dürfte wohl in erster Linie das zur Verfügung stehende Budget für die Pressearbeit sein. Man benötigt jedoch nicht gleich ein sechsstelliges Budget, um sich den Luxus einer Presseagentur leisten zu können.

Budget entscheidet

In diesem Kapitel wollen wir vorstellen, welche unterschiedlichen Ansätze existieren, um mit einer Presseagentur zusammenzuarbeiten. Dabei sind zu unterscheiden:

- Zusammenarbeit auf Basis eines festen Honorars
- Zusammenarbeit auf Projektbasis
- Zusammenarbeit auf Bundlingbasis

Drei unterschiedliche Arten der Zusammenarbeit

5.4.3.2
Zusammenarbeit auf Basis eines festen Honorars

Die Zusammenarbeit mit einer Presseagentur auf Basis eines festen Honorars ist die am häufigsten anzutreffende Vertragsform. Im Prinzip sieht das so aus, dass zwischen Unternehmen und Agentur ein Honorar vereinbart wird, das monatlich in Rechnung gestellt wird. Zu diesem Honorar kommen dann noch die anfallenden Nebenkosten, wie:

- Reisekosten
- Porto
- Materialkosten wie zum Beispiel Rohlinge oder Druckkosten
- Fremdkosten von externen Autoren oder Clippingagenturen

Typische Nebenkosten

Doch wie wird das monatliche Honorar festgelegt? Viele Unternehmen sind da relativ unerfahren und machen sich falsche Vorstellungen. Üblicherweise wird in der folgenden Form vorgegangen. Unternehmen und Presseagetur setzen sich zusammen und entwerfen einen Plan, in dem alle Presseaktivitäten, die in den nächsten 12 Monaten stattfinden sollen, aufgelistet werden. Die meisten Agenturen verfügen hier über Bedarfsermittlungsbögen, die die Aufnahme der Presseaktivitäten erleichtern, typische Fragestellungen sind:

*Typische Frage-
stellungen*

- Wie viele Pressemitteilungen im Jahr sollen verschickt werden?
- Wie viele dieser Pressemitteilungen müssen vorher übersetzt werden?
- Wie viele Artikel sollen im Jahr erscheinen?
- Wie viele Anwenderberichte im Jahr sollen erscheinen?
- Soll mit externen Autoren gearbeitet werden?
- Verfügt das Unternehmen über Ressourcen, die in der Lage (und zuverlässig) sind, einen Artikel zu schreiben?
- Wie viele Pressekonferenzen im Jahr sind wo geplant?
- Soll die Agentur bei Pressekonferenzen vor Ort sein?
- Soll das Unternehmen auf dem Presseportal vertreten sein?
- Welche Materialien werden wie oft auf dem Presseportal zum Download bereitgestellt?
- Wie viele Messeauftritte sind wo geplant, bei denen ein Vertreter der Presseagentur anwesend sein muss?
- Will das Unternehmen einen festen Kundenberater haben, der exklusiv für dieses Unternehmen arbeitet?
- Welche sonstigen Materialien sollen von der Presseagentur erstellt werden?
- usw.

Kalkulation erstellen Auf Basis der Antworten wird die Presseagentur dann eine Kalkulation erstellen und dem Unternehmen vorlegen. In den meisten Fällen müssen dann wieder Abstriche gemacht werden, bis man sich auf ein Honorar geeinigt hat, das dem Pressebudget entspricht.

Dabei müssen beide Seiten beachten, dass gerade in der IT-Branche ein Jahr sehr lange sein kann und viele Veränderungen mit sich bringt. Und damit ist die weiter hinten besprochene Kürzung des Marketingbudgets nicht alleine gemeint.

Basis der Honorarkalkulation waren die Antworten auf den Bedarfsermittlungsbogen. Verändert sich nun der Bedarf signifikant (sowohl nach oben als auch nach unten), muss das Honorar entsprechend angepasst werden. Daher sind regelmäßige Kontrolltermine zu vereinbaren, wo beide Seiten Leistungen und Anforderungen gegenüberstellen. Sowohl der Publikationskalender als auch die Clippingliste sind dabei die Grundlage.

Honorarkalkulation

Generell sind die folgenden Aspekte zu erörtern, die einen Einfluss auf die Honorarhöhe haben können:

- Hat die Agentur es geschafft, die geforderte Anzahl an Artikeln zu platzieren, oder liegt man deutlich drüber oder drunter?

Aspekte, die einen Einfluss auf die Honorarhöhe haben

- Hat das Unternehmen die vereinbarte Anzahl an Pressemeldungen auch wirklich herausgegeben?

- Hat das Unternehmen ein anderes Unternehmen aufgekauft, so dass die Anforderungen an die Pressearbeit deutlich gestiegen sind?

- War das Unternehmen auf den angegebenen Messen oder wurden einige Events aus Budgetgründen gestrichen oder wurden zusätzliche Events gebucht, weil man das Angebotsportfolio erweitert hat?

- Wurden die geplanten Pressekonferenzen durchgeführt oder hat sich deren Zahl vergrößert oder verringert?

- usw.

Es wird offensichtlich, dass hier eine Reihe von Faktoren Einfluss nehmen, daher ist es durchaus üblich, dass wenn ein Unternehmen mit einer neuen Presseagentur die Zusammenarbeit auf Honorarbasis schließt, eine Korrektur des Honorars nach einem gewissen Zeitraum stattfindet. Diese Korrektur muss vertraglich vereinbart werden.

Korrektur des Honorars

5.4.3.3
Zusammenarbeit auf Projektbasis

Die Zusammenarbeit auf Projektbasis ist in letzter Zeit immer beliebter geworden. Das hat die folgenden Gründe:

- Wie oben aufgeführt, unterliegt die Vereinbarung eines festen Honorarsatzes vielen Ungewissheiten.

Gründe für eine Zusammenarbeit auf Projektbasis

- Viele Unternehmen wollen sich mit einem festen Honorar nicht über ein ganzes Jahr hinweg binden (vor allem Unternehmen, bei denen das Marketingbudget quartalsweise zugeordnet wird).

- Das Unternehmen plant seine Marketingaktivitäten – und die Pressearbeit ist ein wesentlicher Bestandteil davon – nicht so weit im Voraus. So sind Halbjahrespläne in der IT-Branche nicht unüblich.

Leistungen werden transparenter

Daher bietet sich die Zusammenarbeit auf Projektbasis an. Was ist hierunter zu verstehen? Im Prinzip wird dabei ähnlich vorgegangen wie bei der Zusammenarbeit auf Honorarbasis, nur dass jetzt die Leistungen der Presseagentur wesentlich transparenter werden. Man erreicht eine erfolgsorientierte Bezahlung.

Die Vorgehensweise bei der projektorientierten Bezahlung sieht wie folgt aus:

Vorgehensweise bei projektorientierter Bezahlung

- In einem ersten Schritt wird definiert, welche Art von Projekten das Unternehmen durchführen möchte. Dabei wird nur die Art festgelegt – nicht die Anzahl! Unter einem Projekt wird dabei eine in sich abgeschlossene Presseleistung, wie zum Beispiel die Versendung einer Pressemitteilung oder die Platzierung eines Anwenderberichtes, verstanden.

- Die Presseagentur legt nun dem Unternehmen eine Preisliste vor, wo jedes einzelne Projekt mit einem festen Preis versehen ist. Auch das Abhalten einer Pressekonferenz ist somit ein Projekt und erhält einen festen Preis – unabhängig davon, wie viele Journalisten kommen werden. Man sollte jedoch eine Mindestzahl vereinbaren.

- Zusätzlich wird ein Grundhonorar vereinbart, das natürlich deutlich geringer ist als das oben angesprochene Honorar. In diesem Grundhonorar ist dann zum Beispiel die Pflege der Kontaktdatenbank für Journalisten und Redakteure, die Pflege des Publikationskalenders, der Clippingservice und die Pflege des Presseportals enthalten.

Presseaktivitäten können besser geplant und gesteuert werden

Wird die Zusammenarbeit mit einer Presseagentur auf diese Art und Weise geschlossen, so kann das Unternehmen seine Presseaktivitäten wesentlich besser planen und steuern. Man sollte sich jedoch darüber im Klaren sein, dass die Budgetführung dadurch komplizierter wird – hat man lediglich jeden Monat ein Honorar zu zahlen, das sich nicht wesentlich verändert, ist die Führung des Budgets erheblich einfacher.

Zugewinn an Flexibilität

Auf der anderen Seite gewinnt man etwas an Flexibilität. Ist das Budget zum Beispiel nach Kostenstellen aufgebaut und die Kostenstellen für Messen und Pressearbeit sind voneinander getrennt, so kann zum Beispiel die Pressekonferenz auf einer Messe von der Kostenstelle der Messen abgebucht werden, wenn das Pressebudget schon ziemlich aufgebraucht sein sollte.

5.4.3.4
Zusammenarbeit auf Bundlingbasis

Die Zusammenarbeit auf Bundlingbasis ist in der IT-Branche relativ neu und wird nur von wenigen Presseagenturen angeboten. Darunter ist zu verstehen, dass eine Presseagentur die Dienstleistungen für mehrere Kunden miteinander bündelt. Das sieht dann in der Praxis wie folgt aus:

- Bei der Versendung der Pressemitteilungen wird nicht jede Meldung einzeln versendet, sondern die Meldungen verschiedener Kunden werden in einem Umschlag gleichzeitig verschickt. Dies reduziert die Portokosten (ab 3 Meldungen) und der Preisvorteil kann an die Kunden weitergegeben werden.

- Die Pressemeldungen werden vom Kunden geschrieben und von der Agentur nur überarbeitet, ebenso alle Artikel und Anwenderberichte.

- In Artikeln werden mehrere Kunden gleichzeitig erwähnt, so dass zwar eine Präsenz in der Presse vorhanden ist, jedoch nicht exklusiv.

- Die Kommunikation mit den Unternehmen wird auf E-Mail beschränkt, so dass keine Reisekosten anfallen.

- usw.

Vorgehensweise beim Bundling

Es fällt auf, dass hier einige Techniken der zu Beginn dieses Buches beschriebenen Guerilla-Pressearbeit enthalten sind. Voraussetzung dafür ist jedoch, dass die Unternehmen auf eine Wettbewerbsklausel verzichten, denn einen wirklichen Effekt erzielt man mit diesem Bundling nur, wenn gleichartige Unternehmen daran teilnehmen.

Techniken der Guerilla-Pressearbeit sind enthalten

Besonders für kleinere bis mittlere Unternehmen ist diese Vorgehensweise geeignet, sie erlaubt die in Anspruchnahme einer Presseagentur unter überschaubaren Kosten. Diese werden auf Honorarbasis abgerechnet, üblich sind hier ca. 1.000,00 Euro im Monat.

5.4.3.5
Fazit

In diesem Kapitel wurde aufgezeigt, dass es unterschiedliche Formen der Zusammenarbeit mit einer Presseagentur gibt. Jedes Unternehmen kann für sich selbst entscheiden, welche Form am effektivsten ist. Natürlich ist das zur Verfügung stehende Budget entscheidend.

Unterschiedliche Formen der Zusammenarbeit

Zu empfehlen ist die Zusammenarbeit auf Projektbasis, da hier eine stark leistungsbezogene Bezahlung der Presseagentur stattfindet. Die Zusammenarbeit auf Bundlingbasis ist vor allem für kleinere und mittlere Unternehmen geeignet.

5.4.4
Kriterien, die bei der Auswahl einer Presseagentur zu beachten sind

5.4.4.1
Vorbemerkung

Vielzahl von Presse-
agenturen

Auf dem Markt existieren eine Vielzahl von Presseagenturen, von denen sich auch einige auf die IT-Branche spezialisiert haben. Hier die richtige Agentur ausfindig zu machen, die eine optimale Unterstützung für das Unternehmen darstellt, ist eine echte Herausforderung, vor allem wenn man sich zum ersten Mal mit dieser Thematik beschäftigt.

Mit diesem Kapitel wollen wir dem Leser einige Anregungen und Tipps geben, worauf bei der Auswahl der Agentur geachtet werden muss. Im Einzelnen werden die folgenden Punkte besprochen:

Wichtige Punkte

- Vertragsaspekte: Welche Inhalte sollte der Vertrag mit einer Presseagentur haben und wo sind häufig Grauzonen.

- Kundenportfolio: Betrachtung des bisherigen Kundenportfolios einer Presseagentur.

- Kundenberater: Betrachtung des Kundenberaters, der für das Unternehmen zuständig sein wird.

- Wettbewerbsaspekte allgemein: Hat die Presseagentur schon für einen Wettbewerber gearbeitet oder tut sie es aktuell?

- Sonstige Kriterien, die bei der Auswahl einer Presseagentur zu beachten sind.

5.4.4.2
Vertragsaspekte

Langfristige
Zusammenarbeit

Die Zusammenarbeit mit einer Presseagentur ist immer langfristig zu sehen. Dies ist alleine schon durch die lange Zeit begründet, die es in Anspruch nimmt, einen Artikel zu platzieren. Generell gilt hier die folgende Regel:

```
Der Erfolg einer Presseagentur ist frühestens
nach einem halben Jahr offensichtlich, daher
sollten Verträge mit Presseagenturen eine
Laufzeit von mindestens einem Jahr haben.
```

Berücksichtigt man diese Regel nicht, können die folgenden Situationen eintreten:

- Eine der wichtigsten Voraussetzungen für die erfolgreiche Pressearbeit bzw. deren Aufbau ist Geduld. Wird eine Agentur durch einen Vertrag mit sehr kurzer Laufzeit unter Druck gesetzt, sind Schnellschüsse, die letztendlich kontraproduktiv sind, vorprogrammiert.

Mögliche Situationen

- Das beauftragende Unternehmen läuft in einen Teufelskreis – wie will es die Presseagentur messen, wenn nach einem Zeitraum von 3 Monaten noch keine verwertbaren Ergebnisse vorliegen? Feuern und in dasselbe Problem bei der nächsten Agentur reinlaufen? Hier gibt es sinnvollere Methoden, auf die weiter unten eingegangen wird.

- Bei einer zu knappen Laufzeit weiß die Agentur von vornherein, dass sie den Kunden nach Ablauf verlieren wird. Also wird sie sich nur in einem Mindestmaß um den Kunden kümmern, um ihn nicht vorzeitig zu verlieren. Wirklicher Verlierer bei dieser Vorgehensweise ist eindeutig der Kunde.

Auf der anderen Seite gibt es eine weitere goldene Regel im Marketing, die nicht nur Presseagenturen, sondern Agenturen allgemein betrifft (siehe auch Kapitel 6):

Die durchschnittliche Halbwertzeit, in der eine Agentur einem Unternehmen einen maximalen Nutzen bringt, beträgt mindestens 3, aber maximal 5 Jahre.[71]

Halbwertzeiten von Agenturen

Die Begründung für diese Regel liegt in der Kreativität – irgendwann ist die einfach nicht mehr vorhanden, unabhängig davon, wie erfolgreich die Agentur bisher war. Der Wechsel des Kundenberaters kann die 5 Jahre vielleicht noch um ein oder zwei Jahre verlängern, aber spätestens dann ist definitiv der Punkt erreicht, wo sich das Unternehmen von der Agentur trennen sollte – alleine um frischen und neuen Wind in die Pressearbeit zu bringen.

Abbildung 29 visualisiert die Kreativitätskurve von Agenturen (sowohl Presseagenturen als auch anderen Agenturen) im Marketing:

---

[71] Interessanterweise gilt dies nicht nur für Agenturen, sondern auch für Führungskräfte im Marketing. Gerade in der IT-Branche ist zu beobachten, dass hier nach fünf Jahren häufig bis sehr häufig ein Wechsel stattfindet.

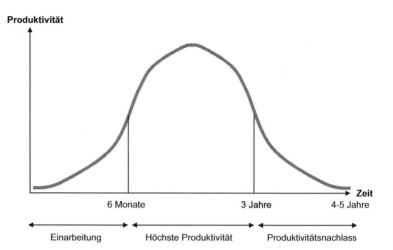

Produktivität

6 Monate   3 Jahre   4-5 Jahre   **Zeit**

Einarbeitung   Höchste Produktivität   Produktivitätsnachlass

Abbildung 29:
Die Kreativitätskurve
von Agenturen im
Marketing

Die Frage, die sich jetzt stellt, lautet: Über welchen Zeitraum sollte ein Vertrag mit einer Presseagentur geschlossen werden, so dass beide Seiten einerseits zufrieden und andererseits in der Lage sind, eine vernünftige Arbeit abzuliefern? Die Presseagentur wird darauf hinarbeiten, einen zweijährigen Vertrag zu bekommen, das Unternehmen auf einen einjährigen Vertrag. Das beste zu erzielende Ergebnis sieht wie folgt aus:

Ausstiegspunkte
festlegen

Man einigt sich in der Mitte und legt für beide Seiten Ausstiegspunkte fest, die allerdings sehr genau definiert sein müssen, um eventuellen Rechtsstreitigkeiten von Anfang an aus dem Weg zu gehen.

Welche Ausstiegspunkte sind sinnvoll? Wo spielt die Agentur mit oder wo fühlt sie sich übervorteilt? Was bringt dem Unternehmen am meisten? Alles Fragen, auf die die folgenden Punkte Antwort geben:

- Man sollte sich gegenseitig darüber einig sein, dass der Erfolg der Pressearbeit anhand der schon erwähnten Clippingliste gemessen wird. Damit hat man zumindest eine Grundlage geschaffen. Die Nachweispflicht der Clippings liegt bei der Agentur, nicht beim Unternehmen.[72]

---

[72] Dies kann allerdings zu Problemen führen, wenn in dem Vertrag der Clippingservice nicht vereinbart ist. Eine mögliche Lösung wäre, dass man sich die Kosten für den Clippingservice in einer solchen Situation dann teilt.

- Wurde eine Zusammenarbeit auf Projektbasis beschlossen, lässt sich relativ einfach der Erfolg der Presseagentur messen. Man vergleicht die beauftragten Projekte mit den erfolgreich abgeschlossenen Projekten. Hier ist allerdings zu bemerken, wenn zum Beispiel ein Unternehmen die Platzierung eines Artikels beauftragt hat und die Agentur diesen in dem gewünschten Magazin nicht zum Abdruck bekam, dann findet auch kein Geldfluss statt. Zudem kann der Artikel noch einem anderen Magazin angeboten werden. Hat hingegen eine Presseagentur eine Pressemeldung nicht versendet, liegt hier ein grober Verstoß vor. Es ist also zu differenzieren, welche Projekte aus welchen Gründen nicht abgearbeitet wurden. Hat man dies bereits im Vorfeld geklärt, tut man sich innerhalb der Vertragslaufzeit erheblich leichter. Auf Basis dieser Differenzierung können im gegenseitigen Einverständnis die Ausstiegspunkte festgelegt werden, wobei kein Ausstiegspunkt innerhalb der ersten sechs Monate existieren sollte.

  Vergleich zwischen beauftragten Projekten und erfolgreich abgeschlossenen Projekten

- Hat ein Unternehmen sich für eine Zusammenarbeit auf Honorarbasis entschieden, kann ähnlich vorgegangen werden. Allerdings muss auch immer betrachtet werden, welche Projekte noch am Laufen sind bzw. welche Projekte sich aus welchen Gründen auch immer verschoben haben. Hier sind die Ausstiegspunkte nicht so eindeutig formulierbar wie im Fall einer Zusammenarbeit auf Projektbasis.

- Im Idealfall werden Ausstiegspunkte mit einer Chance zur Nachbesserung versehen. Dies könnte sich so gestalten: Wenn in den nächsten 2 Monaten kein Artikel mit konkretem Bezug zum Unternehmen in den folgenden Magazinen (entsprechende Auflistung) erscheint, wird die Zusammenarbeit aufgelöst, ohne dass weitere Kosten anfallen. Dann hat die Presseagentur wenigstens noch die Chance, ihre Qualität unter Beweis zu stellen.[73]

  Chance zur Nachbesserung

Bei der Auswahl der Presseagentur ist also darauf zu achten, inwieweit die Agentur bereit ist, solche Ausstiegspunkte in den Vertrag mit aufzunehmen.

---

[73] Häufig liegt die Schuld auch gar nicht bei der Presseagentur, so kann es durchaus vorkommen, dass eine Redaktion einen Artikel aus aktuellem Anlass um eine Ausgabe verschiebt. Existiert eine Frist zur Nachbesserung, erscheint der Artikel noch rechtzeitig.

5.4.4.3
Das Kundenportfolio der Presseagentur

Blick auf Presseportal der Agentur hilft weiter

Die Auswahl einer Presseagentur sollte sich auch immer daran orientieren, wie das derzeitige Kundenportfolio der Agentur sich gestaltet. Hier hilft ein erster Blick auf das Presseportal der Agentur weiter. Sind hier nur Kunden aufgeführt, deren Geschäftsfeld in einem anderen Bereich liegt – zum Beispiel wenn ein Produkthaus feststellt, dass die Agentur nur Dienstleistungskunden aufführt oder umgekehrt –, so ist Vorsicht geboten.

Auch die Größe der jeweiligen Kunden ist von Bedeutung, da hier ein ausgeglichenes Verhältnis bei vergleichbaren Unternehmen existieren muss.

Referenzlisten

Viele Agenturen verfügen auch über Referenzlisten, hier sollte sich jedes Unternehmen, das eine Presseagentur beauftragen möchte, nicht davor scheuen, mit diesen Referenzen Kontakt aufzunehmen und sowohl nach Stärken als auch nach Schwächen der Presseagentur zu fragen.

5.4.4.4
Dreh- und Angelpunkt: Der Kundenberater

Bereits zu Beginn des Kapitels wurde schon auf den Kundenberater der Presseagentur eingegangen, der dem Unternehmen zugeteilt wird. Generell gilt: Das Unternehmen muss diesen nicht akzeptieren! Es sollte jedoch bereits vor der Vertragsunterzeichnung der Kundenberater vereinbart werden, um böse Überraschungen zu vermeiden.

Das Unternehmen sollte den Kundenberater einer sehr genauen Prüfung unterziehen, schließlich stellt dieser die offizielle Schnittstelle zwischen Unternehmen und Presse dar. Genau genommen ist die Qualifikation des Kundenberaters wichtiger als die der Presseagentur. Die folgenden Punkte sind zu überprüfen:

Zu überprüfende Punkte

- Hat der Kundenberater zumindest im Ansatz ein technisches Verständnis davon, was er demnächst an Journalisten und Redakteure „verkaufen" will?

- Welche Erfahrung hat der Kundenberater – ist er neu im Unternehmen oder arbeitet er schon länger mit den entsprechenden Journalisten und Redakteuren zusammen? Kam sein bisheriger Kunde ebenfalls aus der Branche?

- Hat der Kundenberater ein entsprechendes Auftreten, das dem Image des Unternehmens entspricht? Eine Start-up-Firma hat da sicherlich andere Anforderungen als zum Beispiel Unternehmen wie HP oder IBM.

- Stimmt die Chemie zwischen Kundenberater und Marketing-manager oder (sofern im Unternehmen installiert) Pressespre-cher? Wenn nicht, ist dies ein sofortiges Ausschlusskriterium, da diese sehr eng miteinander arbeiten müssen.

- Im Idealfall ist der Kundenberater auch zuständig für die Über-setzung von Pressemitteilungen. Das ist die intensivste und pro-duktivste Einarbeitungsmöglichkeit für einen Kundenberater.

- usw.

Die genaue Betrachtung des für das Unternehmen zuständigen Kundenberaters stellt eine Schlüsselentscheidung bei der Auswahl einer Presseagentur dar.

Schlüsselentscheidung bei der Auswahl

5.4.4.5
Wettbewerbsaspekte

Es versteht sich von selbst, dass ein und dieselbe Presseagentur nicht für zwei Wettbewerber tätig sein kann[74]. Die entsprechende Wettbewerbsklausel ist obligatorisch. Anders sieht das jedoch aus, wenn die Presseagentur in der Vergangenheit mal für einen Wett-bewerber tätig war!

Wettbewerbsklausel ist obligatorisch

In diesem Fall kann das Unternehmen erheblich davon profitie-ren, denn:

- Die Presseagentur kennt sich dann schon mit der Thematik aus und muss nicht erst aufwendig eingearbeitet werden.

Verschiedene Vorteile

- Die Presseagentur kennt die Keyplayer unter den Journalisten und Redakteuren – die zur Erstellung der Kundendatenbank benötigte Zeit (und damit auch Kosten) verringert sich signifi-kant.

- Die Presseagentur hat die Kinderkrankheiten in diesem Umfeld bereits hinter sich – ein ganz wichtiger Punkt!

- Mit den entsprechenden Referenzen (Clippinglisten zum Bei-spiel) kann sofort überprüft werden, wie erfolgreich sich die Agentur in diesem Bereich bisher bewegt hat.

Aus dieser Aufzählung wird offensichtlich, dass eine Presseagen-tur, die im Vorfeld für einen Wettbewerber des Unternehmens gearbeitet hat, ein ganz heißer Kandidat ist. Ganz entscheidend ist, ob das Unternehmen denselben Kundenberater zugesichert be-kommt, der im Vorfeld den Wettbewerber betreut hat.

Heißer Kandidat

---

[74] Zumindest im Produktgeschäft gilt dies, im Dienstleistungssektor jedoch werden solche Wettbewerbsaspekte wesentlich entspannter gesehen.

Überlegt sich ein Unternehmen die zuvor beschriebene Beauftragung einer Presseagentur nach dem Bundlingverfahren, so sieht
dies anders aus: Dann sollte darauf geachtet werden, dass möglichst viele Wettbewerber im Kundenportfolio der Presseagentur
enthalten sind.

5.4.4.6
Weitere Kriterien, die bei der Auswahl einer Presseagentur zu berücksichtigen sind

Neben den bisher aufgeführten Kriterien sind noch eine Reihe
weiterer Kriterien von Bedeutung, die bei der Auswahl einer Presseagentur zu berücksichtigen sind. Im Einzelnen wären hier aufzuführen:

Presseportal
- Verfügt die Agentur über ein Presseportal, wo das Unternehmen
  diverse Materialien zum Download bereitlegen kann (siehe auch
  nächstes Kapitel)?

- Versendet die Agentur regelmäßig E-Mail-Newsletter an die
  Journalisten und Redakteure?

- Wie verhält sich die Agentur bzw. der Vertreter der Agentur, um
  den Auftrag des Unternehmens zu gewinnen? Das ist ein wichtiger Aspekt, denn genauso, wie er seine Dienstleistungen dem
  Unternehmen versucht zu verkaufen, wird er dann den Redakteuren die Presseinhalte anpreisen. Ist er extrem aufdringlich
  oder ist er nur hartnäckig? Solche Aspekte sind zu berücksichtigen.

Lokalisierung der
Presseagentur
- Wo ist die Presseagentur lokalisiert? Auch in Zeiten von WWW
  und E-Mail – der persönliche Kontakt zu Journalisten und Redakteuren ist nach wie vor wichtig. Daher sollte die Presseagentur auch ihren Sitz da haben, wo die meisten IT-Magazine angesiedelt sind, und das ist momentan München. Also sollte zumindest der Kundenberater in München in einer Niederlassung
  sitzen.

- Arbeitet die Agentur mit freien Journalisten zusammen? Dies ist
  ein wichtiger Aspekt für die Platzierung von Artikeln, die nicht
  vom Unternehmen kommen sollen/dürfen.[75]

- usw.

Mindestens drei
Agenturen in die
engere Wahl nehmen
Alle aufgeführten Kriterien sind zu gewichten und auf dieser Basis
kann dann eine Auswahl der Presseagentur stattfinden. Es sollten
dabei mindestens drei Agenturen in die engere Wahl gezogen werden.

---

[75] Besonders für Produkthäuser von Bedeutung.

5.4.4.7
Fazit

Die Zusammenarbeit mit einer Presseagentur bzw. die Auswahl einer Presseagentur hängt von vielen Faktoren ab, der wichtigste ist dabei der dem Unternehmen zugeteilte Kundenberater. Aber auch die Vertragskonditionen sowie die sonstigen Kunden der Presseagentur spielen ein Rolle.

Kundenberater ist entscheidend

5.4.5
Die Bedeutung eines Presseportals

5.4.5.1
Allgemeines zu Presseportalen

Bereits im vorherigen Kapitel wurde kurz auf ein Presseportal bzw. die Nutzung des Internets für die Pressearbeit eingegangen. Zu unterscheiden sind generell zwei verschiedene Typen von Presseportalen:

- Unabhängige Presseportale von Information Brokern, auf diese wurde bereits am Anfang dieses Kapitels eingegangen.

- Presseportale von Presseagenturen, diese Portale sind Gegenstand unserer weiteren Betrachtung

Zwei verschiedene Typen von Presseportalen

Ziel eines Presseportals ist, sowohl für Journalisten und Redakteure eine Informationsplattform darzustellen als auch die Möglichkeit zu bieten, ergänzendes Material in digitaler Form zum Download bereitzustellen. Aber auch für die Kunden eines Unternehmens ist das Presseportal von Bedeutung, da auch sie hier wertvolle Informationen finden.

5.4.5.2
Aufbau eines Presseportals

Nahezu jede Presseagentur hat ihr Portal anders aufgebaut, es gibt noch keine einheitliche Regelung und dieses Buch hat auch nicht den Anspruch, hier eine aufzustellen. Wesentlich wichtiger als eine derartige Regelung sind die Inhalte eines Portals. Im Folgenden soll aufgezeigt werden, welche Mindestvoraussetzungen an ein Presseportal zu stellen sind.

Keine einheitliche Regelung

- Jedes Presseportal sollte so aufgebaut sein, dass die aktuellsten Meldungen direkt beim Aufruf des Portals sichtbar werden (zum Beispiel in einem Ticker).

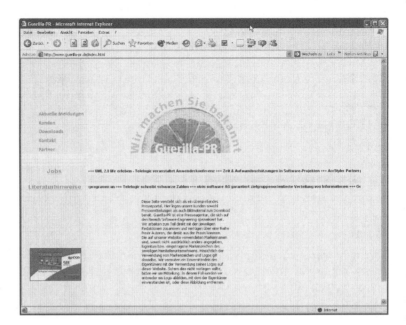

Abbildung 30:
Beispiel für ein
Presseportal von
Guerilla-PR
(www.guerilla-pr.de)

- Jedes Presseportal sollte für jeden Kunden einen separaten Bereich haben (siehe auch nächstes Kapitel).

- Jedes Presseportal sollte über einen Archivbereich verfügen, in dem nach älteren Meldungen recherchiert werden kann.

- Jedes Presseportal sollte auf einer Seite alle Kunden darstellen, damit ein Journalist oder Redakteur auf einen Blick feststellen kann, ob er auf diesem Portal die gewünschten Informationen finden kann.

Abbildung 30 zeigt ein Beispiel für ein Presseportal.

5.4.5.3
Der Kundenbereich im Presseportal

Ein gutes Presseportal einer Presseagentur stellt für jeden Kunden einen separaten Bereich zur Verfügung. Inhalte dieses Bereiches sollten sein:

Inhalte des Kundenbereiches eines Presseportals

- Das Logo des Kunden mit entsprechendem Link zur Homepage.

- Eine knappe Beschreibung des Kunden, wer er ist und was sein Geschäftsfeld ist.

- Eine knappe Beschreibung des Produktportfolios oder des Dienstleistungsspektrums des Kunden.

- Eine Übersicht der letzten Pressemeldungen des Kunden.[76]

- Eine Übersicht, auf welchen Events (Messen, Kongresse, Seminare usw.) der Kunde demnächst anzutreffen ist.

- Einen entsprechenden Downloadbereich, der sich in die folgenden Unterbereiche aufgliedert:
  - Alle Pressemeldungen (zum Beispiel als PDF)
  - Ergänzendes Bildmaterial zu den Pressemeldungen, dies kann sich aufteilen in:
  - Fotos der Geschäftsleitung
  - Screenshots von Produkten
  - Strichzeichnungen von Projektdarstellungen
  - usw.

Inhalte des Downloadbereichs

- Sämtliche Broschüren des Kunden als PDF, besonders wichtig sind:
  - Das Firmenprofil
  - Case Studies
  - Success Stories
  - White Papers
  - Produktbroschüren
  - Dienstleistungsübersichten
  - Schulungsbroschüren
  - Veranstaltungsankündigungen
  - usw.

Broschüren des Kunden

Abbildung 31 zeigt ein Beispiel für einen Kundenbereich innerhalb eines Presseportals.

---

[76] Je nach Anzahl der Pressemeldungen, die der Kunde veröffentlicht, liegt der darzustellende Zeitraum zwischen einem halben Jahr und zwei Monaten.

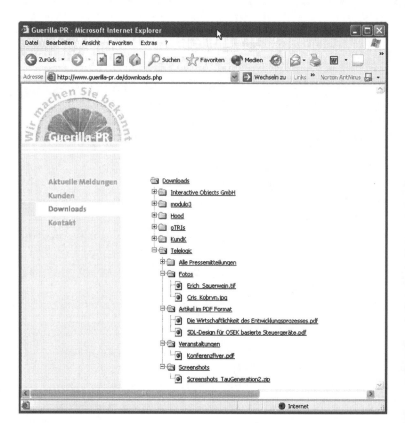

Abbildung 31:
Beispiel für einen
Kundenbereich inner-
halb eines Presse-
portals

5.4.5.4
Die Pflege des Portals

Presseagentur ist für die Pflege des Presse-portals zuständig

Generell gilt, dass die Presseagentur für die Pflege des Presseportals zuständig ist. Aber die Presseagentur kann nur das ins Internet setzen, was sie auch zur Verfügung hat. Um es als Regel zu formulieren:

```
Hinsichtlich der Inhalte des Pressportals be-
steht eine Bringschuld des Unternehmens -
keine Holschuld der Presseagentur.
```

Verweilzeit nicht vergessen

Damit sind jedoch nicht nur Uploads gemeint – auch die Verweilzeit der jeweiligen Inhalte auf dem Web sind vom Unternehmen festzulegen.

Einzige Ausnahme sind Inhalte, die einen Endtermin haben und danach auf dem Web überflüssig sind – so zum Beispiel der Bewerbungsflyer für eine Roadshow oder eine Anwenderkonferenz –, derartige Inhalte kann die Agentur auch selbstständig aus dem Downloadbereich entfernen.

5.4.5.5
Unterschiede zu kommerziellen Presseportalen

Am Anfang des Abschnittes 5.4.5.1 wurden die beiden unterschiedlichen Portaltypen bereits aufgeführt[77], Gegenstand dieses Abschnittes ist es, aufzuzeigen, wo die Vorteile der Nutzung eines Presseportals einer Presseagentur liegen:

- Innerhalb eines kommerziellen Presseportals können in der Regel nur textuelle Nachrichten hinterlegt werden, mehr nicht. Bei einem Presseportal einer Agentur hingegen können wesentlich ausführlichere Informationen zum Download bereitgestellt werden.

Vorteile der Nutzung eines Presseportals

- Bei einem kommerziellen Presseportal stößt der Journalist oder Redakteur nur per Zufall auf eine Meldung des Unternehmens, bei einem Presseportal einer Presseagentur ist das Unternehmen immer im Vordergrund. Der Journalist oder Redakteur muss also nicht lange suchen.

- Bei einem Presseportal hat der Journalist oder Redakteur immer die Möglichkeit, sofort mit dem richtigen Ansprechpartner zu kommunizieren, bei einem kommerziellen Portal wird dies schon mühsamer.

Somit ist das Presseportal einer Presseagentur nicht nur als Ergänzung zu einem kommerziellen Portal zu sehen, sondern als wichtiges Informationsmedium sowohl für Journalisten und Redakteure als auch für Kunden und die eigenen Mitarbeiter.

Wichtiges Informationsmedium für alle

5.4.5.6
Schlussbemerkung

Das Presseportal einer Presseagentur ist ein wesentliches Herausstellungsmerkmal, das auch bei der Auswahl einer Presseagentur durch ein Unternehmen berücksichtigt werden sollte.

Wesentliches Herausstellungsmerkmal

Das Portal ist jedoch sehr sorgfältig zu pflegen – nichts ist peinlicher, als wenn ein Journalist oder Redakteur eine Pressemeldung erhält mit dem Hinweis, dass zugehöriges Bildmaterial vom Presseportal geladen werden kann und dieses ist noch nicht auf dem Portal vorhanden.

---

[77] Presseportale von kommerziellen Newsbrokern versus Presseportalen von Presseagenturen.

5.4.6
Fazit

Wichtige Unterstüt-
zung für die Presse-
arbeit

Presseagenturen können eine wichtige Unterstützung für die Pressearbeit eines Unternehmens sein. Wesentlich dabei ist, dass die Auswahl der Presseagentur sorgfältig vorgenommen wird und dabei darauf geachtet wird, dass die Agentur gewisse Grundvoraussetzungen erfüllt.

Ebenso wichtig ist, dass man sich über den Umfang der Zusammenarbeit im Klaren ist und hier nicht nach der Methode verfährt: „Das wird unsere Agentur schon machen."

5.5
Die häufigsten Fehler in der Pressearbeit

5.5.1
Ausgangssituation

Hauptgrund ist
Unwissenheit

In der Pressearbeit werden oft Fehler begangen, die alle bisherigen Bemühungen zunichte machen bzw. zur Frustration im eigenen Unternehmen führen. Der Hauptgrund ist Unwissenheit – außer der Marketingabteilung weiß kaum einer im Unternehmen, wie aufwendig Pressearbeit ist und wie lange es dauert, bis ein Artikel veröffentlicht ist (ausgehend von der Idee des Artikels bis hin zum Abdruck).

Im Folgenden wollen wir die Fehler betrachten, die in der Pressearbeit am häufigsten begangen werden:

■ Fehlende oder überzogene Erfolgskontrolle sowohl der Agentur als auch den eigenen Mitarbeitern gegenüber, die für die Pressearbeit verantwortlich sind.

Typische Fehler in der
Pressearbeit

■ Mangelnde Konatktpflege zu den Journalisten und Redakteuren

■ Allgemein zu hohe Erwartungshaltung an die Pressearbeit

■ Falsche Kosteneinsparungen innerhalb der Pressearbeit

5.5.2
Fehlende oder überzogene Erfolgskontrolle

Clippingliste als
Messlatte des Erfolgs

Viele Unternehmen versäumen es, ihre Pressearbeit (unabhängig ob im eigenen Hause vorgenommen oder über eine Presseagentur) einer ständigen Erfolgskontrolle zu unterziehen. Die dafür erforderlichen Maßnahmen und Hilfsmittel wurden in diesem Buch bereits vorgestellt, allen voran ist hier die Clippingliste aufzuführen. Besonders häufig wird vergessen, dass die Pressearbeit nicht kurzfristig umstellbar ist. Merkt man durch die mangelnde Erfolgskontrolle erst zu spät, dass hier gravierende Fehler gemacht werden, so dauert es eine geraume Zeit, bis erste Besserungen sichtbar werden.

Auf der anderen Seite ist auch eine überzogene Erfolgskontrolle festzustellen. Mehr dazu ist dem Abschnitt 5.5.4 hinsichtlich der Erwartungshaltung von Unternehmen gegenüber Presseagenturen zu entnehmen. Es ist einfach unrealistisch, wenn man eine im Monat zuvor beauftragte Presseagentur schon kurze Zeit später nach den ersten Abdrucken von Artikeln fragt.

Erwartungshaltung von Unternehmen gegenüber Presseagenturen ist oft zu hoch

5.5.3
Mangelnde Kontaktpflege

Viele Unternehmen glauben, dass sie aufgrund der Zusammenarbeit mit einer Presseagentur auf die Kontaktpflege zur Presse künftig verzichten können. Doch ist dies ein gewaltiger Fehler.

Im vorherigen Kapitel 5.4 wurde bereits dargestellt, wie wichtig die Zusammenarbeit zwischen Presseagentur und Unternehmen ist – aber genauso wichtig ist die Zusammenarbeit zwischen Journalisten bzw. Redakteuren und Unternehmen. Indizien für eine gute Zusammenarbeit sind:

Zusammenarbeit zwischen Presseagentur und Unternehmen

- Ein Journalist oder Redakteur wendet sich direkt an das Unternehmen, wenn er eine fachliche Frage zu einem Thema hat, das zum Schwerpunkt des Unternehmens zählt.

- Ein Journalist oder Redakteur fragt bei Mitarbeitern des Unternehmens direkt nach, ob diese einen Artikel zum nächsten Themenschwerpunkt beisteuern können.

- Ein Journalist oder Redakteur ruft beim Unternehmen an und bittet um eine Stellungnahme zu einem bestimmten Thema.

- usw.

Es liegt auf der Hand, welche Vorteile hinsichtlich der Präsenz in der Presse ein Unternehmen haben kann, wenn obige Situationen eintreten. Doch entstehen diese nicht von heute auf morgen und müssen hart erarbeitet werden. Eine Presseagentur kann einem bei dieser Arbeit helfen, sie kann sie jedoch auf keinen Fall einem abnehmen.

Präsenz entsteht nicht von heute auf morgen

5.5.4
Zu hohe Erwartungshaltung

Der Faktor Zeit

Viele Unternehmen machen den Fehler, dass sie glauben, wenn sie eine Presseagentur beauftragen, seien sie bereits im nächsten Monat entsprechend in der Presse vertreten. Arbeitet das Unternehmen nicht mit einer Presseagentur zusammen, sondern bestimmt einen Mitarbeiter verantwortlich für die Pressearbeit, werden ebenfalls solche Erwartungshaltungen gesetzt. Es erübrigt sich, näher darauf einzugehen. Die in Abbildung 26 dargestellte benötigte Zeit von der Idee von einem Artikel bis hin zum Erscheinen des Artikels macht deutlich, wie lange es dauert, bis die ersten Erfolge der Pressearbeit sichtbar werden.

Präsenz – und nicht Lobhuldigung

Ein weiterer Fehler hinsichtlich der Erwartungshaltung ist der, dass wenn ein Artikel platziert wurde, erwartet wird, dass das Produkt oder die Dienstleistung über den „grünen Klee" gelobt wird und als das „Nonplusultra" dargestellt wird. Das ist nicht nur überzogen, sondern auch dumm – denn ein solcher Artikel würde beim Leser sofort den Eindruck erwecken, dass der Artikel „gekauft" wurde.

Es ist wesentlich sinnvoller, wenn der Artikel einen fachlichen Bezug hat und das Unternehmen nur ein oder zweimal genannt wird. Für Dienstleistungsunternehmen ist es schon ausreichend, wenn der Autor als Angestellter des Unternehmens bekannt gemacht wird.

Auch die Erwartungshaltungen hinsichtlich der Veröffentlichung von Pressemeldungen ist häufig völlig überzogen – um es deutlich auszudrücken:

Der Abdruck einer Pressemeldung ist ein reiner Glückstreffer

Der Abdruck einer Pressemeldung ist ein reiner Glückstreffer (zumindest wenn der Inhalt nicht eine wirklich wichtige Meldung ist). In Kapitel 5.3.2 wurde bereits dargestellt, welche Effekte mit Pressemeldungen erzielt werden können – auch ohne dass sie abgedruckt werden.

5.5.5
Kosten sparen an der falschen Stelle

Pressearbeit nur halbherzig

Immer wieder ist festzustellen, dass viele Unternehmen ihre Pressearbeit nur halbherzig betreiben – der Grund dafür wurde bereits aufgeführt: mangelndes Verständnis![78] Betreibt man eine Kosten-/

---

[78] Etwas drastischer formuliert könnte man auch von Ahnungslosigkeit sprechen.

Nutzenanalyse, so wird man feststellen, dass die Pressearbeit nicht nur zu den wichtigsten Marketinginstrumenten gehört, sondern auch im Verhältnis zu anderen Instrumenten zu den günstigsten!

Dies soll das folgende Beispiel erläutern: Die Platzierung einschließlich Erstellung eines vierseitigen Artikels kostet ungefähr das Gleiche wie der Abdruck einer ganzseitigen vierfarbigen Anzeige. Damit wird schon mal eins offensichtlich: Die Präsenz in dem IT-Magazin steht in einem Verhältnis von 4 zu 1.

Doch die Anzeige wird nur in dieser Ausgabe gesehen und verpufft danach wirkungslos. Doch der Artikel hat einen Langzeiteffekt – die entsprechenden Sonderdrucke sind ein wichtiges Salesinstrument und können über einen längeren Zeitraum an die Kunden des Unternehmens verteilt werden.

Artikel haben einen Langzeiteffekt

Oder ein anderes Beispiel: Die Kosten eines CeBIT-Auftritts übersteigen die Kosten der ganzjährigen Pressearbeit deutlich – während man jedoch bei der CeBIT nur acht[79] Tage präsent ist, wird mit der Pressearbeit das gesamte Jahr abgedeckt.

5.5.6
Schlussbemerkung

Sicherlich werden in der Pressearbeit noch wesentlich mehr Fehler passieren, als sie hier aufgezeigt wurden. Aber alleine die Berücksichtung der in diesem Abschnitt beschriebenen Schwachstellen führt dazu, dass die Pressearbeit erfolgreicher wird. Natürlich ist immer noch ein Glaubenskrieg durchzuführen – insbesondere gegenüber dem Vertrieb, denn die Pressearbeit hat einen entscheidenden Nachteil gegenüber anderen Marketingaktivitäten: Sie produziert nicht direkt Neukontakte, wie das zum Beispiel bei einer CeBIT der Fall ist.

Die Pressearbeit ist also eine flankierende Marketingmaßnahme und wird daher von ihrer Bedeutung häufig unterschätzt. Es liegt im Aufgabenbereich des Marketingmanagers, hier den wahren Stellenwert im Unternehmen zu kommunizieren und zu etablieren.

Pressearbeit ist eine flankierende Marketingmaßnahme

5.6
Zusammenfassung

Die Pressearbeit gehört zu den wichtigsten Aufgaben im Marketing, da sie den Bekanntheitsgrad des Unternehmens erheblich steigern kann. Bei der Auswahl der Presseagentur sollten jedoch

---

[79] Nächstes Jahr nur noch sieben.

einige wesentlichen Aspekte beachtet werden, da hier sonst viel Geld für wenig Leistung ausgegeben wird. Eine regelmäßige Erfolgskontrolle ist daher von entscheidender Bedeutung.

Wichtigster Bestandteil der Pressearbeit ist die Platzierung von redaktionellen Beiträgen in den einschlägigen Fachzeitschriften. Aber auch die Nutzung der anderen Instrumente, die in diesem Kapitel besprochen wurden, spielt eine große Rolle.

Des Weiteren wurden in diesem Kapitel drei wichtige Hilfsmittel vorgestellt, die für die Pressearbeit von Bedeutung sind:

Drei wichtige Hilfsmittel der Pressearbeit

- Der Publikationskalender als Kommunikationskanal zwischen Agentur und Unternehmen sowie als Monitoringkomponente für den Erfolg der Pressearbeit.

- Die Datenbank mit den Kontaktdaten der Journalisten und Redakteure.

- Die Clippingliste und deren statistische Auswertung zur weiteren Planung der Pressearbeit.

Gemeinsam zu pflegen

Alle drei Hilfsmittel sind sowohl von der Presseagentur als auch vom Unternehmen selbst zu pflegen und ständig auf dem aktuellen Stand zu halten.

Ein möglichst umfangreicher Auftritt auf dem Presseportal einer Presseagentur ist ebenfalls eine wichtige Grundlage für den Erfolg der Pressearbeit.

6 Weitere Agenturen im Umfeld des Marketings in der IT-Branche

Gerhard Versteegen

6.1 Einführung

Neben der im vorherigen Kapitel aufgeführten Presseagentur arbeiten Unternehmen der IT-Branche zum Teil mit einer Reihe weiterer Agenturen zusammen. In diesem Kapitel wird auf die folgenden Agenturen eingegangen:

- Eventagenturen
- Call-Center
- Webagenturen
- Mediaagenturen
- Grafikagenturen

Unterschiedliche Agenturen im Marketingumfeld

Generell gilt, dass durch das Outsourcing an Agenturen immer wieder neue Ideen in das Marketing gebracht werden können [Vers2001], sofern die Agentur entsprechend innovativ ist.

Auf der anderen Seite entstehen durch die Beauftragung von Agenturen natürlich Kosten, die im Marketingbudget berücksichtigt werden müssen. Damit steht der Marketingmanager vor einer echten Herausforderung – baut er sein Team größer auf oder investiert er das Geld in Agenturen.

Zusätzliche Kosten

Beides hat jeweils Vor- und Nachteile, aufzuführen sind hier im Einzelnen:

- Eine Agentur kann man je nach Bedarf beschäftigen – so ist das Sommerloch sicherlich keine lukrative Zeit für Agenturen –, aber fest eingestellte Mitarbeiter müssen das ganze Jahr über bezahlt werden.[80]

---

[80] Was nicht gleichzusetzen ist mit „beschäftigt" werden!

- Der Wechsel einer Agentur, wenn sie nicht mehr so performt, wie man sich das vorstellt, ist relativ einfach vorzunehmen – der Wechsel eines Marketingmitarbeiters hingegen ist meist mit hohen Kosten und Gerichtsterminen verbunden.

- Agenturen beschäftigen oft mehrere Mitarbeiter, man muss also nicht gleich die Agentur feuern, man kann auch den Kundenberater wechseln. Bei fest angestellten Mitarbeitern ist dies nicht so einfach.

- Agenturen haben viele Kunden – sie identifizieren sich häufig nicht so sehr mit einem Kunden, wie das fest angestellte Mitarbeiter machen.

Abwägen von Vor- und Nachteilen ist notwendig
Es ist also stets ein Abwägen dieser Vor- und Nachteile notwendig, bevor eine Agentur beauftragt wird.

6.2
Eventagenturen

6.2.1
Der Bedarf für Eventagenturen

Viele Unternehmen der IT-Branche haben Eventmanagement zum Schwerpunkt ihrer Marketingstrategie gemacht. Demzufolge sind auch entsprechend viele Eventagenturen auf dem Markt wiederzufinden.

Der Bedarf an Eventagenturen ist allerdings gar nicht so groß, wie man daraus schließen könnte. Die Begründung für diese Situation lautet wie folgt:

Das Los von Eventagenturen
- Aus Budgetgründen kann sich das Marketing oft eine Eventagentur nicht leisten und versucht dieses mit eigenem Personal abzuwickeln.

- Die meisten Events werden derart klein gehalten (ebenfalls aus Budgetgründen), dass der Einsatz einer Eventagentur nicht gerechtfertigt wäre.

- Da Eventmanagement schon seit einiger Zeit zu den Hauptaufgaben des Marketings in der IT-Branche gehört, wurde hier schon so viel Erfahrung gesammelt, dass eine Eventagentur nicht mehr benötigt wird.

- Vor zwei Jahren, als es der IT-Branche noch gut ging und die Marketingabteilungen entsprechend Personal einstellen konnten, wurde besonders im Bereich des Eventmanagements Personal eingestellt, dieses muss jetzt beschäftigt werden und von daher verbietet sich der Einsatz einer Eventagentur.

Somit können auch Eventagenturen nicht von rosigen Zeiten sprechen, sie müssen ihr Angebotsportfolio der derzeitigen Marktsituation genauso anpassen, wie das andere Agenturen aus dem Marketingumfeld tun müssen.

6.2.2
Portfolio von Eventagenturen

Eventagenturen verfügen über ein umfangreiches Angebotsportfolio, aus dem man sich je nach Bedarf Unterstützung anbieten lassen kann. Die wohl umfangreichste Unterstützung besteht in dem vollständigen Outsourcing des kompletten Events an die Agentur, das bedeutet im Einzelnen:

Umfangreiches Angebotsportfolio

- Die Agentur ist für die vollständige Organisation, von der Bewerbung bis hin zur Abwicklung des Events, verantwortlich. Je nach Vereinbarung trägt die Agentur auch die Verantwortung für die Nachbereitung des Events.

Inhalte eines vollständigen Outsourcings

- Der Agentur müssen daher klare Zielvorgaben gemacht werden, die wichtigste ist die Größe des zur Verfügung stehenden Budgets einschließlich dem Agenturhonorar (meist ein prozentualer Anteil am Gesamtbudget). Danach richtet sich dann der Rahmen und der Grad der Bewerbung.

- Die Agentur ist dafür zuständig, die Koordinierung aller anderen (in diesem Kapitel auch beschriebenen) Agenturen vorzunehmen, um die Bewerbung des Events sicherzustellen[81].

- u.v.a.m.

Es wird ersichtlich, dass hier ziemlich schnell ein Problem entsteht: Das Unternehmen verliert die Kontrolle über das Event! Daher ist von einem völligen „Eventoutsourcing" abzuraten, nicht nur aus Kostengründen, sondern vielmehr aus dem Aspekt, dass der Verlust der Kontrolle den Erfolg des Events gefährdet.

Wesentlich sinnvoller ist eine gezielte Beauftragung einer Eventagentur für separate – klar voneinander abgrenzbare – Teilprojekte. Je nach Ausrichtung des Unternehmens können dies sein:

Gezielte Beauftragung einer Eventagentur für separate Teilprojekte

---

[81] Dabei hat die Eventagentur einen relativ großen Spielraum, da sie nicht dazu verpflichtet ist, dieselben Agenturen zu beauftragen, mit denen das Unternehmen bisher ein vertragliches Verhältnis hatte.

- Wenn ein Unternehmen ein Topevent veranstalten möchte, kann es eine Eventagentur damit beauftragen, die passenden Räumlichkeiten zu finden.

- Ebenso kann die Agentur in einem weiteren Auftrag damit betraut werden, einen renommierten Sprecher zu suchen.

- Ferner kann eine Eventagentur damit beauftragt werden, zum Beispiel bei einer Anwenderkonferenz die Organisation der Abendveranstaltung zu übernehmen.

- Amerikanische Produkthäuser führen oft einmal im Jahr ein so genanntes Kick-off durch, wo alle Mitarbeiter des Unternehmens für zwei oder drei Tage zusammenkommen. Das Event ist eine Mischung zwischen Fun und Work – also prädestiniert dafür, dass eine Eventagentur die gesamte Organisation sowie den Fun Part übernimmt.

- Eventagenturen können auch für die Beschaffung von Sponsoren und Ausstellern für Anwenderkonferenzen, Kongresse oder Messen eingesetzt werden.[82]

- Ein weiteres Einsatzfeld für Eventagenturen besteht in der Vergabe üblicher Firmenevents interner Natur, wie:

Vergabe von Firmenevents

- Weihnachtsfeiern

- Eröffnung von neuen Niederlassungen

- Betriebsausflügen

- usw.

Je nach Unternehmen lassen sich hier noch einige weitere Möglichkeiten der Beschäftigung einer Eventagentur finden. An dieser Stelle sollte nur ein Überblick gegeben werden. Was bei der Zusammenarbeit mit einer Eventagentur berücksichtigt werden sollte, wird im nächsten Abschnitt näher beschrieben. Zentrales Thema ist dabei, wie eine Eventagentur langsam in das Geschäftsfeld eines Unternehmens integriert werden kann, um die Zusammenarbeit zu intensivieren.

---

[82] Dies macht jedoch nur dann Sinn, wenn die Eventagentur auch noch in einer anderen Form mit dem jeweiligen Event beauftragt wurde, für den sie Aussteller und Sponsoren akquirieren soll, da ansonsten der inhaltliche Zusammenhang fehlt.

6.2.3
Regeln beim Umgang mit Eventagenturen

Es dürfte vielleicht aufgefallen sein, dass bei der obigen Auflistung die Eventagentur überall dort „rausgehalten" wurde, wo sie direkt für den Kontakt zu Kunden oder Interessenten des Unternehmens verantwortlich gewesen wäre.

Dies sollte eine Grundregel für die ersten Gehversuche mit einer Eventagentur sein.[83] Der Weg, erst mal im eigenen Hause die Eventagentur sich unter Beweis stellen zu lassen, ist sicherlich der effektivste.

Grundregel für die ersten Gehversuche

In einem zweiten Schritt kann damit begonnen werden, die ersten Versuche im Kundenumfeld starten zu lassen, sei es die Auswahl der Lokation einer Anwenderkonferenz oder die Bereitstellung renommierter Sprecher.

Wenn man mit einer Eventagentur zusammenarbeitet, sollte man versuchen, sämtlichen Geldfluss nur auf Provisionsbasis vorzunehmen. Ausnahme sind natürlich organisatorische Dinge. Damit ist auch automatisch die Motivation der Agentur wesentlich höher, als wenn ein festes Honorar vereinbart wird.

Geldfluss nur auf Provisionsbasis

Besonders bei der Bereitstellung von Sponsoren und Ausstellern kann eine Eventagentur beweisen, ob sie als Agentur mehr Überzeugungskraft hat als die unternehmensinterne Marketingabteilung. Denn eine Eventagentur soll ja nicht nur eine Entlastung für das Marketing eines Unternehmens darstellen, sondern auch einen echten Mehrwert produzieren.

6.2.4
Fazit

In diesem Unterkapitel wurde aufgezeigt, wann es sinnvoll ist, mit einer Eventagentur zusammenzuarbeiten und vor allem welches Angebotsportfolio eine gute Eventagentur haben soll. Ferner wurden die Regeln angesprochen, die beim Umgang mit einer Eventagentur zu beachten sind.

Wichtig ist, dass man eine Eventagentur langsam an das Geschäftsfeld des Unternehmens heranführt, denn im Gegensatz zu anderen Agenturen kommt eine Eventagentur oft mit den Topkunden des Unternehmens in Kontakt.

Langsam an das Geschäftsfeld des Unternehmens heranführen

---

[83] Dies gilt nicht nur für Eventagenturen.

6.3
Call-Center

6.3.1
Angebotsportfolio von Call-Centern

Je nachdem, wie viele Leads oder Kontakte ein Unternehmen durch das eigene Marketing generiert, kann es notwendig sein, ein Call-Center zu beschäftigen, um zusätzliche Kontakte zu generieren.

Unter einem Call-Center ist im weitesten Sinne ebenfalls eine Art Marketingagentur zu verstehen, die sich darauf spezialisiert hat, telefonisch Kontakte zu generieren oder auch per Telefon Umsätze für ein Unternehmen zu erzielen. Im Einzelnen kann ein Call-Center zu den folgenden Zwecken eingesetzt werden:

Einsatzmöglichkeiten von Call-Centern

- Ein Unternehmen hat nach einer CeBIT 3.000 Leads mitgebracht. Nun verfügt man aber nicht über eine eigene Telesalesabteilung und möchte die Leads jedoch nicht veralten lassen. Daher wird ein Call-Center damit beauftragt, alle Leads nachzutelefonieren und nach dem SPIN-Modell die S-Frage und je nach Qualität des Call-Centers, auch noch die P-Frage zu stellen.

- Ein Unternehmen führt eine Roadshow durch. Um nicht nur die eigene Kundendatenbank zu bewerben, wird ein Call-Center damit beauftragt, neue Kontakte anzutelefonieren und für die Teilnahme an der Roadshow zu gewinnen.

- Ein Unternehmen möchte seine Dienstleistungen einer weiteren Branche anbieten. Es wird ein Call-Center damit beauftragt, eine gewisse Anzahl von Kontaktpersonen aus dieser Branche zu ermitteln.

- Ein Unternehmen möchte ein neues Produkt auf den Markt bringen. Um den aktuellen Bedarf zu überprüfen, wird ein Call-Center damit beauftragt, eine Marktrecherche durchzuführen.

- usw.

Es gibt noch eine Reihe weiterer Gründe mit Call-Centern zusammenzuarbeiten. In der obigen Aufzählung wurden vier unterschiedliche Arten der Zusammenarbeit aufgeführt:

Vier unterschiedliche Arten der Zusammenarbeit

- Zusammenarbeit auf Basis eigener Kontaktdaten

- Zusammenarbeit auf Basis von Kontaktdaten des Call-Centers

- Zusammenarbeit auf Basis von zu ermittelnden Daten

- Zusammenarbeit hinsichtlich Recherchezwecken

Die Zusammenarbeit mit eigenen Daten ist sicherlich am kritischsten, da man hier einem externen Unternehmen Zugriff auf seine Kundendatenbank gestattet. Ein falsches Wort und der interessante Kontakt ist weg.

Zugriff auf die eigene Kundendatenbank

Dies hängt auch davon ab, welche Sprachregelung man mit dem Call-Center vereinbart hat. Zu unterscheiden sind zwei Fälle: Bei der ersten Variante meldet sich das Call-Center am Telefon als Call-Center, das vom Unternehmen beauftragt wurde, die Recherche durchzuführen. Bei der zweiten Variante meldet sich das Call-Center mit dem Namen des Unternehmens.

Es liegt auf der Hand, dass die zweite Variante sehr kritisch ist, sie macht es zwar dem Call-Center leichter, den Kontakt herzustellen, passieren jedoch Fehler, bleiben die am Auftraggeber hängen.

Die Bezahlung von Call-Centern richtet sich meist nach der Anzahl der nachtelefonierten Kontakte – es gibt dabei eine Faustregel, die besagt, dass das Call-Center drei Mal versucht, einen Kontakt zu erreichen, war dies jedes Mal erfolglos, so gilt der Kontakt als abgearbeitet. Die Mitarbeiter des Call-Centers führen dabei Gesprächsberichte, die dem Unternehmen als Nachweis der Kontaktaufnahme vorgelegt werden.

Bezahlung von Call-Centern

In Krisenzeiten lässt sich natürlich alles verhandeln, so macht es zum Beispiel Sinn, wenn ein Unternehmen ein Call-Center ausschließlich nach Erfolg bezahlt. Ein gutes Beispiel wäre die zu bewerbende Roadshow aus obiger Auflistung – für jeden Neukontakt erhält das Call-Center eine im Vorfeld vereinbarte Prämie.

Aber auch eine Umsatzbeteiligung ist denkbar – jedoch sowohl im Projektgeschäft als auch im Produktgeschäft, sofern es sich um erklärungsbedürftige Produkte handelt, nur schwer realisierbar.

Das Wichtigste bei der Zusammenarbeit mit einem Call-Center ist das Briefing, das im Vorfeld zwischen Unternehmen und Call-Center stattfindet. Hier muss ein Gesprächsleitfaden definiert werden, die Ziele bzw. Ergebnisse, die das Unternehmen mit der Beauftragung des Call-Centers bezweckt sind klar herauszustellen und es muss eine einfache – aber eindeutige – Beschreibung des Inhalts herausgearbeitet werden.[84]

Briefing ist sehr wichtig

Arbeitet man zum ersten Mal mit einem Call-Center zusammen, ist es auf alle Fälle empfehlenswert, erst einen Pretest durchzuführen. Das bedeutet: Angenommen es sollen 3.000 CeBIT-Kontakte antelefoniert werden. In diesem Fall vereinbart man erst einmal einen Auftrag über 300 Kontakte und analysiert das Zwischenergebnis. Ist dies zufrieden stellend, können die weiteren 2.700 Kon-

Zuerst Pretest durchführen

---

[84] Die meisten Pannen, die bei der Zusammenarbeit mit einem Call-Center passieren, sind in einem schlechten Briefing begründet.

takte bearbeitet werden, wenn nicht, hat man den „Schaden" zumindest auf 300 Kontakte beschränkt und kann hoffen, dass hier kein Großauftrag versäumt wurde.

Die Zusammenarbeit ist, wie bereits oben angedeutet, nicht unkritisch, im nächsten Abschnitt wollen wir die Gefahren aufzeigen, die bei einer Zusammenarbeit mit Call-Centern auftreten können.

6.3.2
Gefahren von Call-Centern

Call-Center haben oft schlechten Ruf

Natürlich ist bei Call-Centern nicht alles Gold was glänzt (wie bei allen anderen Agenturen auch). Nur haben Call-Center derzeit auf dem Markt den schlechtesten Ruf im Vergleich zu anderen Agenturen. Dies liegt in den folgenden Umständen begründet:

Gründe

- In Call-Centern arbeiten zum großen Teil Quereinsteiger, die von dem eigentlichen Thema, dem sie hinterhertelefonieren, keinerlei Ahnung haben.

- Die Mitarbeiter eines Call-Centers müssen sich ständig mit völlig unterschiedlichen Themen beschäftigen, im Januar telefonieren sie zum Beispiel mit Hardwareeinkäufern, im Februar mit Projektleitern aus dem Pharmabereich und im März mit Molkereibesitzern. Es findet also keine Fokussierung statt.

- Letztendlich ist es nicht nachweisbar, wie intensiv ein Mitarbeiter sich um die Kontaktaufnahme bemüht hat. Lässt er sich ohne weiter nachzuhaken einfach von der Vorzimmerdame abwimmeln oder ist er so hartnäckig, wie das ein guter Telesales ist?

Leicht anrüchiger Charakter

- Die Kontaktaufnahme per Telefon hatte schon immer einen leicht anrüchigen Charakter – wird der Mitarbeiter des Call-Centers dabei auch noch sehr aufdringlich, kann dem Unternehmen ein nachhaltiger Schaden entstehen, der besonders im Projektgeschäft weitreichende Folgen hat.

- In einem Akquisitionsgespräch konzentriert sich der Mitarbeiter des Call-Centers auf seinen Gesprächsleitfaden, sobald das Gespräch davon abweicht, ist er mehr oder weniger hilflos. Wenn aber bei der Gesprächsabweichung ein Thema zur Sprache kommt, wo der Auftraggeber ebenfalls eine entsprechende Dienstleistung oder ein entsprechendes Produkt anbietet, kann das der Mitarbeiter des Call-Centers nicht wissen (es steht ja nicht in seinem Gesprächsleitfaden). Hier wird also potentieller Umsatz nicht wahrgenommen. Ein unternehmensinterner Telesales könnte hier anders reagieren.

Die Zusammenarbeit mit Call-Centern ist also in manchen Bereichen kritisch – auf der anderen Seite gibt es aber auch Themen, wo der Einsatz eines Call-Centers sehr sinnvoll ist. Darauf wollen wir im nächsten Abschnitt zu sprechen kommen.

6.3.3
Optimale Einsatzbereiche für Call-Center

Im Folgenden möchten wir einige Fallbeispiele anführen, die aufzeigen, wo optimale Einsatzbereiche für Call-Center vorliegen:

- Kundenzufriedenheitsbefragungen: Viele Unternehmen führen aus Zeitgründen keine Kundenzufriedenheitsbefragungen durch, obwohl es intern bekannt ist, wie wichtig eine regelmäßige Befragung dieser Art ist. Hier bietet sich ein Call-Center aus folgenden Gründen geradezu an:

  – Das Call-Center kann sich mit eigenem Namen melden und direkt sagen, dass es im Auftrag des Unternehmens eine Kundenzufriedenheitsbefragung durchführt.
  – Beim Briefing wird dem Call-Center ein Fragebogen vorgelegt, der die folgenden Eigenschaften hat: Es gibt nur Ja/Nein-Antworten oder Bewertungen nach Schulnoten, also von sehr gut bis ungenügend. Die Fragen sind absolut eindeutig formuliert, so dass keine Nachfragen auf Kundenseite entstehen können. Dann hat es der Mitarbeiter des Call-Centers sehr leicht und kann eigentlich keine Fehler machen.

  – Der Kunde hat nach der Befragung zumindest den Eindruck, dass sich sein Lieferant um ihn kümmert, da er ja Kosten in ein Call-Center investiert.

- Marktrecherchen: Hier gilt das Gleiche wie bei den Kundenzufriedenheitsbefragungen. Ist der Fragebogen entsprechend formuliert, geht es für den Mitarbeiter des Call-Centers eigentlich nur noch darum, den richtigen Ansprechpartner ans Telefon zu bekommen, beim Gespräch selber kann er nicht mehr viel falsch machen.

- Ermittlung neuer Kontaktdaten: Bis zu einem gewissen Grad ist auch bei der Ermittlung neuer Kontaktdaten der Einsatz eines Call-Centers sinnvoll. Wichtig hierbei ist, dass man sich an die folgenden Regeln hält:

  – Die Anforderungen an das Call-Center sollten nicht zu hoch gestellt werden. Es reicht völlig aus, wenn man die wesentlichen Stammdaten erhält: Name, Anschrift, Telefon und E-Mail, eventuell noch Zuständigkeitsbereich. Weitergehende

Fragen, wie zum Beispiel wie hoch das Budget ist, wann das nächste Projekt beginnt, mit welchen Wettbewerbsprodukten oder anderen Dienstleistungsunternehmen der Konatkt zusammenarbeitet, sollte man tunlichst unterlassen.[85]

– Das Call-Center muss sich auch hier mit eigenem Namen melden, sollte aber den Auftraggeber angeben. Dadurch vermeidet man die Situation, dass der Mitarbeiter des Call-Centers überfordert ist, wenn ein Kontakt Interesse zeigt und weitere Fragen stellt. Er kann dann auf einen Kontakt beim Auftraggeber hinweisen oder sagen, dass seitens des Auftraggebers zurückgerufen wird.[86]

Kontakte müssen im Vorfeld definiert sein
– Die zu ermittelnden Kontakte müssen im Vorfeld ganz klar definiert sein: Beispiel: Muss Projektleiter für Software-Entwicklungsprojekte sein, darf nicht nur Entwickler sein.

– Im Idealfall schränkt man die erste Runde auf eine bestimmte Branche ein.

■ Eventbewerbung: Auch für die Eventbewerbung kann ein Call-Center benutzt werden, sofern die folgenden Regeln beachtet werden:

– Im Briefing erhält der Mitarbeiter des Call-Centers alle Materialien, die auch die anzurufenden Kontakte haben könnten, also Flyer, Abdruck der Webseitenbewerbung usw.

Eventbewerbung
– Das Unternehmen gibt dem Call-Center eine klar definierte Liste von Kontakten.

– Die Bezahlung des Call-Centers orientiert sich an den Teilnehmern, die das Event besuchen.

6.3.4
Schlussfolgerung

Einsatz von Call-Centern ist Vertrauenssache
Der Einsatz von Call-Centern ist eine Vertrauenssache. Ein Pretest ist nicht nur empfehlenswert, sondern Voraussetzung für eine Zusammenarbeit. Dafür gibt es in diesem Bereich viel zu viele schwarze Schafe, als dass man hier ohne irgendwelche Absicherungsmaßnahmen einen Auftrag erteilen könnte.

---

[85] Dies kann allenfalls in einer zweiten Runde abgefragt werden, wo man sich dann immer noch entscheiden kann, welche der neuen Kontakte von der eigenen Sales Force antelefoniert (oder auch angeschrieben) werden und welche Kontakte vom Call-Center weiter bearbeitet werden.
[86] Auch hier muss im Vorfeld eine klare Regelung getroffen werden, wie sich der Mitarbeiter eines Call-Centers in einer solchen Situation zu verhalten hat.

Aber es gibt auch sehr sinnvolle Einsatzbereiche für Call-Center. Hat sich das Call-Center dort bewährt, kann mit einer weiteren Beauftragung begonnen werden.

6.4 Webagenturen

6.4.1 Einführung

Das Thema Internet wurde schon öfters in diesem Buch angerissen, sicherlich ist die Euphorie, mit der noch im Jahr 2000 an dieses Medium herangegangen wurde, etwas zurückgegangen – nicht zurückgegangen ist hingegen die Nutzung des Internets als Informationsmedium – und das wird häufig übersehen!

Nutzung des Internets als Informationsmedium

Somit ist es nach wie vor von Bedeutung, dass jedes Unternehmen, das in der IT-Branche erfolgreich sein will, über einen professionellen Webauftritt verfügt.

Doch sollte man sich darüber im Klaren sein, dass ein Webauftritt nicht „Just for Fun" vorgenommen wird. Hier steht ein klares Ziel dahinter, was an dieser Stelle hervorgehoben werden soll:

```
Der Webauftritt eines Unternehmens hat zwar
auch das Ziel, das Image des Unternehmens
herauszustellen oder zu verbessern, aber pri-
märes Ziel ist es, über den Webauftritt neue
Kontakte (Leads) und damit mittelfristig Um-
satz zu generieren.
```

6.4.2 Zusammenarbeit mit Webagenturen

6.4.2.1 Einführung

Es sind unterschiedliche Modelle der Zusammenarbeit mit einer Webagentur vorstellbar. In der IT-Branche sind die folgenden drei Modelle am häufigsten anzutreffen:

- Vollständiges Outsourcing des gesamten Webauftrittes des Unternehmens an eine Webagentur

- Partielles Outsourcing bestimmter Teile des Webauftrittes an eine Webagentur

Die drei häufigsten Modelle der Beauftragung von Webagenturen

- Abruf von Consultingleistungen der Webagentur, ansonsten eigene Umsetzung des Webauftrittes

Im Folgenden sollen diese drei Modelle kurz besprochen werden und die jeweiligen Vor- und Nachteile gegenübergestellt werden. Ferner wird aufgezeigt, dass man sich schrittweise von dem einen zum anderen Modell hinarbeiten kann.

6.4.2.2
Vollständiges Outsourcing

Teuerste Variante der Zusammenarbeit

Die mit Sicherheit teuerste Variante der Zusammenarbeit ist das vollständige Outsourcing des Webauftrittes. Diese Variante kann erforderlich sein, wenn das Marketing eines Unternehmens durch eine One-Man-Show repräsentiert wird und der entsprechende Marketingleiter zwar Ahnung von Marketing hat, jedoch sich mit der Programmierung von Webseiten nicht auskennt.[87]

Bevor jedoch der gesamte Auftritt outgesourct wird, sollten die folgenden Überlegungen angestellt werden:

- Wie umfangreich soll der Webauftritt werden?

- Wie oft werden neue Inhalte auf das Web gestellt (täglich/ wöchentlich/monatlich)? Dieser Aspekt ist besonders wichtig hinsichtlich der Folgekosten!

Typische Fragen

- Ist im Unternehmen eventuell ein Entwickler gerade nicht innerhalb eines Projektes ausgelastet, der zumindest tatkräftig mithelfen könnte, um die Kosten zu reduzieren?

- Welche Art von Webauftritt wird benötigt – reicht eine statische Webseite oder muss hier eine dynamische Seite entwickelt werden?

- usw.

Kosten für Erstimplementierung und monatliche Folgekosten ermitteln

Ziel dieser Überlegungen ist es natürlich, herauszufinden, wie hoch einerseits die Kosten für die Erstimplementierung und andererseits die monatlichen Folgekosten sind. Eine Webagentur kann auf Basis dieser Angaben ein Angebot unterbreiten. Nun kann man immer noch überlegen, ob ein fest angestellter Webmaster vielleicht doch kostengünstiger wäre.

Wenn nicht, müssen diese Kosten im Budget verankert werden. Hier sollte man etwas großzügiger sein, denn der Appetit kommt bekanntlich beim Essen: Steht die Webseite erst mal, werden mit 100%iger Sicherheit „Zusatzwünsche" aus dem Vertrieb an das Marketing herangetragen.

---

[87] Was nahezu immer der Fall ist, nur ganz selten ist ein Marketingleiter auch in der Lage, Webseiten zu programmieren.

Auf die Dauer ist ein vollständiges Outsourcing sicherlich keine gute Lösung (schon alleine aus Kostengründen), man sollte möglichst bald den im folgenden Abschnitt beschriebenen Weg des partiellen Outsourcings wählen.

Auf Dauer keine gute Lösung

6.4.2.3
Partielles Outsourcing

Eine kostenverträglichere Variante ist das partielle Outsourcing des Webauftrittes an eine Webagentur. Hierunter ist zu verstehen, dass die Webagentur zwar noch für gewisse Anteile des Webauftrittes zuständig ist, jedoch das Unternehmen selber ebenfalls an der Webseite arbeitet.

Kostenverträgliche Variante

Das partielle Outsourcing ist dabei ein schleichender Prozess, der sich über Monate hinweg entwickelt. Dabei sind gewisse Grundbedingungen zu erfüllen:

- Im Unternehmen muss ein Mitarbeiter zuständig sein für die Pflege des Webauftrittes. Dieser Mitarbeiter wird dadurch zwar nicht (noch nicht) zu 100% ausgelastet sein, aber er kann ja noch weitere Zuständigkeiten im Marketing haben. Es ist jedoch das Ziel, dass dieser Mitarbeiter von der Webagentur fortlaufend ausgebildet wird, um zum Webmaster heranzureifen.

Grundbedingungen

- Der interne Mitarbeiter sollte zumindest von der Ausbildung her aus einem informatikähnlichen Umfeld kommen.

- Die Webagentur muss den Webauftritt so gestalten, dass der Mitarbeiter in der Lage ist, statische Inhalte selbstständig einzugeben. Dies betrifft zum Beispiel die Ankündigung von Veranstaltungen, Pressemitteilungen, Schulungstermine usw.

- Kompliziertere Inhalte, wie zum Beispiel PHP-Skripte oder Ähnliches werden nach wie vor von der Agentur vorgenommen – aber auch hier ist es das Ziel, dass dies irgendwann der interne Mitarbeiter beherrscht.

Auf diese Art und Weise nähert sich das Unternehmen immer mehr einem Zustand, wo der Webauftritt nahezu in Eigenleistung erstellt wird und nur noch sporadisch das im nächsten Abschnitt beschriebene Consulting in Anspruch genommen werden muss. Das senkt zwar die Kosten, die für die Webagentur investiert werden müssen, erhöht aber auf der anderen Seite den Aufwand, der intern in die Pflege der Webseite gesteckt werden muss.

Webauftritt kann nahezu in Eigenleistung erstellt werden

6.4.2.4
Consulting

Kostengünstigste Variante

Die kostengünstigste Variante ist die in Anspruchnahme von Consultingleistungen einer Webagentur. Die Voraussetzungen, die dafür erfüllt sein müssen, wurden ja bereits oben beschrieben – das partielle Outsourcing muss derart reduziert sein, dass der interne Mitarbeiter in der Lage ist, fast alles selber zu erledigen.

Nur noch bei umfangreichen Änderungen wird die Webagentur dann herangezogen. Das bedeutet jedoch nicht, dass die Agentur aktiv entwickelt, sondern vielmehr in einem Inhouse Consulting dem Mitarbeiter zeigt, wie diese Änderungen gemeinsam durchzuführen sind.

Bei dieser Vorgehensweise liegt es auf der Hand, dass der interne Mitarbeiter mittlerweile nicht nur den Status des Webmasters hat, sondern auch zu 100% mit der Pflege des Webs ausgelastet ist.

6.4.2.5
Fazit

Maßgeblich ist das zur Verfügung stehende Marketingbudget

Die Zusammenarbeit mit einer Webagentur lässt sich auf unterschiedliche Art regeln, maßgeblich ist – wie so oft im Marketing – das zur Verfügung stehende Marketingbudget. Um nicht zu sehr in die Abhängigkeit der Agentur zu geraten, empfiehlt es sich, dass der in den letzten Abschnitten beschriebene Weg gegangen wird, bei dem also schrittweise der Einsatz der Agentur (und damit auch die Kosten) zurückgefahren wird.

Diese Vorgehensweise bedingt jedoch, dass ein Mitarbeiter des Unternehmens für den Webauftritt abgestellt werden muss, was ein zu berücksichtigender Kostenfaktor ist. Letztendlich hängt die Entscheidung auch stark vom Umfang und der Häufigkeit von Änderungen des Webauftrittes ab.

6.4.3
Weitere Einsatzbereiche von Webagenturen

Webagenturen sind heutzutage nicht nur für den eigentlichen Webauftritt zuständig. Auch hier hat eine Erweiterung des Angebotsportfolios stattgefunden. So arbeiten Webagenturen mittlerweile vergleichbar zu professionellen Software-Entwicklungshäusern mit den entsprechenden Werkzeugen, zum Beispiel um Lasttests oder Performancetests durchführen zu können.

Somit erweitert sich auch das Angebotsportfolio einer Webagentur wie folgt:

- Zusätzlich zur Gestaltung einer Webseite kann eine Webagentur auch ergänzende Services anbieten, zum Beispiel das Testen von Webseiten. Was passiert, wenn zum gleichen Zeitpunkt x Besucher auf die Webseite gehen? Dies kann für das Marketing von großer Bedeutung sein, wenn zum Beispiel eine Promotionaktion durchgeführt wird, bei der die Teilnehmer sich über das Web registrieren.

Erweitertes Ange-botsportfolio einer Webagentur

- Ebenso gehört die Gestaltung von Werbebannern oder E-Mail-Newslettern in HTML zu den Aufgaben einer Webagentur.

- Auch die Bewerbung der Webseite eines Unternehmens wird heutzutage von Webagenturen angeboten. Darunter ist auf der einen Seite zu verstehen, dass die Agentur gewisse Schlagwörter, die in Verbindung mit dem Tätigkeitsfeld des Unternehmens stehen, als Suchbegriffe bei den einschlägigen Suchmaschinen eingibt, auf der anderen Seite aber auch konkrete Angebote erarbeitet, wie zum Beispiel über so genannte „Sponsored Links" mehr Traffic auf der Webseite des Unternehmens generiert werden kann.

Bewerbung der Webseite

- Auch ein weiteres Projektgeschäft gehört mittlerweile zum Aufgabenfeld von Webagenturen: die Umsetzung von Broschüren und Flyern in ein webtaugliches Format. Viele Unternehmen bieten zwar mittlerweile den Download einer Broschüre oder eines Flyers im PDF-Format an, aber erstens ist dies sehr performanceträchtig und zweitens schlecht lesbar. Wesentlich professioneller ist es, wenn der Flyer oder die Broschüre grafisch aufgearbeitet im Web direkt wiederzufinden sind.

Umsetzung von Broschüren und Flyern in ein webtaugliches Format

6.4.4
Zusammenfassung

Die Nutzung von Webagenturen kann auf verschiedenen Wegen stattfinden. Dabei sind immer Kosten für die Agentur im Vergleich zu internen Ressourcenaufwänden zu sehen. Letztendlich ist entscheidend, wie umfangreich sich der Webauftritt gestaltet und wie viele Kontakte durch das Web geschlossen werden.

Kosten für Agentur im Vergleich zu internen Ressourcen-aufwänden

Webagenturen bieten mittlerweile eine Reihe von zusätzlichen Dienstleistungen an, die alle im Kontext eines Webauftrittes zu sehen sind. Hier gilt es zu eruieren, welche einen echten Mehrwert für ein Unternehmen darstellen.

6.5
Mediaagenturen

6.5.1
Aufgaben einer Mediaagentur

Eine Mediaagentur arbeitet in der Regel eng mit der Presseagentur eines Unternehmens zusammen. Die Aufgaben einer Mediaagentur lassen sich wie folgt definieren:

Aufgaben einer Mediaagentur

- Analyse der Mediadaten der unterschiedlichen Verlage und Magazine
- Pflege der Kontaktdaten zu den jeweiligen Anzeigenverkäufern der Verlage
- Aufstellen eines Mediaplans für ein Unternehmen.
- Preisverhandlung von Anzeigenkampagnen mit den Verlagen und Magazinen
- Beauftragung der Anzeigenschaltung für ein Unternehmen bei den Verlagen und Magazinen
- Abstimmung der jeweiligen Anzeigenmotive für die unterschiedlichen Magazine mit dem Unternehmen
- Koordinierung und Sicherstellung, dass die Anzeigenfilme rechtzeitig bei der Druckerei eintreffen
- Abrechnung der geschalteten Anzeigen sowie Archivierung der Belegexemplare für ein Unternehmen

Anzeigen gewerblich vertreiben

Im Klartext bedeutet das, dass eine Mediaagentur nichts anderes macht, als Anzeigen gewerblich zu vertreiben. Auf die derzeitigen Probleme sowie die Rahmenbedingungen, unter denen Mediaagenturen zurzeit arbeiten müssen, soll im nächsten Kapitel eingegangen werden.

6.5.2
Das Umfeld von Mediaagenturen

Gnadenloses Spannungsfeld

Mediaagenturen leiden derzeit am meisten von allen Marketingagenturen unter der IT-Krise. Sie stehen in einem gnadenlosen Spannungsfeld zwischen eigentlich gesetzlich festgeschriebenen Rahmenbedingungen und der blanken Realität (siehe nächstes Kapitel).

Soviel sei jetzt schon mal vorweggenommen – die derzeitige IT-Krise zwingt sowohl Verlage und Magazine als auch Unternehmen zu massiven Preisverhandlungen –, eventuelle Margen für Mediaagenturen bleiben da natürlich fast auf der Strecke. Mediaagenturen arbeiten normalerweise unter den folgenden Rahmenbedingungen:

- Ein Magazin, das von einer Mediaagentur einen Auftrag zur Schaltung einer Anzeige erhält, zahlt dieser Agentur eine Provision von 15%. *Rahmenbedingungen*

- Diese 15% darf das Magazin nur an Mediaagenturen vergeben, nicht an den Endverbraucher (sprich das Unternehmen, das die Anzeige schaltet).

- Zusätzlich kann die Mediaagentur weitere 2% bis 3% verbuchen, sobald es eine Einzugsermächtigung für das Magazin unterschreibt.

- Somit kämen rein rechnerisch 17% bis 18% Umsatz je Anzeige für eine Mediaagentur unter dem Strich heraus.

Natürlich sieht die Realität bezüglich dieser Margen heutzutage völlig anders aus. Darauf soll in den nächsten Abschnitten genauer eingegangen werden. *Realität sieht anders aus*

6.5.3
Zusammenarbeit mit Mediaagenturen und konkurrierenden Agenturen

Ein Unternehmen, das eine Anzeige schalten möchte, muss sich nicht zwangsweise an eine Mediaagentur wenden, dazu stehen ihm heutzutage eine Vielzahl von Alternativen zur Verfügung:

- Mediaagenturen entwerfen normalerweise nicht die Anzeigenmotive, das übernehmen die im nächsten Kapitel aufgeführten Grafikagenturen. *Vielzahl von Alternativen*

- Eine Grafikagentur kann ohne Probleme sich beim Gewerbeamt auch noch als Mediaagentur anmelden. Die Kosten dafür liegen bei ca. 15,00 Euro, sind also nicht der Rede wert.

- Nach gleichem Muster kann auch eine Presseagentur vorgehen, die über eine Grafikabteilung verfügt.

- Somit hat ein Unternehmen die Möglichkeit, mit der Presse- oder Grafikagentur den folgenden Vertrag zu schließen: Im Gegenzug dafür, dass die Agentur die Anzeige kostenlos entwirft, darf sie die 15% Anzeigenprovision behalten. Dadurch hat das *Die Agentur generiert zusätzlichen Umsatz*

Unternehmen den Vorteil, dass es sich die Kosten für den Anzeigenentwurf erspart, die Agentur generiert zusätzlichen Umsatz.

- Manche Verlage und Magazine gehen mittlerweile soweit, dass sie die 15% Agenturprovision illegalerweise direkt an den Endkunden weitergeben (dies wird natürlich geschickt durch eine höhere Rabattstaffelung überdeckt). Also kann ein Unternehmen auch direkt beim Verlag zu den gleichen Preisen buchen, wie das vorher nur Mediaagenturen vorbehalten war.

6.5.4
Zukunftsperspektiven von Mediaagenturen

Aus den bisherigen Ausführungen wird deutlich, welche Zukunftsperspektiven reinrassige Mediaagenturen demnächst haben werden – nahezu keine! Die meisten Mediaagenturen geben mittlerweile freiwillig die 15% Agenturprovision an ihre Kunden weiter und „leben" eigentlich nur noch von den 2% bis 3% Skonto für den Abbuchungsauftrag. Doch eine derart geringe Marge können sich nur noch Mediaagenturen leisten, die mehrere Millionen Euro Anzeigenumsätze generieren – und das sind die wenigsten.

Existenzbedrohung für Mediaagenturen   Die derzeit größte Existenzbedrohung für Mediaagenturen sind die im Folgenden aufgeführten Grafikagenturen, die ihr Angebotsportfolio zurzeit erheblich erweitern.

6.6
Grafikagenturen

6.6.1
Aufgaben von Grafikagenturen

Bereits im vorherigen Unterkapitel wurde kurz auf die Aufgaben von Grafikagenturen eingegangen, so gehört zum Beispiel der Entwurf von Anzeigenmotiven zu den typischen Aufgaben einer Grafikagentur. Eine Grafikagentur übernimmt ferner alle weiteren Aufgaben, die mit Layout und Design zu tun haben, im Einzelnen wären hier aufzuführen:

- Der vollständige Entwurf des Corporate Designs in enger Zusammenarbeit mit dem Marketingmanager und der Geschäftsleitung[88]

Aufgaben von Grafik-agenturen

- Die Erstellung eines entsprechenden Corporate Design Manuals als Grundlage

- Der Entwurf aller weiteren Marketingmaterialien passend zum Corporate Design (auch allgemein als Collateral bezeichnet), dazu gehören:

Collateral

  - Firmenprofil
  - Produktflyer
  - Übersichten für Dienstleistungsportfolios
  - Success Stories
  - Case Studies
  - Schulungsbroschüren
  - Veranstaltungshinweise
  - Webauftritt[89]
  - usw.

Ferner ist die Grafikagentur für alle anderen Agenturen der Ansprechpartner, sobald es um Layoutaspekte geht.

Ansprechpartner für Layoutaspekte

6.6.2
Auswahl und Zusammenarbeit mit Grafikagenturen

Jede Marketingabteilung arbeitet in irgendeiner Form mit einer Grafikagentur zusammen – und wenn es eine hausinterne Grafikabteilung ist. In der IT-Branche ist dies jedoch eher selten anzutreffen, daher wird im folgenden von einer externen Grafikagentur ausgegangen.

Die Auswahl einer Grafikagentur gestaltet sich relativ einfach – sicherlich spielt Geld immer irgendwo eine Rolle. Jede Grafikagentur verfügt nicht nur über Referenzkunden, sondern kann auch direkt die Ergebnisse der jeweiligen Zusammenarbeit präsentieren. Zu beachten sind dabei die folgenden Aspekte:

- Wurden die vorgelegten Broschüren nach einem vorgegebenen Corporate Design entworfen oder hat die Grafikagentur dieses ebenfalls entwickelt?

Zu untersuchende Aspekte bei der Auswahl einer Grafikagentur

---

[88] Dies ist natürlich davon anhängig, ob es bereits ein Corporate Design gibt und nur überarbeitet werden soll, oder ob es sich beim Kunden um ein Unternehmen handelt, das die Designvorgaben von einer ausländischen Mutter erhält.

[89] In Zusammenarbeit mit der Webagentur.

- Sind die unterschiedlichen Broschüren durchgängig an das Corporate Design angelehnt?
- Kann die Agentur auch Referenzen vorweisen, wo sie nach einem vorgegebenen Corporate Design gearbeitet hat?
- Mit welchen Druckereien arbeitet die Grafikagentur zusammen und welche Produktionszeiten kann die Agentur einhalten?
- Über welche Ausstattung verfügt die Grafikagentur (sowohl was Software betrifft als auch Hardware)?[90]
- Sind die von der Grafikagentur entworfenen Anzeigen passend zum sonstigen Auftreten des Kunden?
- Welche Kontakte hat die Grafikagentur zu den jeweiligen Anzeigenverkäufern der entscheidenden IT-Magazine?
- Wie kreativ war die Agentur bei der Auswahl und Gestaltung von Werbegeschenken?
- Übernimmt die Grafikagentur auch weiter gehende Arbeiten, zum Beispiel Webdesign, Standdesign für den Messebau usw.?

Können obige Punkte positiv aus Sicht des Auftraggebers beantwortet werden und stimmt auch die Preisgestaltung, so steht einer Zusammenarbeit nichts mehr im Wege.

Zusammenarbeit mit Grafikagentur auf Projektbasis

Die Zusammenarbeit mit der Grafikagentur sollte immer auf Projektbasis erfolgen. Zumindest in den ersten Monaten sollte dabei immer wie folgt vorgegangen werden: Zunächst sind sowohl von der Grafikagentur als auch von zwei weiteren Agenturen[91] entsprechende Angebote einzuholen. Ist ein Angebot der beiden anderen Agenturen signifikant günstiger, ist mit der ausgewählten Agentur eine preisliche Abstimmung vorzunehmen. Auf diese Art und Weise kann eine langfristige Zusammenarbeit gewährleistet werden, bei der eine faire Preisgestaltung sichergestellt werden kann.

Potential für eine zusätzliche Zusammenarbeit

Die im nächsten Abschnitt aufgeführte Weiterentwicklung von Grafikagenturen ist ebenfalls von Bedeutung, da hier ein großes Potential für eine zusätzliche Zusammenarbeit entsteht. Ist die Agentur gerade dabei ihr Angebotsportfolio in diese Richtung zu öffnen, so hat der Auftraggeber die Chance, die Summe der externen Ansprechpartner zu reduzieren.[92]

---

[90] Dies ist entscheidend dafür, ob die Agentur viel selber machen kann oder outsourcen muss.

[91] Dabei ist darauf zu achten, dass die beiden Agenturen keine Dumpingangebote unterbreiten, um die andere Agentur auszubooten.

[92] Also zum Beispiel auf die Beauftragung einer separaten Mediaagentur oder Webagentur zu verzichten.

6.6.3
Weiterentwicklung von Grafikagenturen

Auch Grafikagenturen können sich dem derzeitigen Wandel auf dem IT-Markt nicht mehr verschließen – so ist in letzter Zeit immer häufiger festzustellen, dass immer mehr Grafikagenturen nicht nur in den Bereich Mediaplanung sich fortentwickeln, sondern zusätzlich auch noch in den Bereich Internet und Messebau vorstoßen.

Grafikagenturen können sich dem Wandel in der IT nicht verschließen

Somit gehören künftig die folgenden Tätigkeitsfelder mit zum Wirkungskreis von Grafikagenturen:

- Konzeption eines Corporate Designs
- Erstellung sämtlicher Printmedien
- Entwurf und Schaltung von Anzeigen
- Konzeption eines Internetauftritts
- Entwurf von Standbaukonzepten

Künftige Tätigkeitsfelder von Grafikagenturen

Um diesen Aufgaben gerecht zu werden, muss die Grafikagentur Schnittstellen zu einer Reihe weiterer Agenturen und Lieferanten pflegen, aufzuführen wären hier:

- Druckereien
- Messebauer
- Kongressveranstalter
- Mediavertreter der einzelnen Verlage
- Presseagenturen
- usw.

Agenturen und Lieferanten

Ferner sind Grafikagenturen dazu gezwungen, neues Know-how im Unternehmen aufzubauen, vor allem bezüglich Webprogrammierung, will man hier nicht ein großes Potential outsourcen.

Know-how-Aufbau bezgl. Webprogrammierung

6.6.4
Ausblick

Grafikagenturen sind nach wie vor von elementarer Bedeutung für die Marketingabteilungen der IT-Branche. Sie übernehmen immer mehr Aufgaben. Die Auswahl einer Grafikagentur sollte anhand von Referenzen, die gegebenenfalls zu überprüfen sind, vorgenommen werden.

Beauftragung einer
Grafikagentur sollte
schrittweise
geschehen

Die Beauftragung einer Grafikagentur sollte schrittweise geschehen, dabei ist mit der Agentur abzustimmen, welche künftige Ausrichtung die Agentur haben wird und inwieweit hier eine zusätzliche Zusammenarbeit zwischen Agentur und Auftraggeber möglich ist.

6.7
Zusammenfassung

Unüberschaubare
Anzahl an Agenturen
im IT-Umfeld

Die Anzahl an Agenturen im IT-Umfeld ist fast schon unüberschaubar geworden – auch wenn sich hier im Zuge des Dotcom-Sterbens eine einhergehende Pleitenserie im Agenturumfeld ereignet hat. Trotzdem ist die Auswahl der passenden Agentur oft Glückssache.

Ferner ist in der IT-Branche festzustellen, dass sich das Angebotsportfolio der unterschiedlichen Agenturen zunehmend überlappt. Dies wird kurzfristig zur Folge haben, dass es Agenturen, die sich auf ein bestimmtes Gebiet spezialisiert haben und nicht offen für neue Themen sind, bald auf dem Markt nicht mehr geben wird. Am gefährdedsten sind derzeit reinrassige Mediaagenturen.

7 Eventmarketing

Gerhard Versteegen

7.1
Einführung in die Thematik

Jedes Unternehmen der IT-Branche unternimmt im Laufe eines Geschäftsjahres unterschiedliche Events, also Veranstaltungen. Eventmarketing wird häufig auch als Veranstaltungsmanagement bezeichnet. In diesem Kapitel wollen wir auf die folgenden Aspekte des Eventmarketings eingehen:

- Das Eventbuch als wesentliche Grundlage für das Eventmanagement

Aspekte des Eventmarketings

- Die unterschiedlichen Events in der IT-Branche

- Die Planung von Events sowie die richtige Bewerbung von Events

- Die künftige Entwicklung im Eventmanagement

Eventmanagement gehört zu den Marketinginstrumenten, die in allen bisher besprochenen Marketingstrategien ihre Daseinsberechtigung haben. Allerdings sind die Schwerpunkte jeweils auf einem anderen Level:

- Bei der Leadsgenerierung wird die Auswahl des Events sowie der entsprechende Auftritt so vorgenommen, dass so viel wie möglich Neukontakte geschlossen werden.

Unterschiedliche Schwerpunkte

- Beim Awareness Marketing wird die Auswahl des Events sowie der entsprechende Auftritt so vorgenommen, dass das Image des Unternehmens am meisten ausgebaut werden kann.

- Beim Guerilla-Marketing wird die Auswahl des Events anhand von Zielgruppen vorgenommen und der Auftritt möglichst kostengünstig gehalten.

7.2
Das Eventbuch

Die wichtigste Grundlage des Eventmanagements ist das Eventbuch. Dabei handelt es sich um eine Art Kalender, in dem die folgenden Informationen enthalten sind:

Inhalte des Event-buches

- Die Termine, an denen die jeweiligen Events stattfinden

- Das Event selber

- Die Anzahl an Leads, die bei dem Event generiert werden sollen

- Die Anzahl der Leads, die wirklich generiert wurden

- Der Zusammenhang zu anderen Events (sofern es einen Zusammenhang gibt)

- Der Zeitpunkt, ab wann ein Event beworben wird

- Die jeweiligen Bewerbungsmaßnahmen zu jedem Event

- Die jeweiligen Deadlines für ein Event

Zentrale Steuerungs-mittel der gesamten Eventplanung

Dieses Eventbuch ist gewissenhaft zu führen, es ist das zentrale Steuerungsmittel der gesamten Eventplanung. Ferner stellt es die wesentliche Schnittstelle bei der Arbeit mit einer externen Eventagentur sowie anderen Agenturen, die in irgendeiner Form an diesem Event beteiligt sind, dar. Im Idealfall wird das Eventbuch zentral geführt – das bedeutet im Intranet eines Unternehmens. Dadurch kann man zum Beispiel hinter jedes Event dann auch die betroffenen Mitarbeiter mit ihren jeweiligen Zuständigkeiten einfügen. Besonders bei einem Großauftritt wie einer CeBIT oder einer Anwenderkonferenz ist dies sinnvoll.

Monitoringhilfe

Das Eventbuch ist auch eine Art Monitoringhilfe – so werden beispielsweise durch die Angaben über tatsächlich erzielte Leads im Vergleich zu den im Vorfeld eingeplanten Leads die Erfolge der jeweiligen Events direkt sichtbar. Des Weiteren zeigt das Eventbuch auf, ob die jeweiligen Veranstaltungen gut über das Jahr verteilt sind – also ob eine regelmäßige Information der Kunden stattfindet – und ob eine geografische Abdeckung gewährleistet ist.

7.3
Die unterschiedlichen Events in der IT-Branche

7.3.1
Übersicht

In diesem Abschnitt sollen die unterschiedlichen Events betrachtet werden, die in der IT-Branche von Bedeutung sind. Am Ende wird darauf eingegangen, welche Verlagerung hierzulande in den letzten Jahren stattgefunden hat, also welche Events bevorzugt von IT-Unternehmen besucht wurden und werden. Im Einzelnen werden die folgenden Events betrachtet:

- Messen
- Kongresse
- Seminare
- Roadshows
- Webinare
- Anwenderkonferenzen
- Kleinstveranstaltungen

Typische Events in der IT-Branche

7.3.2
Messen

In der IT-Branche prägen eigentlich zwei Messen das Bild: auf der einen Seite die im Frühjahr in Hannover stattfindende CeBIT und auf der anderen Seite die im Herbst in München (noch) stattfindende Systems. Auf das im vorherigen Satz in Klammern gesetzte *noch* wird später eingegangen.

CeBIT und Systems

Die CeBIT gilt allgemein als die größte Messe der IT-Branche weltweit. Warum sie ausgerechnet in einer so strukturschwachen Region wie Hannover stattfindet, ist in der Historie begründet – sie war halt schon immer in Hannover gewesen und spätestens seit der Expo 2000, die ja bekanntlich auch in Hannover stattfand, sind zumindest die Ausstellungsflächen bestens gerüstet für ein derartiges Großevent.

Trotz Flaute gilt nach wie vor: Auf einer CeBIT muss man einfach vertreten sein, der Imageschaden für ein Unternehmen wäre zu groß, wenn man diesem Event fernbleibt. Das gilt ganz besonders für Unternehmen, die nach der Strategie des Awareness Marketings arbeiten. Geändert hat sich jedoch die Einstellung zu der

Art und Weise, wie man auf einer CeBIT auftritt. So ist festzustellen, dass immer mehr Unternehmen deutlich auf die Kosten schauen. Es muss nicht mehr unbedingt ein teurer Doppelstock sein, auch die Bewerbung der Messe wird nicht mehr in dem Umfang vorgenommen, wie das noch vor 2 Jahren der Fall war. Allgemein gilt nicht mehr die Regel, dass man von CeBIT zu CeBIT einen größeren Stand benötigt.

Systems hat gewaltig zu kämpfen

Die Systems hingegen hat derzeit gewaltig zu kämpfen – sie unterliegt ohnehin dem Ruf der regionalen Südmesse. Sowohl Aussteller- als auch Besucherzahlen sind in den letzten beiden Jahren dramatisch nach unten gegangen. Inwieweit sich die Systems noch in Zukunft halten kann, ist fraglich. Eventuell wird die Zeit wieder zurückkehren, wo eine Systems im jährlichen Wechsel zu einer Systec stattfindet, wie dies noch vor ein paar Jahren der Fall war. Nur dass es jetzt keine Systec mehr gibt – also wäre ein zweijährliches Stattfinden der Systems eine echte Alternative zur bisherigen Vorgehensweise.

Ein weiteres Problem der Systems ist, dass sie terminlich am Ende des Jahres liegt (Oktober) und somit zu den potentiellen „Streichkandidaten" bei anstehenden Budgetkürzungen gehört. Da nützt es auch wenig, wenn man sich bereits Anfang des Jahres über einen Frühbucherrabatt anmelden kann – die Erfahrung hat gezeigt, dass wenn man zur Systems als Aussteller möchte, man sich auch noch kurz vorher anmelden kann – Platz ist genug!

7.3.3
Kongresse

Themenspezifische Veranstaltung

Unter einem Kongress wird eine themenspezifische Veranstaltung innerhalb eines bestimmten Bereiches aus der Informationstechnologie verstanden, die meist von einer Ausstellung begleitet wird. Es gibt kleinere Kongresse, die nur über einen Tag gehen, aber auch Großkongresse, wie zum Beispiel die OOP, die 5 Tage dauert, über 1.000 Teilnehmer anzieht und eine Vielzahl von Sponsoren und Ausstellern hat.[93]

Die auf einem Kongress gehaltenen Vorträge durchlaufen in der Regel ein Auswahlverfahren durch ein Programmkommitee und werden in parallel zueinander angelegten Slots thematisch angeordnet. Jeder Tag beginnt mit einer Keynote eines besonders wichtigen Sprechers zu einem Hype-Thema.

---

[93] Wobei die Ausstellung selber nur 3 Tage in Anspruch nimmt.

Alle Kongresse haben ein bestimmtes Zielpublikum, sind also nicht so thematisch übergreifend, wie das bei einer Messe der Fall ist. Für die Sponsoren und Aussteller bedeutet dies, dass sie gegenüber einer Messe erheblich weniger Streuverluste haben.

Bestimmtes Zielpublikum

Auf der anderen Seite ist die Teilnehmerzahl deutlich geringer als bei einer Messe, da die zu entrichtende Teilnahmegebühr bei einem Kongress um ein Vielfaches höher ist.

Geschickte Veranstalter gehen jedoch wie folgt vor: Kostenpflichtig ist nur der Besuch der verschiedenen Vorträge, der Besuch der Ausstellung ist kostenfrei. Damit ist beiden Seiten geholfen, auf der einen Seite haben die Aussteller mehr Publikumsverkehr auf ihrem Ausstellungsstand, auf der anderen Seite kann der Veranstalter die „zusätzlichen Kongressbesucher" marketingtechnisch ausschlachten. Um den jeweiligen Keynote-Speakern mehr an Bedeutung zukommen zu lassen, ist der Besuch der Keynotes oft ebenfalls kostenfrei.

Mehr Publikumsverkehr auf dem Ausstellungsstand

Allgemein ist zu beobachten, dass immer mehr Unternehmen in der IT-Branche dazu tendieren, lieber mehrere Kongresse zu besuchen, als sich auf einen Großauftritt wie die Systems zu konzentrieren. Dies betrifft vor allem Dienstleistungsanbieter. Mehr dazu ist dem Kapitel 7.5 über Entwicklungstendenzen zu entnehmen.

7.3.4
Seminare

7.3.4.1
Einführung

Eine der ältesten Eventarten, die im Marketing eingesetzt werden, sind Seminare. Zu unterscheiden sind zwei unterschiedliche Seminartypen:

- Kostenfreie Seminare

- Kostenpflichtige Seminare

Zwei unterschiedliche Seminartypen

Im Folgenden sollen diese beiden Seminartypen (vor allem auch die Unterschiede zwischen diesen beiden) vorgestellt werden, ferner wird darauf eingegangen, was bei der Planung und Durchführung von Seminaren berücksichtigt werden muss.

7.3.4.2
Kostenfreie Seminare

Die kostenfreien Seminare sind reinrassige Werbeveranstaltungen, wo ein Unternehmen seine Dienstleistungen oder sein Produktportfolio einer Reihe von Teilnehmern präsentiert. Sie sind meist halbtägig, wobei den Teilnehmern zum Abschluss noch ein Mittagessen geboten wird.

Die Zeiten, wo man bis zu 200 Teilnehmer zu solchen Seminaren empfangen konnte, sind schon längst vorüber. Das hat folgende Gründe:

Projektdruck

- Projektdruck: Die potentiellen Interessenten haben erheblich größeren Projektdruck, als dies noch vor zwei Jahren der Fall war, die Begründung liegt hauptsächlich in den drastischen Personalstreichungen der letzten Jahre.

Mangelndes Interesse

- Mangelndes Interesse: Die meisten potentiellen Teilnehmer haben derzeit ganz andere Sorgen, als sich in ein Seminar zu setzen und von einer Vertriebstruppe berieseln zu lassen.

Genehmigungszwang

- Genehmigungszwang: Noch vor zwei Jahren war es kein Problem, sich mal für einen Tag aus der Firma zu begeben, um ein Seminar zu besuchen, heutzutage muss dafür jedoch Urlaub eingereicht werden.[94]

Weniger Neuigkeiten

- Weniger Neuigkeiten: Die Produkthäuser und Dienstleistungsunternehmen haben nicht mehr so viel Neuigkeiten wie noch vor zwei Jahren – als das Thema Internet absolut in war – zu bieten.

Abnehmende Begeisterung

Kostenfreie Seminare haben also deutlich an Beliebtheit verloren, und zwar sowohl auf Teilnehmerseite (siehe oben) als auch auf Veranstalterseite. Bei Letzteren ist festzustellen, dass die Begeisterung zur Seminardurchführung zunehmend abnimmt.

Dies ist unter anderem natürlich auch durch die rückläufigen Teilnehmerzahlen begründet. Auf der anderen Seite sind auch die noch verbleibenden Teilnehmer den Vertriebsmitarbeitern mittlerweile mehr als bekannt. Die Ursache dafür liegt in Marketingfehlern. Es macht einfach keinen Sinn, immer und immer wieder die gleiche Datenbank anzumailen und zum Seminar einzuladen. Dadurch erhält man kaum neue Teilnehmer.[95]

---

[94] Einige Unternehmen verfahren hier jedoch anders – gerade weil die bisherigen Budgets für Fort- und Weiterbildung gekürzt oder gestrichen wurden, werden die Mitarbeiter zu solchen kostenfreien Seminaren geschickt, um den Mitarbeitern zumindest das Gefühl zu geben, dass man etwas für ihre Weiterbildung tut. Ob jedoch eine als Seminar getarnte Werbeveranstaltung der Weiterbildung hilft, sei mal dahingestellt.

[95] Eine Alternative zu dieser Vorgehensweise wurde im vorherigen Kapitel vorgestellt: die Zuhilfenahme von Call-Centern unter Nutzung deren Datenbank. Allerdings entstehen dabei wieder zusätzliche Kosten.

Daher sind einige Unternehmen bereits dazu übergegangen, dass man nicht mehr das Seminar alleine durchführt, sondern zusammen mit einem Partner. Oft ergibt sich hier die Kombination Produkthaus und Dienstleistungsanbieter. Der Vorteil liegt auf der Hand – mailen jetzt beide Veranstalter ihre jeweiligen Kundendatenbanken an, so entsteht zumindest hier Potential an Neukontakten für den jeweils anderen Partner[96]. Ferner kann man sich die Kosten der Veranstaltung teilen und der Vorbereitungsaufwand auf beiden Seiten reduziert sich.

Kombination Produkthaus und Dienstleistungsanbieter

Die Alternative zu den kostenfreien Seminaren liegt in kostenpflichtigen Seminaren. Hierauf wollen wir im folgenden Abschnitt näher eingehen.

7.3.4.3
Kostenpflichtige Seminare

Bei kostenpflichtigen Seminaren können die Teilnehmer schon von einer „hochwertigeren" Veranstaltung ausgehen, das bedeutet, dass auch methodische oder fachliche Inhalte geboten werden, die halbwegs herstellerneutral sind. Die Teilnahmegebühr liegt meist bei ca. 50,00 Euro. Ferner erstrecken sich kostenpflichtige Seminare meist über einen Tag.

„Hochwertige" Veranstaltung

Oft wird bei kostenpflichtigen Seminaren auch ein unabhängiger Vortrag angeboten, hier gibt es die unterschiedlichsten Alternativen, wie zum Beispiel:

- Ein Professor, der sich auf das Thema des Seminars spezialisiert hat.

Unterschiedliche Alternativen

- Ein Analyst, der kürzlich eine Studie zu dem Thema des Seminars verfasst hat.

- Ein Kunde, der über Erfahrungen mit dem Produkt oder der Dienstleistung berichtet.

- Ein Partner, der ergänzende Dienstleistungen oder ein über eine Schnittstelle angebundenes ergänzendes Werkzeug anbietet.

Der Vorteil von kostenpflichtigen Seminaren liegt weniger darin, dass das Unternehmen hier über geringfügige Einnahmen verfügt, die zumindest die Bewirtung abdecken – vielmehr liegen die folgenden Vorteile vor:

- „Was nichts kostet, taugt auch nichts" – getreu diesem Motto vermeiden viele Kunden und auch Interessenten kostenfreie Seminare.

Vorteil von kostenpflichtigen Seminaren

---

[96] Sofern die Kundendatenbanken nicht redundant sind, wovon hier jedoch nicht ausgegangen wird.

- Wenn es auch nur 50,00 Euro sind – hat ein Teilnehmer diese erst mal bezahlt, wird er auch mit großer Wahrscheinlichkeit das Seminar besuchen. Die Anzahl an so genannten „No Shows" ist dadurch erheblich geringer als bei den zuvor beschriebenen kostenfreien Seminaren.

- Die Tatsache, dass der Teilnehmer bereit ist, für das Seminar etwas zu bezahlen, zeigt, dass er ein wirkliches Interesse hat und nicht nur kommt, weil es ein kostenloses Mittagessen gibt. Die Qualität der bei kostenpflichtigen Seminaren geschlossenen Leads ist also deutlich hochwertiger.

Bekanntheitsgrad muss vorhanden sein

Es soll an dieser Stelle jedoch erwähnt werden, dass es sich nicht jedes Unternehmen „leisten" kann, kostenpflichtige Seminare anzubieten. Sehr wichtige Voraussetzung dafür ist, dass das Unternehmen zu dem Thema, zu dem das Seminar abgehalten werden soll, auch einen gewissen Bekanntheitsgrad und Ruf hat.

Aufwendigere Bewerbung notwendig

Ferner müssen kostenpflichtige Seminare erheblich aufwendiger beworben und auch vorbereitet werden, denn einerseits benötigt man die entsprechende Anzahl Teilnehmer und andererseits erwarten die Teilnehmer vom Veranstalter wesentlich mehr Qualität, als dies bei einem kostenfreien Seminar der Fall ist.

7.3.4.4
Die Planung von Seminaren

Bei der Planung von Seminaren (unabhängig davon ob sie kostenpflichtig sind oder nicht) ist wie folgt vorzugehen:

Festlegung des Inhalts

- Festlegung des Inhalts des Seminars. Hierbei sollte möglichst ein Thema gewählt werden, das sowohl dem Angebotsportfolio des Unternehmens als auch einem derzeit aktuellen Thema auf dem Markt entspricht.

Festlegung des Termins

- Festlegung des Termins, des Ortes und des Hotels. Dabei muss auf Ferientermine genauso geachtet werden wie auf eventuell parallel stattfindende gleichartige Veranstaltungen von Wettbewerbern.

- Falls ein externer Sprecher hinzugezogen werden soll, muss hier eine Auswahl von ca. 3–5 Kandidaten getroffen werden. Sobald einer zugesagt hat, kann die Agenda mit diesem abgestimmt und fertig gestellt werden.

- Auf die Bewerbung des Seminars wird in Kapitel 7.4 näher eingegangen, da die Bewerbung von Seminaren vergleichbar ist mit der Bewerbung anderer Events. Es wurde jedoch bereits erwähnt, dass ein kostenpflichtiges Seminar aufwendiger beworben werden muss als ein kostenfreies Seminar.

Ansonsten gelten die üblichen Vorbereitungen, wie Namensschilder fertig stellen, mit dem Hotel die Bewirtung klären, Handouts vorbereiten[97], Personal einteilen und Anreise planen.

Übliche Vorbereitungen

7.3.4.5
Ausblick

Seminare sind kostengünstige Marketingevents, die für die Strategie der Leadsgenerierung besonders geeignet sind, da – je nach Thema – bis zu 50 Teilnehmer (Leads) an einem einzigen Tag mit Informationen versorgt werden können.

Kostengünstige Marketingevents

Kostenpflichtige Seminare erhöhen die Qualität der Leads sowie die Planbarkeit der Veranstaltung, sind aber nur unter gewissen Voraussetzungen durchführbar.

Der Erfolg des Seminars hängt in erster Linie von der Bewerbung ab – nur wenn ausreichend Teilnehmer das Seminar besuchen, kann das Unternehmen hieraus Umsatz generieren.

7.3.5
Roadshows

Unter einer Roadshow versteht man eine Art Seminarreihe, die innerhalb eines kurzen Zeitraums (ein oder zwei Wochen) in verschiedenen Städten mit dem gleichen Thema stattfindet. Die Organisation einer Roadshow ist etwas schwieriger, da hier die folgenden Aspekte zu beachten sind:

Art Seminarreihe

- Es müssen zwei Wochen gefunden werden, in denen in keinem Bundesland Ferien sind, was gar nicht so einfach ist. Auch auf Feiertage muss natürlich geachtet werden.

Zu beachtende Aspekte bei Roadshows

- Die Durchführung der Roadshow sollte von einem festen Team vorgenommen werden, also müssen zwei bis drei Mitarbeiter für zwei Wochen aus dem Tagesgeschäft befreit werden.

- Eine Roadshow muss umfangreicher beworben werden als ein einzelnes Seminar. Kostentechnisch gesehen ist die Bewerbung einer Roadshow jedoch günstiger, da hier zum Beispiel mit einem Mailing oder einer Anzeige gleich mehrere Veranstaltungen beworben werden.

Der Erfolg einer Roadshow hängt in erster Linie von der Bewerbung ab, allerdings spielt auch das Thema bzw. Motto, unter dem die Roadshow durchgeführt wird, eine wichtige Rolle.

Erfolg einer Roadshow hängt von der Bewerbung ab

---

[97] Bei kostenpflichtigen Seminaren sollten die Handouts etwas aufwendiger gestaltet sein als bei kostenfreien Seminaren.

Allgemein gilt, dass es möglich ist, auch eine kostenpflichtige Roadshow durchzuführen. Hierbei ist das Gleiche zu beachten wie bei kostenpflichtigen Seminaren: aufwendigere Bewerbung und qualitativ hochwertigere Inhalte.

7.3.6
Webinare

7.3.6.1
Einführung

Weiterentwicklung von Seminaren

Eine Art Weiterentwicklung der oben beschriebenen Seminare sind so genannte Webinare. Der Teilnehmer muss sich im Vorfeld zu dem Webinar übers Web registrieren. Zur Teilnahme an dem Webinar benötigt er einen Internetanschluss und eine Telefonleitung, da die Präsentation der Vortragsfolien über das Web geschieht, die Übertragung des zugehörigen Tones wird über das Telefon vorgenommen. Das hat zwei Gründe:

- Die meisten Teilnehmer an einem Webinar machen dies von ihrem Arbeitsplatz aus, dort sind jedoch in der Regel keine Soundkarten bzw. Boxen vorhanden.

- Die Netzperformance in vielen Unternehmen reicht für die beiden Übertragungen (Bild und Ton) oft nicht aus.

7.3.6.2
Durchführung

Keine bidirektionale Kommunikation möglich

Bei der Telefonleitung ist jedoch keine bidirektionale Kommunikation möglich, was auch einleuchtend ist, da sonst der Präsentator völlig aus dem Konzept kommen würde. Doch die Teilnehmer an dem Webinar haben nicht nur die Möglichkeit, während dessen Fragen zu stellen, sie können auch direkt auf das Webinar Einfluss nehmen (zum Beispiel durch Angaben wie langsamer oder schneller). Der Vortragende kann diese „Steuerungshinweise" direkt über ein Fenster beobachten.

Unter einem Webinar ist jedoch nicht das Abspielen eines Films oder ein einseitiger Vortrag gemeint, das wäre zu einfach. Vielmehr zeichnet sich ein Webinar durch die folgenden Eigenschaften aus:

Eigenschaften von Webinaren

- Ein technisch versierter Mitarbeiter hält das Seminar anhand von Folien, die der Teilnehmer zu sehen bekommt, und spricht dazu seinen Text.

- Je nachdem, wie viele Teilnehmer sich im Vorfeld registriert haben, stehen drei bis vier weitere Mitarbeiter zur Verfügung, die technische Fragen beantworten. Diese werden in einem separaten Fenster vom Teilnehmer eingegeben. Der Teilnehmer hat also die Möglichkeit, direkt während der Präsentation – ähnlich wie in einem Chatforum – seine Fragen zu stellen.

- Eine spezielle Software wie zum Beispiel die in Abbildung 33 dargestellte Kommunikationssoftware von Placeware muss vorhanden sein (nicht beim Teilnehmer, der loggt sich lediglich auf der Webseite von Placeware ein).

7.3.6.3
Vor- und Nachteile

Was sind die Vorteile solcher Webinars? Als Erstes ist sicherlich die Effizienz für die Teilnehmer aufzuführen. Es entfallen sowohl Reisekosten als auch die Reisezeit wird eingespart. Ferner kann man, sofern das Webinar nicht dem entspricht, was man eigentlich erwartet hat, sich wieder ausklinken und sich der alltäglichen Arbeit widmen. Besucht man hingegen ein herkömmliches Seminar, so geht meist ein ganzer Arbeitstag dabei drauf.

Effizienz für die Teilnehmer

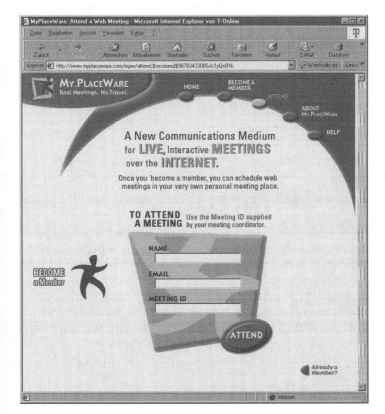

Abbildung 32:
Die Kommunikationssoftware von Placeware für das Abhalten von Webinaren

Doch auch für die IT-Unternehmen sind solche Webinars von Vorteil, so entfallen zum Beispiel die Kosten für die Anmietung eines Seminarraumes sowie die Bewirtung der Teilnehmer. Auch die Anzahl der Kontakte ist wesentlich höher, so sind 500 Registrierungen durchaus kein Problem (allenfalls ein technisches hinsichtlich der Leitungskapazität). Schließlich ist es egal, ob sich ein Teilnehmer aus München, Hamburg, Berlin oder Dresden anmeldet. Ferner kann das Webinar zum Download auf dem Web verbleiben, so dass Teilnehmer, die sich einige Teile nochmals ansehen wollen, hier die Gelegenheit erhalten, dies zu tun.

So offensichtlich die Vorteile derartiger Webinars auch sein mögen, es gibt hierzulande noch erhebliche Widerstände. Und zwar auf beiden Seiten, sowohl vom Teilnehmer als auch vom Anbieter. So sehen viele Vertriebsmitarbeiter die mehr oder weniger „unpersönliche" Abwicklung über das Web sehr kritisch, ganz abgesehen davon, dass sie auch ihren Job gefährdet sehen.

Bei den Teilnehmern herrscht ebenfalls Skepsis, ob es nicht zu „langweilig" werden könnte, da der Austausch mit den anderen Teilnehmern fehlt. Auf der anderen Seite wird jedoch die oben aufgeführte Effizienz begrüßt. Etwas anders sieht das aus, wenn man Mitarbeiter von Unternehmen betrachtet, die in kleineren Städten lokalisiert sind. Da hier nur selten herkömmliche Seminare stattfinden, überwiegt der Effizienzfaktor. Hier ist die Akzeptanz eher groß.

7.3.7
Anwenderkonferenzen

7.3.7.1
Einführung

Anwenderkonferen-
zen liegen in der
IT-Branche stark im
Trend

Anwenderkonferenzen liegen in der IT-Branche derzeit stark im Trend. Unter einer Anwenderkonferenz ist ein Event zu verstehen, das sich über einen Zeitraum von zwei bis drei Tagen hinwegstreckt und wo ausschließlich Kunden des Veranstalters eingeladen werden. Anwenderkonferenzen sind in der Regel kostenpflichtig für die Teilnehmer.

Der besondere Vorteil für das Unternehmen liegt darin, dass es hier über einen längeren Zeitraum einen exklusiven Zugriff auf seine Kunden hat. In diesem Kapitel wollen wir zunächst auf die Planung und Bewerbung einer Anwenderkonferenz eingehen, bevor wir uns den Besonderheiten einer solchen Veranstaltung widmen.

Im Anschluss soll auf die Nachbereitung einer Anwenderkonferenz eingegangen werden, die von besonderer Bedeutung ist und nicht vergleichbar mit der Nachbereitung der übrigen in diesem Kapitel beschriebenen Events.

Wir wollen hier den Begriff Anwenderkonferenz so stehen lassen, obwohl er eigentlich eher auf Produkthäuser zutrifft, deren Kunden die Produkte *anwenden*. Bei Dienstleistungsunternehmen würde sich vielleicht eher der Begriff Kundenkonferenz o.Ä. anbieten, der Einfachheit halber bleiben wir aber bei Anwenderkonferenz.

Kundenkonferenz

Unabhängig ob Produkthaus oder Dienstleistungsunternehmen – der Wert einer erfolgreich durchgeführten Anwenderkonferenz ist für beide gleich hoch.

7.3.7.2
Planung und Bewerbung

Die Planung einer Anwenderkonferenz ist extrem aufwendig – in manchen Marketingabteilungen werden dafür ganze Teams abgestellt. Häufig wird auch eine Eventagentur zur Unterstützung hinzugezogen[98]. Bei der Planung und Bewerbung einer Anwenderkonferenz sind die folgenden Schritte durchzuführen:

- Terminliche Vorarbeiten: Zunächst müssen der Zeitraum und der Zeitpunkt der Anwenderkonferenz festgelegt werden. Man sollte sich auch schon halbwegs darüber im Klaren sein, in welchem Bundesland die Anwenderkonferenz durchgeführt werden soll, um Ferientermine auszuschließen. Zeitpunkt: Ein Jahr vor der Anwenderkonferenz.[99]

Terminliche Vorarbeiten

- Budgetaspekte: Der nächste Schritt besteht in der Festlegung des Budgets. Um es vorwegzunehmen – es ist durchaus möglich, eine Anwenderkonferenz kostendeckend oder sogar gewinnbringend zu veranstalten, gestaltet sich aber zunehmend schwerer. Eine Konferenz lebt auch von ihrem Rahmenprogramm, wird hier gespart, schadet man dem Gesamterfolg der Veranstaltung. Also sollte man hier schon ein ausreichendes Budget einräumen. Das zur Verfügung stehende Budget hat Einfluss auf eine Reihe von Rahmenbedingungen:
  - Den Veranstaltungsort
  - Die Abendveranstaltung

Budgetaspekte

---

[98] Im weiteren Verlauf dieses Abschnitts werden wir aufzeigen, dass noch eine Reihe weiterer Agenturen in die Organisation involviert sein können.
[99] Damit wird schon der Zeitraum der Planung offensichtlich.

- Ob man (teure) renommierte Speaker einlädt
- Die Registrierungsgebühr der Teilnehmer
- Die Standkosten für Aussteller
- Die Sponsoringpreise
- usw.

Festlegung der Lokation ■ Festlegung der Lokation: Stehen Budget, Zeitpunkt und Zeitraum fest, kann die Lokation ausgewählt werden. Hier kann und sollte man auf eine Eventagentur zurückgreifen, da Eventagenturen hier über ein umfangreiches Erfahrungspotential verfügen und Ideen haben, die wirklich innovativ sind. Besonders wichtig bei der Auswahl der Lokation ist die Berücksichtigung der folgenden Punkte:

Bei der Lokationsauswahl berücksichtigen
- Wie viel Teilnehmer werden erwartet (realistisch)? Lieber ein zu voller Raum, als dass der Sprecher sein Echo hört.
- Wie viel Vortragstracks sollen parallel durchgeführt werden? Dies ist natürlich auch abhängig von der zu erwartenden Teilnehmerzahl.
- Wie viel Räume werden zusätzlich benötigt für Konferenzbüro, Tutorials, Workshops, CABs (siehe Abschnitt 7.3.7.5), Pressekonferenz und Sponsoren?
- Soll eine begleitende Ausstellung stattfinden und wenn ja, wie viel Aussteller werden erwartet?

Thematische Inhalte ■ Thematische Inhalte: Abgesehen davon, dass jede Anwenderkonferenz unter einem bestimmten Motto stehen sollte, müssen auch die groben Richtlinien festgehalten werden, welche Arten von Vorträgen für die Anwenderkonferenz geplant sind. Generell sind folgende Vorträge möglich:

Projektberichte
- Projektberichte: Kunden des Veranstalters referieren darüber, wie sie erfolgreich mit Unterstützung der Dienstleistung oder der Produkte des Veranstalters ein Projekt in Time und Budget abgewickelt haben. Hierbei handelt es sich sicherlich um die hochwertigste Art von Vorträgen, von denen sowohl Teilnehmer als auch Veranstalter am meisten profitieren.

Produktberichte
- Produktberichte: Der Veranstalter referiert über den Einsatzbereich seiner Produkte. Dies sind eher langweilige Vorträge, da sie meist in Werbe- bzw. Marketingvorträge ausarten. Für einen Kunden, der das Produkt ohnehin schon einsetzt, sind solche Vorträge unwichtig.

Methodische Vorträge
- Methodische Vorträge: Hierbei handelt es sich um Vorträge, in denen konkretes Wissen vermittelt wird. Sie sind für die Teilnehmer sehr interessant und lehrreich, bringen dem Veranstalter aber nur einen Mehrwert, wenn die Dienstleistung oder das Produkt des Veranstalters innerhalb dieses Vortrages integriert wird.

– Branchenorientierte Vorträge: Für Unternehmen, die branchenorientiert ausgerichtet sind, ist dies eine sinnvolle Einteilung in die einzelnen Vortragsreihen der Konferenz. Diese Art von Vorträgen erzielt beim Teilnehmer einen hohen Wiedererkennungseffekt.

Branchenorientierte Vorträge

Bevor der unten ´aufgeführte Call for Papers ausgesendet wird, muss festgelegt werden, bei welcher Vortragsart der Schwerpunkt liegen soll, da dies die thematische Gliederung der Vortragsslots bestimmt.

■ Partner als Aussteller und Sponsoren: Eine Anwenderkonferenz eines Unternehmens, das über eine Vielzahl von Partnern verfügt, kann sowohl inhaltlich als auch budgetmäßig aufgewertet werden, wenn man parallel zu der Veranstaltung eine Ausstellung anbietet. Dabei ist darauf zu achten, dass die Aussteller und Sponsoren ebenfalls in die Pflicht genommen werden, die Veranstaltung entsprechend zu bewerben. Auf der anderen Seite bedeutet dies, dass bei der Planung der Agenda den Teilnehmern genügend Zeit gelassen werden muss, um die Ausstellung besuchen zu können. Pausengetränke müssen in diesem Fall im Ausstellungsbereich serviert werden.

Partner als Aussteller und Sponsoren

■ Nutzung des Internets: Das Internet stellt ein wichtiges Instrument sowohl zur Bewerbung als auch zur Organisation einer Anwenderkonferenz dar. Näheres dazu ist dem Abschnitt 7.3.7.6 über professionelle Nutzung des Internets zu entnehmen.

Nutzung des Internets

■ Integration der Presse: Die effektive Nutzung der Presse ist ein wichtiges Hilfsmittel, das erheblich zu dem Erfolg der Konferenz beitragen kann. Hier sollte, sofern existent, mit der hauseigenen Presseagentur ein separates Projekt aufgesetzt werden, das unabhängig von der restlichen Pressearbeit gesehen werden muss und in dem es um die Beantwortung folgender Fragen geht:

Integration der Presse

– Soll eine Pressekonferenz während der Anwenderkonferenz durchgeführt werden? Wenn ja – welches Thema soll diese haben, welche Journalisten und Redakteure sind einzuladen, wer aus dem Unternehmen soll an der Pressekonferenz teilnehmen usw.?

– Welche Journalisten und Redakteure sollen zu der Anwenderkonferenz eingeladen werden[100]? Aus welchen Vorträgen könnte eventuell ein Anwenderbericht, aus welchen ein Fach- oder Methodenartikel entstehen?

---

[100] Journalisten und Redakteuren ist nicht nur freier Eintritt zu gewähren, es macht durchaus Sinn, auch die anfallenden Reisekosten zu übernehmen.

- Mit welchen Journalisten und Redakteuren sollen Interviews vereinbart werden?
- Welche Pressemitteilungen sollen genau am ersten Tag der Anwenderkonferenz veröffentlicht werden?
- Welchen IT-Magazinen ist eine redaktionelle Nachberichterstattung anzubieten? Wer wird diese schreiben? Kann eventuell schon im Vorfeld ein Kunde davon überzeugt werden?
- Was soll Inhalt der entsprechenden Presseinformationsmappen sein? Sollen die Aussteller berücksichtigt werden? (Die Sponsoren auf alle Fälle!)

Alle Ergebnisse sind in dem schon erwähnten Publikationskalender einzutragen, je nach Größe der Anwenderkonferenz ist für diese ein separater Publikationskalender zu führen, da hier mehrere Instrumente der Pressearbeit zugleich greifen.

- Printmaterialien: Für eine erfolgreiche Bewerbung einer Anwenderkonferenz sind drei unterschiedliche Printmaterialien zu erzeugen, die im Folgenden besprochen werden sollen:

Call for Papers
- Call for Papers: Hierbei handelt es sich um den ersten Bewerbungsschritt, bei dem gleichzeitig Redner für die Konferenz gesucht werden. Ein Call for Papers muss die folgenden Inhalte haben: Das Datum der Anwenderkonferenz, der Veranstaltungsort sowie das Motto, unter dem die Konferenz stattfinden soll. Auch die ersten Aussteller und Sponsoren sollten bereits feststehen, da dieser Call for Papers ja auch für diese eine Bewerbung ist. Es sollte ebenfalls schon eine Registrierungsmöglichkeit für potentielle Teilnehmer enthalten sein[101]. Im Idealfall ist der Call for Paper bereits sechs bis neun Monate vor der Veranstaltung fertig gestellt.

Konferenzbewerbung
- Konferenzbewerbung: Die Konferenzbewerbung ist das eindeutig wichtigste Printmaterial. Um diese zu erstellen, muss nahezu das gesamte Rahmenprogramm fertig organisiert sein. Angefangen von allen Elementen des Call for Papers bis hin zur komplett fertigen Agenda, im Idealfall mit den jeweiligen Kurzbeschreibungen der Vorträge. Die Bewerbungsbroschüre muss mindestens drei Monate vor der Veranstaltung fertig gestellt sein.

Veranstaltungs-broschüre
Veranstaltungsbroschüre: Die Veranstaltungsbroschüre wird jedem Teilnehmer auf der Konferenz ausgehändigt. Sie enthält nochmals die Agenda sowie alle wichtigen Informationen rund um die Veranstaltung. Beschreibung der Örtlichkeiten,

---

[101] Die Erfahrung hat gezeigt, dass die ersten Anmeldungen für eine Anwenderkonferenz zum Teil schon elf Monate vor dem Event eintreffen!

der Abendveranstaltung, wo man sich informieren kann, welche Aussteller was präsentieren usw. Im Idealfall ist ein CD beigelegt, auf der alle Vorträge enthalten sind.[102] Besonders wichtig ist ein Bewertungsbogen für die Veranstaltung (siehe auch Nachbereitung). Abbildung 34 fasst den zeitlichen Verlauf der Erstellung der unterschiedlichen Printmaterialien zusammen.

Abbildung 33:
Der zeitliche Verlauf der Erstellung der unterschiedlichen Printmaterialien

---

[102] Dies ist jedoch ein sehr kritischer Punkt, der von der Disziplin der Vortragenden abhängt, ob sie rechtzeitig ihre Vorträge einreichen, was durchaus nicht immer der Fall ist. Die Erfahrung hat gezeigt, dass manche Vortragende erst die Präsentation am Vorabend ihres Vortrags fertig gestellt haben.

7.3.7.3
Tutorials und Workshops

Begleitend zu der Anwenderkonferenz können Tutorials und Workshops durchgeführt werden. Besonders für Dienstleistungsunternehmen ist dies eine interessante Möglichkeit der inhaltlichen Aufwertung der Anwenderkonferenz.

Des Weiteren können Tutorials und Workshops zusätzlich das Budget aufbessern. Will man diese Zusatzveranstaltungen innerhalb einer Anwenderkonferenz integrieren, so sind die folgenden Dinge zu berücksichtigen:

Bei der Integration von Zusatzveranstaltungen zu berücksichtigen

- Die Entscheidung ob und wenn ja, wie viele Tutorials und Workshops stattfinden sollen, muss noch vor der Auswahl der Lokation fallen, da die dafür benötigten Räumlichkeiten mit eingeplant werden müssen. Dabei ist ebenfalls zu berücksichtigen, wie viele Teilnehmer man erwartet, um die notwendige Raumgröße festzulegen.

- Wenn der Call for Papers veröffentlicht wird, sollten die Tutorials und Workshops bereits darin beworben werden. Bis zu diesem Zeitpunkt muss also das Thema feststehen und innerhalb eines Abstracts beschrieben werden.

- Das Thema muss langfristig von Interesse sein. Es sollte also kein derzeitiger Hype sein, der, wenn die Anwenderkonferenz letztendlich stattfindet, schon wieder out ist.

- Es muss eine Mindest- und Höchstteilnehmerzahl festgelegt werden. Letztere hängt davon ab, wie groß der Raum ist und ob die Teilnehmer in einem Workshop mit Rechnern arbeiten oder nicht.

Separate Bewerbung sinnvoll

Die Bewerbung der Tutorials und Workshops wird natürlich im Zuge der Bewerbung der Anwenderkonferenz vorgenommen, es ist aber sinnvoll, diese auch noch separat zu bewerben. Generell gilt, dass in einem Tutorial oder Workshop nicht unbedingt nur Kunden sitzen müssen, es macht durchaus auch Sinn, hier „externe" Teilnehmer zuzulassen. Damit kann dann zum Beispiel das Instrument der Seminaranzeigen in den einschlägigen IT-Magazinen genutzt werden. Diese haben zugleich den Vorteil, dass sie im Vergleich zu anderen Anzeigen relativ kostengünstig sind.

Kostenpflichtige Teilnahme

Die Teilnahme an den Tutorials und Workshops ist kostenpflichtig und sollte an die Registrierungsgebühr der Anwenderkonferenz angelehnt werden, also nicht deutlich teurer oder billger sein. Es ist darauf zu achten, dass Teilnehmer die Möglichkeit haben, unter den folgenden Kombinationen zu wählen:

- Alleiniges Buchen der Anwenderkonferenz

- Alleiniges Buchen eines Tutorials oder Workshops
- Buchen einer kombinierten Teilnahme an der Anwenderkonferenz und Tutorial

Diese Flexibilität verkompliziert zwar die Rechnungsstellung sowie den Registrierungsprozess, hat aber positive Auswirkungen auf das Budget.

Rechnungsstellung verkompliziert

7.3.7.4
Offener Tag

Generell kann auch die Überlegung angestellt werden, ob man einen Tag der Anwenderkonferenz „für die Allgemeinheit" öffnet. Hierbei ist jedoch zu beachten, dass dabei die folgenden Bedingungen erfüllt werden:

- Es sollte zumindest ein Minimalbetrag angesetzt werden, um „No Shows" zu vermeiden.

Bedingungen für einen offenen Tag

- Es sollten nur bestimmte Vorträge („Marketingvorträge" des Veranstalters sowie der Aussteller und Sponsoren) besuchbar sein, nicht die hochwertigen Vorträge, da sonst die regulär zahlenden Teilnehmer sich übervorteilt fühlen könnten.

- Es muss klar herausgestellt werden, dass es sich nur um einen eingeschränkten Besuch der Anwenderkonferenz handelt.

- Es müssen Ordner vor den jeweiligen Vortragsräumen stehen, um zu überwachen, dass jeweils die richtigen Teilnehmer zu dem richtigen Vortrag gehen.

Offene Tage sind besonders für solche Unternehmen interessant, deren Marketingstrategie auf der Leadsgenerierung beruht, da sie so zusätzliche Kontakte generieren können.

Für Unternehmen interessant, deren Marketingstrategie auf der Leadsgenerierung beruht

7.3.7.5
Besonderheit: CABs

Unter einem CAB ist ein so genanntes Customer Advisory Board zu verstehen. Dabei handelt es sich um spezielle Veranstaltungen, die auf einen bestimmten Kunden ausgerichtet sind. Folgenden Regeln sollte ein Kunde erfüllen, um an einem CAB teilzunehmen[103]:

Customer Advisory Board

- Es sollte sich um einen Kunden handeln, der jährlich für einen signifikanten Umsatz sorgt und wo ein kontinuierliches Folgegeschäft zu erwarten ist.

---

[103] Diese Regeln orientieren sich vorerst an Produkthäusern, auf Dienstleistungsunternehmen kommen wir später zu sprechen.

- Es muss nicht unbedingt ein Kunde sein – es kann sich auch um einen Interessenten handeln, der über die Investition in eine Unternehmenslizenz nachdenkt und nun vom Entwicklungsleiter informiert wird, wie die Roadmap der nächsten zwei oder drei Jahre aussieht.

- Es kann sich auch um einen „Problemfall" handeln – also einen unzufriedenen Kunden, der über eine flächendeckende Ablösung des Produktes durch ein Wettbewerbsprodukt nachdenkt, weil ihm grundlegende Funktionalitäten fehlen. Je nach Größe dieses Kunden kann es durchaus Sinn machen, dem Kunden bei dem CAB schriftlich zuzusichern, dass diese fehlenden Funktionalitäten in dem nächsten Release enthalten sein werden. Dies ist natürlich abhängig vom Aufwand.

- Plant das Unternehmen ein neues Produkt, sollte mit einem oder zwei potentiellen Großkunden, die prädestiniert für den Einsatz dieses Produktes sind, ein CAB durchgeführt werden.

Wie aus der Auflistung hervorgeht, sind CABs besonders für Produkthäuser geeignet, deren Produktentwicklung im Ausland stattfindet, denn hier ist der Kontakt zwischen Entwicklungsabteilung und Kunden meist nur sehr spärlich.

Aber auch für Dienstleistungsunternehmen kann ein CAB durchaus interessant sein. Das ist insbesondere dann der Fall, wenn ein Unternehmen überlegt, sein Dienstleistungsportfolio zu erweitern und dazu gerne schon einige Stammkunden im Vorfeld informieren möchte. (Natürlich sind besonders solche Kunden interessant, die die erweiterten Dienstleistungen auch in Anspruch nehmen könnten.)

Generell gilt die folgende Regel für die Planung und Durchführung eines CAB:

`CABs müssen im Vorfeld akribisch vorbereitet werden. Das bedeutet, dass der Inhalt des Gespräches feststeht, um nicht unangenehme Überraschungen zu erleben. Der zuständige Vertriebsmitarbeiter ist dafür verantwortlich und sollte bei dem CAB dabei sein.`

Die Teilnehmer an einem CAB müssen eine Verschwiegenheitserklärung unterzeichnen, da sie geheime Informationen über künftige Pläne des Unternehmens erfahren, die nicht an die Öffentlichkeit dringen dürfen. Das ist besonders bei börsenorientierten Unternehmen von Bedeutung. Generell sitzt immer nur ein Kunde in einem CAB, da die Interessensgebiete der einzelnen Kunden zu sehr auseinander weichen. Hat man sich dafür entschlossen, dass CABs durchgeführt werden, so sind es gleich mehrere.

Das CAB sollte ungefähr zwei bis drei Stunden in Anspruch nehmen, den Teilnehmern sollte – je nach Bedeutung für das Unternehmen – der weitere Besuch der Anwenderkonferenz kostenlos ermöglicht werden. *Dauer eines CABs*

7.3.7.6
Professionelle Nutzung des Internets

Das Internet stellt ein zentrales Hilfsmittel für eine Anwenderkonferenz dar. Im Einzelnen kann hierbei wie folgt von einem professionellen Einsatz profitiert werden:

- Bewerbung: Das Internet stellt ein gutes Instrument zur Bewerbung der Anwenderkonferenz dar, da aktuelle Neuerungen jederzeit life geschaltet werden können. Somit ist das Internet eine optimale Ergänzung zu den Bewerbungsbroschüren. *Bewerbung*

- Administration extern: Das Internet kann genutzt werden, um den Registrierungsprozess zu vereinfachen. Ferner besteht die Möglichkeit, dass sich die Teilnehmer direkt für die jeweiligen Vorträge registrieren können, wenn es parallel laufende Slots gibt. Der Teilnehmer erhält dann automatisch seine Registrierungsbestätigung per E-Mail. *Administration extern*

- Administration intern: Hier liegt der wesentliche Vorteil der Nutzung des Internets zur Organisation einer Anwenderkonferenz. Es bestehen die folgenden Möglichkeiten: *Administration intern*
  - Nachdem sich die Teilnehmer zur Konferenz registriert haben, werden ihre Daten in einer Datenbank gespeichert. Nun existiert eine Schnittstelle zwischen Internet und Intranet. Über das Intranet kann das Marketing dann jederzeit alle relevanten Daten abrufen. Angefangen vom automatischen Ausdruck der Namensschilder bis hin zum Monitoring des Budgets sind alle erdenklichen Erleichterungen für das Marketing möglich.
  - Die Buchhaltung kann über eine implementierte Routine automatisch die Rechnungen generieren und ausdrucken lassen (basierend auf den Daten, die der Teilnehmer eingegeben hat, also zum Beispiel ob er sich auch noch für ein Tutorial angemeldet hat, ob er sich zu einem Zeitpunkt angemeldet hat, als noch der Frühbucherrabatt gültig war, usw.). Wenn man von einigen hundert Anmeldungen ausgeht, stellt dies eine erhebliche Arbeitserleichterung dar.

- Über einen bestimmten Filter kann sich jeder Vertriebs- und Consultingmitarbeiter anzeigen lassen, welcher seiner Kunden sich bereits angemeldet hat.

Dabei ist zu beachten, dass Anmeldungen, die schriftlich oder per Fax eintreffen, dann vom Marketing über das Internet eingetragen werden müssen.

Generierung einer Anmeldungshistorie

Ferner hat das Marketing die Möglichkeit, das Internet zu nutzen, um eine Anmeldungshistorie zu generieren. Dies ist besonders wichtig für die Planung künftiger Anwenderkonferenzen, weil die Anmeldungshistorie darüber Auskunft gibt, zu welchem Zeitpunkt sich wie viel Teilnehmer angemeldet haben.

Die Erfahrung hat gezeigt, dass immer wieder die in Abbildung 34 dargestellte Kurve zu beobachten ist.

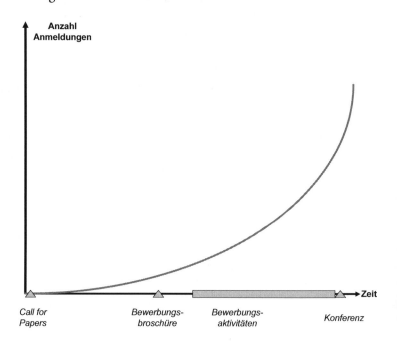

Abbildung 34: Der übliche Verlauf des Eintreffens von Anmeldungen für eine Anwenderkonferenz

7.3.7.7
Bedeutung der Abendveranstaltung

Die Abendveranstaltung einer Anwenderkonferenz hat ebenfalls eine besondere Bedeutung. Hier hat man die Möglichkeit, in einer gelockerten Atmosphäre mit seinen Kunden zu kommunizieren und auch mal über andere Themen zu sprechen. Es kommt also ein etwas näherer und persönlicher Kontakt zustande.

Bereits in Kapitel 2 wurde auf die Strategie des Guerilla-Marketings eingegangen. Einer der wesentlichen Kernaussagen dieses Kapitels war gewesen, dass sich Guerilla-Profis darauf konzentrieren, private Informationen über ihre Kunden zu erfahren. Einerseits, um eine „engere" Beziehung zum Kunden aufzubauen, und andererseits auch, um zum Beispiel für Weihnachten das optimale individuelle Geschenk zu finden. *Private Informationen über Kunden erfahren*

Die Abendveranstaltung einer Anwenderkonferenz ist somit eine der besten Gelegenheiten für einen Guerilla-Profi (und nicht nur für ihn), hier die wichtigsten Informationen zu erhalten, die ihm den Umsatz für die nächsten Monate sichern.

Häufig ist auch zu beobachten, dass viele Teilnehmer einige Monate nach der Anwenderkonferenz zwar nicht mehr über die Vorträge reden, aber immer noch darüber, welch ein gelungenes Fest die Abendveranstaltung war. Schon alleine aus diesem Grund sollte das Budget für die Abendveranstaltung nicht zu knapp bemessen sein. Bei der Organisation der Abendveranstaltung sollten die folgenden Regeln beachtet werden:

- Im Idealfall wird die Veranstaltung so organisiert, dass ab und zu ein Platzwechsel möglich ist, die Vertriebsmitarbeiter also mit unterschiedlichen Kunden sprechen können. Buffet und Stehtische sind hier eine Möglichkeit. *Regeln für die Organisation der Abendveranstaltung*

- Eine Ansammlung von eigenen Mitarbeitern ist genauso zu vermeiden wie eine Ansammlung von Kunden, ohne dass ein Mitarbeiter des Unternehmens dabei ist.

- Bei einer musikalischen Untermalung der Abendveranstaltung ist darauf zu achten, dass es wirklich nur eine Untermalung ist, nicht dass die Musik dominiert und so laut ist, dass eine vernünftige Unterhaltung unmöglich wird.

- Die Abendveranstaltung sollte ein bestimmtes Event als Höhepunkt haben, das nachhaltig in Erinnerung bleibt.

- Die Abendveranstaltung sollte nicht zu weit entfernt sein vom Hotel, wo die meisten Teilnehmer übernachten.

7.3.7.8
Verantwortlichkeiten

Das bisherige Kapitel hat aufgezeigt, dass die Durchführung einer Anwenderkonferenz ein Großprojekt ist, bei dem unterschiedliche Verantwortlichkeiten herrschen. Diese sollen im Folgenden näher dargestellt werden:

- Marketing: Das Marketing hat die Gesamtverantwortung für die Anwenderkonferenz. Somit ist das Marketing auch verantwort- *Marketing* lich für die Koordinierung der übrigen Verantwortlichkeiten, was nicht immer einfach ist, da oft keine disziplinarische Weisungsbefugnis existiert. Die übrigen Verantwortlichkeiten des Marketings wurden im bisherigen Verlauf dieses Kapitels bereits aufgezeigt.

Vertrieb
- Vertrieb: Der Vertrieb ist verantwortlich dafür, dass genügend Teilnehmer die Konferenz besuchen. Hier existiert oft das Missverständnis, dass das Marketing dafür verantwortlich sei, doch der Vertrieb hat den direkten Kontakt zum Kunden, nicht das Marketing. Marketing stellt die Voraussetzungen, für den Rest ist der Vertrieb verantwortlich. Als gutes Motivationsmittel hat sich der Ansatz erwiesen, auch hier ein Provisionsmodell aufzustellen. Dieses sieht wie folgt aus: Eine gewisse Teilnehmerzahl ist Pflicht – wird diese überschritten, wird für jeden zusätzlichen Teilnehmer eine Provision bezahlt. Eine Verschärfung dieses Modells läge darin, dass für jeden Teilnehmer, der zu wenig gebracht wird, ein Abzug von der Vertriebskommission vorgenommen wird.

Consulting
- Consulting: Da auch das Consulting direkten Kontakt zum Kunden hat, liegt auch hier die Verantwortung zur Befüllung der Konferenz. Dies gilt besonders für Dienstleistungsunternehmen, die über keinen dedizierten Vertrieb verfügen. Ferner sind die Consultingmitarbeiter für die Durchführung der Tutorials und Workshops verantwortlich, eventuell auch für die Auswahl der Sprecher.

Buchhaltung
- Buchhaltung: Die Buchhaltung ist für das finanzielle Monitoring verantwortlich, insbesondere das Monitoring der Zahlungseingänge von Teilnehmern, Ausstellern und Sponsoren. Hier muss ein ständiger Informationsfluss zum Marketing hergestellt werden.

Geschäftsleitung
- Geschäftsleitung: Die Geschäftsleitung ist dafür verantwortlich, dass der Stellenwert der Anwenderkonferenz im gesamten Unternehmen entsprechend kommuniziert wird. Je nachdem, wie eng der Kontakt der Geschäftsleitung zu den Kunden ist, kann auch die Auswahl der CABs im Verantwortungsbereich der Geschäftsleitung liegen.

7.3.7.9
Nachbearbeitung

Bereits eingangs wurde erwähnt, dass die Nachbearbeitung einer Anwenderkonferenz besonders wichtig ist. Das hat mehrere Gründe, die wir im Einzelnen untersuchen wollen:

- Der wichtigste Grund: Hier hatte man die ganze Zeit über mit Kunden zu tun, alle offenen Punkte und Fragen, die während der Veranstaltung von Kundenseite kamen, sollten also umgehend bearbeitet werden.

- Der Salescycle bei einem Bestandskunden ist deutlich geringer, als dies bei einem Neukontakt der Fall ist. Das heißt, es kann relativ schnell Umsatz generiert werden, falls bei einem Kunden der entsprechende Bedarf identifiziert wurde.

- Eine Anwenderkonferenz ist ein Event, das – sobald einmal durchgeführt – jährlich wiederholt werden sollte, will man keinen größeren Imageschaden in Kauf nehmen. Daher ist die Auswertung der ausgefüllten Beurteilungsbögen von großer Bedeutung, um das Verbesserungspotential zu identifizieren.

Gründe für die Nachbearbeitung einer Anwenderkonferenz

7.3.7.10
Fazit

Anwenderkonferenzen sind vor allem für Produkthäuser, die über eine größere Produktpalette verfügen, von unschätzbarem Wert, da sie besonders das Cross Selling fördern. Aber auch für Dienstleistungsunternehmen stellen sie ein extrem wichtiges Marketinginstrument dar – schließlich können sich hier die Kunden untereinander über die positiven Erfahrungen austauschen, die sie mit den Consultants gewonnen haben.

Förderung des Cross Sellings

Es muss jedoch berücksichtigt werden, dass die Organisation einer Anwenderkonferenz ein erheblicher Aufwand ist, der einige Mitarbeiter einer Marketingabteilung über ein gesamtes Jahr hinweg binden kann. Zusätzlich sind eine Reihe von externen Agenturen in die Organisation mit einzubeziehen. Aufzuzählen wären hier:

- Eine Eventagentur zur Auswahl der Lokation und eventuell von externen renommierten Sprechern

Externe Agenturen

- Eine Presseagentur zur Organisation einer Pressekonferenz sowie zur Bewerbung der Anwenderkonferenz innerhalb der einschlägigen Magazine

- Eine Mediaagentur zur eventuellen Schaltung von Anzeigen, sofern man nicht nur Kunden, sondern auch Interessenten zur Anwenderkonferenz zulässt

- Eine Webagentur, zur Gestaltung des Portals für die Anwenderkonferenz

- Eine Grafikagentur zur Erstellung der 3-stufigen Printmaterialien zur Bewerbung der Konferenz

Unter Umständen kann es sogar sinnvoll sein, ein Call-Center einzusetzen, um bei einer eventuellen Anmeldungsflaute telefonisch die Veranstaltung zu bewerben. Damit wäre dann das gesamte Portfolio an zur Verfügung stehenden Agenturen quasi abgedeckt bzw. zum Einsatz gebracht.

Sehr wichtig ist auch die Nachbereitung der Anwenderkonferenz, die sofort im Anschluss stattfinden sollte, da hier direkt Umsatz zu erzielen ist.

7.3.8
Sonstige Events

Neben den zuvor aufgeführten Events existieren noch eine Reihe weiterer kleinerer Events, wie zum Beispiel:

- Informationsveranstaltungen
- Ankündigungen neuer Produkte[104]
- Eröffnungsfeiern von neuen Niederlassungen
- usw.

Diese Art von Events sollen hier jedoch nicht weiter betrachtet werden, da sie zu unbedeutend sind, um als echte Marketinginstrumente des Eventmanagements bezeichnet zu werden. Sie haben zwar einen gewissen Stellenwert innerhalb eines umfassenden Marketingplans, sind aber insbesondere hinsichtlich der Leadsgenerierung nicht so elementar.

7.4
Eventplanung und Eventbewerbung allgemein

7.4.1
Vorbemerkung

Das Wichtigste innerhalb des Eventmanagements ist die Vorbereitung des Events im Vorfeld der Veranstaltung. Das eigentliche Event ist (rein arbeitstechnisch gesehen) für das Marketing nahezu unwichtig, denn mit dem Moment, wo zum Beispiel eine Messe oder ein Kongress offiziell beginnt, ist die Arbeit des Marketings abgeschlossen.[105]

---

[104] So genannte Product Launches

[105] Abgesehen von einigen eventbegleitenden Tätigkeiten, die weiter unten besprochen werden.

In diesem Buch soll nicht erläutert werden, wie und auf welche Art und Weise die organisatorischen Maßnahmen (Planung mit Messebauer oder Ähnliches) vorgenommen werden müssen. Solche Tätigkeiten sind mehr oder weniger Basisarbeiten im Marketing, die zum täglichen Brot gehören und daher an dieser Stelle nicht näher betrachtet werden sollen. Schwerpunkt hier soll eher die marketingtechnische Planung und Durchführung von Events sein.

7.4.2
Planung eines Events

In Abschnitt 7.3.7 zum Thema Anwenderkonferenzen wurde aufgezeigt, dass der Planungszeitraum für ein Event bis zu einem Jahr betragen kann. Auch bei einer CeBIT unterscheidet sich der Zeitraum nicht wesentlich.

Zum Teil sehr lange Planungszeiträume

Aber es gibt auch Events, die einen erheblich kürzen Planungszeitraum haben – so genannte *Ad-hoc-Events*. Darunter fallen zum Beispiel kurzfristige Teilnahmen an Kongressen[106], aufgrund einer gewissen Marktentwicklung notwendige Seminarreihen oder auch Pressekonferenzen, die wegen eines aktuellen Ereignisses einberufen werden.

Zu Beginn des Kapitels wurde ja bereits das Eventbuch aufgeführt, das als zentrales Planungsinstrument für das Eventmanagement zu sehen ist. Dem bisherigen Verlauf des Kapitels ist zu entnehmen, dass dieses Eventbuch den folgenden Einflüssen unterliegt:

- Events können vom Veranstalter abgesagt werden. Dies ist besonders bei Kongressen, für die der Veranstalter nicht genügend Teilnehmer mobilisieren konnte, häufig der Fall.[107]

Einflüsse auf das Eventbuch

- Events können vom Unternehmen selber abgesagt werden, dies ist bei Budgetkürzungen (siehe auch Kapitel 9), aber auch bei einer neuen Ausrichtung des Unternehmens möglich.

- Es kann die Notwendigkeit bestehen, dass ein Unternehmen ein Event kurzfristig erneut durchführen muss. Beispiel: Für ein Seminar melden sich mehr Teilnehmer an als geplant, so dass

---

[106] Heutzutage ist keine Marketingabteilung mehr in der Lage, einen vollständigen Überblick über alle Kongresse, die innerhalb eines Jahres stattfinden, zu haben. Auf manche Kongresse wird das Marketing nur per Zufall und kurz vor „Toreschluss" aufmerksam.

[107] Eine Alternative zur Stornierung des Events besteht in der Verschiebung auf einen späteren Zeitpunkt, was jedoch selten anzutreffen ist.

die zur Verfügung stehende Raumkapazität nicht ausreicht. In diesem Fall sollte das Event kurzfristig wiederholt werden. Dieser Umstand fällt jedoch heutzutage unter die Kategorie Luxusproblem.

- Events können für das Unternehmen im Laufe der Zeit so an Bedeutung gewinnen, dass ein größerer Auftritt geplant wird, zum Beispiel eine größere Standfläche bei einer Messe oder der Wechsel des Status bei einem Kongress von Aussteller zu Sponsor.

- Ebenso können Events an Bedeutung verlieren, das heißt also kleinere Ausstellungsfläche und Reduzierung des Status[108].

Eventbuch unterliegt einem ständigen Wandel Somit unterliegt das Eventbuch einem ständigen Wandel. Dies hat natürlich auch einen Einfluss auf die im nächsten Abschnitt aufgeführte Bewerbung des Events.

Das soll natürlich nicht heißen, dass nichts mehr planbar ist, vielmehr soll hier darauf hingewiesen werden, dass ein Höchstmaß an Flexibilität bei der Eventplanung notwendig ist. Hierbei sind auch einige Vorsichtsmaßnahmen zu treffen, so ist es zum Beispiel sinnvoll, mit Teilnahmeoptionen zu arbeiten, wenn man sich noch nicht 100%ig sicher ist, ob man an einem Event teilnehmen möchte oder nicht.

7.4.3
Bewerbung des Events

Ein Event kann nur dann erfolgreich sein, wenn es auch im Vorfeld entsprechend beworben wurde. Zur Eventbewerbung stehen die folgenden Möglichkeiten zur Verfügung:

Web - Web: Das wichtigste Instrument zur Eventbewerbung stellt das Internet dar. Hier kann eine ausführliche Beschreibung des Events einschließlich Registrierungsmöglichkeiten implementiert werden. Außerdem kann die Eventbeschreibung ständig aktualisiert werden, was zum Beispiel bei einer Anwenderkonferenz sehr wichtig ist und einen entscheidenden Vorteil gegenüber Printmaterialien darstellt.

Anzeigen - Anzeigen: Die Anzeigenschaltung wurde bereits im vorherigen Kapitel kurz angesprochen. Generell hängt es natürlich vom Marketingbudget ab, ob man es sich leisten kann, Events über

---

[108] Letzteres ist jedoch selten möglich, je nachdem, wie weit die Bewerbungsphase des Veranstalters schon fortgeschritten ist.

Anzeigen zu bewerben. Als gute Bewerbungsmaßnahme haben sich Anzeigen im Seminarteil eines IT-Magazins etabliert.

- Printmaterialien: Die Nutzung von Printmaterialien zur Eventbewerbung ist sehr kostenintensiv und ist daher nicht für jedes Event empfehlenswert. Gerade für Unternehmen mit nicht allzu großzügig bemessenem Marketingbudget ist es eine gute Alternative, wenn man zu Beginn eines Geschäftsjahres eine Art Eventbuch herausbringt, in dem die wesentlichen Events, bei denen man im laufenden Jahr vertreten ist, aufgeführt sind[109]. Dies bedarf jedoch einer sehr gewissenhaften und vorausschauenden Planung.

  Printmaterialien

- Mailings: Auch Mailings sind relativ teuer, sie lohnen sich aber zum Beispiel für eine Roadshow, da hier mehrere Events auf einmal beworben werden. Es ist dabei zu beachten, wer das Mailing erhalten soll. Empfehlenswert sind hier die in Kapitel 2 beschriebenen Guerilla-Mailings, da diese sehr zielgruppenorientiert sind.

  Mailings

- E-Mail-Shots: Bei E-Mail-Shots stehen die Kosten im Hintergrund. Kritisch ist hier eher die Anzahl an E-Mail-Shots, die innerhalb eines bestimmten Zeitraums an ein und dieselbe Person versendet werden.

  E-Mail-Shots

- Newsletter: Die Integration von Events in die entsprechenden Newsletter wurde bereits im Kapitel 5 für die Pressearbeit besprochen. Hier muss eine feste Rubrik für anstehende Events existieren.

  Newsletter

- Call-Center: Je nach Budget kann es sinnvoll sein, ein Call-Center zu beauftragen, ein Event zu bewerben. Dabei sollten dem Call-Center jedoch keine eigenen Adressen zur Verfügung gestellt werden, hier muss das Call-Center aus den eigenen Reserven schöpfen.

  Call-Center

7.4.4
Eventbegleitende Tätigkeiten

Die Verantwortung des Marketings während des Events liegt im Wesentlichen beim reibungslosen Ablauf sowie bei eventbegleitenden Tätigkeiten. Hierunter sind im Einzelnen zu verstehen:

---

[109] Im Idealfall sind bei anmeldepflichtigen Events wie Seminaren, Roadshows oder Anwenderkonferenzen gleich die entsprechenden Faxanmeldungen enthalten.

- Pressekonferenzen sowie Interviewtermine mit Journalisten: Auf größeren Events, wie zum Beispiel einer Messe oder einem Kongress, ist es möglich, Pressekonferenzen zu veranstalten bzw. Journalisten zu Einzelgesprächen zu gewinnen. Sowohl die Vereinbarung als auch die Durchführung der Gespräche ist Aufgabe des Marketings (meist unter in Anspruchnahme einer Presseagentur).

Pressekonferenzen und Interviewtermine

- Wettbewerbsbeobachtungen auf Messen: Diese gehören ebenfalls zu den Pflichtaufgaben des Marketings. Das fängt an bei der Sammlung aller Broschüren, Datenblätter usw. bis hin zur Produktanalyse durch das technische Marketing. Auch der Besuch von Wettbewerbsvorträgen auf Kongressen ist für das Marketing eine Pflichtveranstaltung.

Wettbewerbsbeobachtungen

- Vorausschauende Eventplanung mit dem Veranstalter: Bei vielen Events wird die Planung des Folgeevents bereits während des laufenden Events begonnen. Hier hat das Marketing die Möglichkeit, nicht nur mit der frühzeitigen Planung anfangen zu können, sondern sich auch noch sehr günstige Konditionen zusichern zu lassen.

Vorausschauende Eventplanung

- Mediaplanung: Es gibt wohl kaum eine Messe oder Kongress, wo nicht der ein oder andere Mediavertreter (Anzeigenverkäufer) ebenfalls anwesend ist. Hier hat man die Möglichkeit von Messerabatten zu profitieren. Mit etwas Geschick erhält man auch noch eine Erwähnung in der redaktionellen Nachberichterstattung des Events (je nach Auftritt).

Mediaplanung

7.4.5
Zusammenfassung

Erfolg eines Events steht und fällt mit der professionellen Planung und Bewerbung

Der Erfolg eines Events steht und fällt mit der professionellen Planung und Bewerbung des Events. Beides hat eins gemeinsam – es kostet Geld, daher ist bei der Budgetplanung hier eine entsprechende Kostenstelle vorzusehen.

Es stehen eine Reihe unterschiedlicher Bewerbungsmaßnahmen zur Verfügung, die je nach Eventtyp und bereitstehendem Budget zum Einsatz kommen können.

Die wesentlichen Aufgaben des Marketings liegen in der Vorbereitung und Bewerbung des Events, es fallen jedoch auch einige eventbegleitende Tätigkeiten an.

7.5
Entwicklungstendenzen

7.5.1
Vorbemerkung

Die im Vorfeld beschriebenen Events haben allesamt eins gemein- *Unterschiedliche*
sam. Je nach wirtschaftlicher Situation werden die Events mit un- *Einflussfaktoren*
terschiedlichen Schwerpunkten seitens der Produkthersteller und
Dienstleistungsunternehmen innerhalb der IT-Branche gesehen.
Im Folgenden soll auf die unterschiedlichen Einflussfaktoren sowie
auf die derzeit erkennbaren Trends eingegangen werden.

Im Einzelnen werden die folgenden Aspekte behandelt:

- Einflussnahme des Marketingbudgets

- Neuausrichtung von Messen, zum Beispiel hinsichtlich der Set-
  zung eines Branchenschwerpunktes

- Wandel in Seminarveranstaltungen

Es sei schon jetzt darauf hingewiesen, dass es kaum einen anderen *Snapshots*
Bereich gibt, wo der Begriff des „Snapshots" besser angebracht ist,
als dieser: Nichts ist beständig – nur der Wandel. Dieser Slogan hat
besonders im Bereich des Eventmanagements seine Richtigkeit.

7.5.2
Budget

In Kapitel 9 wird nochmals explizit auf das Thema Marketingbudget eingegangen; es liegt auf der Hand, dass die Höhe des für das
laufende Geschäftsjahr vorgesehenen Marketingbudgets einen
erheblichen Einfluss auf die Anzahl und Art der Events hat, an
denen ein IT-Unternehmen teilnimmt.

Besonders hart betroffen sind hier IT-Unternehmen, die nur *Quartalsmäßige*
quartalsmäßig eine Budgetplanung vornehmen können. So ist *Budgetplanung*
beispielsweise der Planungszeitraum einer CeBIT ca. 8 Monate, die
Kosten sind derart signifikant, dass sie nicht innerhalb eines Quar-
tals kompensiert werden können, wenn im ersten Quartal des Ka-
lenderjahres[110] eine Budgetkürzung ansteht.

Des Weiteren entscheidet das Budget natürlich auch über die
Art und Weise, wie ein Unternehmen bei einem Event auftritt.

---

[110] Wir schreiben hier bewusst Kalenderjahr, da bei einigen Firmen das
Geschäftsjahr nicht gleichzusetzen ist mit dem Kalenderjahr.

Letztes Jahr noch als Goldsponsor vertreten – dieses Jahr nur noch als Aussteller, solche Kürzungen bewirken besonders bei Unternehmen, die nach der Strategie des Awareness Marketings vorgehen, einen erheblichen Imageverlust.

Daher ist bei der Eventplanung immer zu berücksichtigen, dass die Festlegung eines Events langfristig gesehen werden muss, also hinsichtlich der Auswirkungen auf die jeweiligen Budgets der Folgejahre.

7.5.3
Segmentorientierung von Messen

Die Zeiten der allgemein gültigen Messen – also branchenübergreifenden Veranstaltungen – neigen sich mehr oder weniger dem Ende zu. Einzig und alleine eine CeBIT kann sich hier noch mit halbwegs guten Aussteller- und Besucherzahlen sehen lassen. Hingegen musste die Systems in den letzten beiden Jahren gewaltig Federn lassen und verliert zunehmend an Bedeutung.

Umso wichtiger werden Messen, die sich einen bestimmten fachlichen Schwerpunkt oder eine bestimmte Branche als Zielgruppe suchen. Ein Beispiel ist die Embedded World in Nürnberg, die sowohl über gute Ausstellerzahlen als auch gute Besucherzahlen verfügt.

Der Hintergrund für diesen Erfolg wurde bereits in diesem Kapitel angesprochen: Die Streuverluste für die Aussteller werden deutlich geringer und damit natürlich auch der Aufwand für die Nachbereitung.

Aber auch der Besucher von branchenorientierten Messen profitiert wie folgt von der Fokussierung:

- Er verliert nicht die Orientierung wie zum Beispiel auf einer CeBIT, wo die Hersteller über mehrere Hallen verteilt sind.

- Er trifft die wesentlichen Keyplayer, bei Großmessen ist das meist nicht der Fall.

- Er trifft hauptsächlich Fachbesucher, die Messe ist nicht so überlaufen und die Aussteller haben mehr Zeit.

- Während bei Großmessen meist nur vertriebsorientiertes Personal auf dem Stand anzutreffen ist, sind bei branchenorientierten Messen eher technisch versierte Ansprechpartner auf dem Stand des Ausstellers.

Somit ist abzusehen, dass sich branchenorientierte Messen (und natürlich auch Kongresse) immer mehr etablieren können, ob damit langfristig auch eine CeBIT in Gefahr gerät, sei an dieser Stelle noch offen gelassen.

7.5.4
Wandel in Seminarveranstaltungen

Im Laufe dieses Kapitels wurde bereits darauf eingegangen, dass die herkömmlichen kostenfreien Seminare sich nicht mehr der Beliebtheit erfreuen, wie das noch im Jahr 2000 der Fall war – und zwar sowohl auf Anbieterseite wie auch auf Teilnehmerseite.

Der Trend geht hier – neben den bereits aufgeführten kostenpflichtigen Seminaren und den Webinaren – noch in zwei andere Richtungen:

- Mehrere Kurzveranstaltungen (ca. 2 Stunden) an einem Tag im selben Hotel mit unterschiedlichen Schwerpunkten. Die Teilnehmer können sich separat für jede einzelne Veranstaltung registrieren.

    Mehrere Kurzveranstaltungen

- Inhouseveranstaltungen bei Großkunden sind ebenfalls sehr beliebt, da sie die folgenden Vorteile haben:

    Inhouseveranstaltungen

- Man hat eine klar definierte Zielgruppe und kann sehr konkret auf die Problemstellung des Kunden eingehen.

- Die Streuverluste sind nahezu null.

- Sie sind sehr kostengünstig, da die Bewirtung vom Kunden übernommen wird und keine Raummiete oder Ähnliches anfällt.

7.5.5
Ausblick

Sicherlich ist nichts beliebter, als die berühmt-berüchtigte Glaskugel zu nutzen, um die Zukunft vorauszusagen – aber man sollte sich darüber bewusst sein, dass jeder Markt – besonders der IT-Markt – einem ständigen Wandel unterliegt. Von diesem Wandel ist natürlich auch das Eventmanagement betroffen.

Veranstaltungen, die heute noch ein „Muss" für jedes Produkthaus und Dienstleistungsunternehmen sind, können morgen schon zu einem „Nice to Have"-Event werden. Sicher ist nur der momentan festzustellende Trend: Kundenorientierung – mehr und mehr steht der Kunde im Mittelpunkt[111] des Eventmanagements.

Kunde im Mittelpunkt des Eventmanagements

---

[111] Und damit im Weg???

7.6
Fazit

Hoher Stellenwert von
Eventmanagement
Eventmanagement ist derzeit vom Stellenwert in der IT-Branche extrem hoch anzusiedeln. Das liegt unter anderem auch daran, dass Eventmanagement bei jeder eingeschlagenen Marketingstrategie enthalten ist – also sowohl bei der Leadsgenerierung (dann wird das Eventmanagement so ausgerichtet, dass es möglichst viele Neukontakte generiert) als auch beim Awareness Marketing (dann wird das Event so ausgerichtet, dass es ein möglichst große Imagesteigerung bewirkt).

Anwenderkonferenz
ist das wichtigste
Event
In diesem Kapitel wurden eine Vielzahl von Eventarten besprochen; das sicherlich wichtigste Event ist sowohl für Produkthäuser als auch für Dienstleistungsunternehmen eine Anwenderkonferenz, da hier über einen längeren Zeitraum ein Erfahrungsaustausch stattfinden kann.

Aber auch Messen – allen voran die CeBIT – und fachspezifische Kongresse sind wichtige Bestandteile des Eventmanagements. Seminare hingegen verlieren etwas an Bedeutung, gesteigertes Interesse besteht allenfalls noch in einer Bündelung in Form einer Roadshow.

8 Partnermanagement

Gerhard Versteegen

8.1
Einführung

In den heutigen Krisenzeiten der IT-Branche gilt zunehmend die Weisheit: „Ein Unternehmen ist so stark, wie es wertsteigernde Partner an sich binden kann." Das gemeinsame Nutzen von Synergien ist ein wesentlicher Bestandteil im Partnermanagement.

Nutzen von Synergien

Es gibt unterschiedliche Formen der Partnerschaften – meist abhängig davon, ob es sich um ein Produkthaus oder ein Consultingunternehmen handelt. In den folgenden Abschnitten wird darauf eingegangen, wie ein Partnerschaftskonzept aufgebaut werden kann und welche Formen der Partnerschaften besonders in der IT-Branche zu unterscheiden sind:

- Strategische Partnerschaften
- Produktpartnerschaften
- Consultingpartnerschaften
- Vertriebs- und Marketingpartnerschaften

Unterschiedliche Partnerschaftsformen

Im Anschluss wird auf die wesentlichen Inhalte – also das Leben der Partnerschaften – eingegangen. Hier sind von beiden Seiten Aktivitäten erforderlich, will man nicht die Partnerschaft ad absurdum führen. Ferner wird in diesem Kapitel dargelegt, welche Gefahren innerhalb des Partnerschaftsmanagements bestehen und wie den meisten Risiken vorgebeugt werden kann.

Natürlich können in einem gewissen Maße auch Distributoren als Partner gewertet werden. Daher wird am Ende dieses Kapitels auch auf das Thema Distributoren kurz eingegangen. Zu unterscheiden sind dabei die reinen Distributoren (also Wiederverkäufer) oder die so genannten Value Aided Reseller (VAR), die also das Produkt in einer gewissen Form „veredeln", bevor sie es weiterverkaufen.

Distributoren

8.2
Aufbau eines Partnerkonzeptes

8.2.1
Einführung

Partnerschafts-konzepte entstehen nicht von heute auf morgen

Partnerschaftskonzepte entstehen niemals von heute auf morgen. Sie entwickeln sich über die Zeit, werden durch die erlebten Erfahrungen optimiert und ständig den aktuellen Gegebenheiten angepasst. Nicht alle hier angesprochenen Partnerschaften kommen für jedes Unternehmen in Frage. Daher ist im Vorfeld genau zu überlegen, ob man einen bestimmten Partnerschaftstyp überhaupt etablieren möchte, oder ob die Risiken, die dadurch entstehen vielleicht größer sind als der zu erwartende Nutzen.

8.2.2
Strategische Partnerschaften

Ziel: Markt international erschließen

Gerade bei international operierenden Unternehmen der IT-Branche erhalten strategische Partnerschaften eine immer größere Bedeutung. Unter strategischen Partnerschaften werden Partnerschaften zu Unternehmen verstanden, die ebenfalls international tätig sind und mit denen man sich auf eine gemeinsame Vorgehensweise einigt, wie man den Markt international erschließen will.

Hierzu wird ein Konzept aufgesetzt, das weltweite Gültigkeit hat. Ein klassisches Beispiel sind Bundlings, wie sie zum Beispiel Microsoft mit nahezu jedem Hardwarehersteller hat. Oder haben Sie schon mal einen PC gekauft, auf dem nicht zumindest ein Microsoft-Betriebssystem vorinstalliert war. Häufig gibt es auch noch das Kinderoffice (Works) kostenlos dazu.

Vorteile für beide Seiten

Diese Vorgehensweise bringt beiden Seiten Vorteile – der Hardwarehersteller liefert seine Hardware mit einem Standard aus und Microsoft kann seine Monopolstellung weiter und kontinuierlich ausbauen.

Doch Microsoft hat nicht nur mit Hardwareherstellern strategische Partnerschaften, sondern auch mit einer Reihe von Softwareanbietern. Je mehr andere Hersteller ihre Software in die Microsoft-Produktpalette integrierten, umso größer wurde die Macht von Microsoft. Nicht umsonst nennt man in Kennerkreisen Microsoft auch die professionellste Marketingorganisation der Welt, die nebenbei noch ein bisschen Software bastelt, damit sie auch ständig was zum Vermarkten hat.

8.2.3
Produktpartnerschaften

Produktpartnerschaften sind natürlich in erster Linie für Hersteller von Software von Interesse. Hierbei handelt es sich oft um Produkte, die sich gegenseitig ergänzen. Ein Beispiel wäre die Anbindung von einem Anforderungsmanagementwerkzeug wie Telelogic DOORS zu einem CASE-Tool (Computer Aided Software Engineering).

Produkte, die sich gegenseitig ergänzen

Derartige Produktpartnerschaften haben für beide Seiten den Vorteil, dass hier eine Art Cross Selling möglich ist, dies soll heißen, dass dort, wo der eine Hersteller sein Produkt platzieren konnte, nun der Partner aufgrund der guten Integration auch sein Produkt verkaufen kann. Es bestehen aber auch gewisse Aufwendungen hinter einer solchen Produktintegration. So muss bei einem Releasewechsel ständig die Schnittstelle überarbeitet werden. Dies kann bis zu vier Mal im Jahr der Fall sein.

Je mehr Partnerschaften ein Hersteller nun pflegt, umso höher sind zwar die Aufwendungen, die er in die Pflege der Schnittstellen investieren muss, aber umso höher wird die allgemeine Akzeptanz seines Produktes auf dem Markt.

Hohe Aufwendungen für Pflege der Schnittstellen

8.2.4
Consultingpartnerschaften

Consultingpartnerschaften sind sowohl für Produkthersteller als auch für Dienstleistungsunternehmen von Bedeutung (und zwar jeweils untereinander). Eine derartige Partnerschaft gestaltet sich wie folgt:

Das Consultingunternehmen wird vom Produkthersteller zertifiziert und ist daraufhin berechtigt, offizielle Produktschulungen, Produkteinführungen etc. vorzunehmen. In Kapitel 8.3.5 werden wir nochmals auf das Thema Zertifizierungen detailliert zu sprechen kommen.

Zertifizierung notwendig

Eine optimale Consultingpartnerschaft beinhaltet die folgende „Win-Win"-Situation:

- Ein Kunde entscheidet sich für den Einsatz eines Produktes. Der Produkthersteller übernimmt die Einführung des Produktes beim Kunden und empfiehlt für die weitere Projektbetreuung den Partner aus dem Consultingbereich.

- Während des Consultings bemerkt das Dienstleistungsunternehmen, dass in einem weiteren Projekt das Produkt zum Einsatz kommen könnte und empfiehlt den Produkthersteller.

Auf diese Weise profitieren beide Partner von der Consultingpartnerschaft und letztendlich auch der Kunde, weil er mit einem eingespielten Team zusammenarbeitet.

Leider sind jedoch derzeit auf dem Markt Tendenzen festzustellen, dass immer mehr Dienstleistungsunternehmen Partnerschaften mit konkurrierenden Produktherstellern eingehen, die Motivation dafür liegt wie folgt:

- Das Dienstleistungsunternehmen schafft sich damit ein erheblich größeres Potential an Neukunden, als wenn es sich auf einen bestimmten Produktanbieter festlegt.

- Das Dienstleistungsunternehmen bewahrt sich den Ruf der Unabhängigkeit, dies ist besonders dann wichtig, wenn es zum Geschäftsfeld des Unternehmens gehört, Produktevaluierungen durchzuführen.

- Nicht jedes Produkt ist für jeden Kunden geeignet, das Dienstleistungsunternehmen schafft sich hier mehr Flexibilität.

- Häufig trifft ein Dienstleistungsunternehmen bei einem Kunden auf ein bereits eingeführtes Produkt, daher ist es fast gezwungen, sich hier mit dem Produkthersteller zu arrangieren.

Auf der anderen Seite ist auch festzustellen, dass Produkthäuser mit mehreren Dienstleistungsanbietern zusammenarbeiten. Die Motivation ist ähnlich – man will zu große Abhängigkeiten vermeiden. Trotzdem haben oft sowohl Dienstleistungsunternehmen als auch Produkthäuser bevorzugte Consultingpartnerschaften.

8.2.5
Vertriebs- und Marketingpartnerschaften

Bei Vertriebs- und Marketingpartnerschaften handelt es sich um eine Art erste Stufe der Vereinbarung einer Zusammenarbeit. Hier findet weder eine Zertifizierung, wie bei Consultingpartnerschaften statt, noch sind (sofern es sich um zwei Produkthersteller handelt) die Produkte mit einer Schnittstelle versehen.

Solche Partnerschaften haben meist den folgenden Hintergrund: Beide Unternehmen kennen sich noch nicht gut genug, um eine konkrete Produkt- oder Consultingpartnerschaft zu gründen. Man hat jedoch festgestellt, dass zumindest das Kundenumfeld vergleichbar ist und das jeweilige Angebotsportfolio miteinander harmonisieren könnte.[112]

Somit wird zunächst eine lose Zusammenarbeit vereinbart, die die folgenden Inhalte hat:

- Man verständigt sich auf einen Informationsaustausch hinsichtlich gemeinsamer Kundenprojekte.

- Man vereinbart eine gemeinsame Pressemeldung, wo der Abschluss der Partnerschaft bekannt gegeben wird.

- Man vereinbart gemeinsame Marketingaktivitäten (zum Beispiel gemeinsamer Ausstellungsstand bei einem Event), um Marketingkosten zu reduzieren.

- Man vereinbart – sofern ein gemeinsamer Kunde existiert – eine entsprechende Case Study oder auch Success Story.

- usw.

Inhalte von Vertriebs- und Marketingpartnerschaften

Je nachdem, wie diese Partnerschaft dann gelebt wird (siehe auch nächstes Kapitel), kann aus einer solchen Marketing- und Vertriebspartnerschaft eine engere Zusammenarbeit wachsen.

Vertriebs- und Marketingpartnerschaften können wachsen

8.3
Das Leben der Partnerschaften

8.3.1
Einführung

Partnerschaften sind nicht dafür da, dass man sie abschließt und anschließend liegen lässt. Sie müssen gelebt werden, sonst sind sie das Papier nicht wert, auf denen sie besiegelt wurden. In Abschnitt 8.2.3, in dem die Produktpartnerschaften besprochen wurden, ist ja bereits erwähnt worden, dass zum Teil große Aufwendungen hinter einer Partnerschaft stecken können (kontinuierliche Pflege der jeweiligen Schnittstellen).

Partnerschaften müssen gelebt werden

Dies gilt genauso für Consultingpartnerschaften, da die Berater des Partners kontinuierlich auf dem Laufenden gehalten werden müssen, welche Neuerungen in dem neuen und auch dem zukünftigen Release integriert bzw. geplant sind.

In den nächsten Abschnitten sollen die folgenden Punkte näher betrachtet werden:

- Erste Schritte einer Partnerschaft

- Die Wahrnehmung gemeinsamer Kundentermine

Aspekte des Partnermanagements

---

[112] Es liegt zumindest keine offene Wettbewerbssituation vor.

- Die Durchführung einer gemeinsamen Eventplanung sowie gemeinsamer Marktauftritte

- Zertifizierungsaspekte (hier existieren unterschiedliche Modelle)

8.3.2
Erste Schritte einer Partnerschaft

Eine Partnerschaft beginnt in der Regel mit dem Abschluss eines Partnerschaftsvertrages. Doch bereits im Vorfeld haben einige Schritte beider Unternehmen stattgefunden, sonst wäre der Vertrag erst gar nicht zustande gekommen.

Partnerschaften wachsen

Häufig sind Partnerschaften auch gewachsen, zum Beispiel durch die oben aufgeführten vorgeschalteten Marketing- und Vertriebspartnerschaften. Der wichtigste Schritt betrifft zunächst die interne Kommunikation einer Partnerschaft. Partnerschaften werden meist zwischen den beiden Marketingabteilungen der Unternehmen geschlossen. Damit sind sie dann zwar offiziell, aber das heißt noch lange nicht, dass auch jeder Mitarbeiter, der von dieser Partnerschaft profitieren könnte, davon weiß. Daher sind die folgenden Schritte ratsam:

Gegenseitige Vorstellung

- Gegenseitige Vorstellung: Als besonders effektiv hat sich erwiesen, wenn es eine offizielle Vorstellung des Partners sowie seines Angebotsportfolios zum Beispiel bei einer Abteilungsbesprechung oder einem Vertriebsmeeting gibt.[113]

Gemeinsame Events

- Gemeinsame Events: Im weiteren Verlauf dieses Kapitels wird näher auf gemeinsame Eventplanung und -durchführung eingegangen, an dieser Stelle soll einer der wichtigsten Vorteile eines gemeinsamen Events dargestellt werden: das gegenseitige Kennenlernen. Besonders Kongresse sind dafür geeignet, da hier über längere Zeiten (den Vortragszeiten) der Ausstellungsstand nahezu unbesucht ist und somit ein günstiger Zeitpunkt besteht, das Portfolio des Partners sowie die derzeitigen Kundensituationen zu besprechen.

Gemeinsame Angebotserstellung

- Gemeinsame Angebotserstellung: Eine Intensivierung der Kennenlernphase ist in der gemeinsamen Angebotserstellung zu sehen, sobald sich ein gemeinsamer Interessent findet. Hier wird besonders das technische Verständnis untereinander verstärkt.

---

[113] Wichtig hierbei ist, dass vom jeweiligen Partner so viel wie möglich Mitarbeiter anwesend sind.

Sobald zwei Partner dieses Stadium erreicht haben, kann man von einer echten Partnerschaft sprechen. Die anschließend aufgeführten Aktivitäten intensivieren dann diese Partnerschaft zusätzlich.

8.3.3
Wahrnehmung gemeinsamer Kundentermine

Nichts kann einen Kunden mehr von einer erfolgreichen Partnerschaft überzeugen, als wenn beide Unternehmen gemeinsam eine für den Kunden optimierte Lösung in Form eines Angebots vorstellen. Hier untermauern die beiden Partner das Bestreben, gemeinsam aufzutreten. Selbst wenn die beiden Partner kein direktes Angebot abgeben, sondern nur einen gemeinsamen Besuchstermin wahrnehmen, der positive Eindruck auf Kunden ist vorhanden – eine wichtige Grundvoraussetzung für weitere erfolgreiche gemeinsame Auftritte.

Bei diesen gemeinsamen Auftritten sollten die folgenden Punkte beachtet werden:

- Zu Anfang sollte neben der jeweiligen Unternehmensvorstellung direkt eine Vorstellung der Partnerschaft und der Motivation für die Partnerschaft vorgenommen werden, dabei sollte der Schwerpunkt bei dem Nutzen für den Kunden liegen! *Bei gemeinsamen Auftritten beachten*

- Wenn es sich um eine Präsentation (Powerpoint) handelt, sollte zwischen den unterschiedlichen Präsentatoren kein Medienbruch hinsichtlich des Folienlayouts bestehen.

- Es sollten möglichst viele „Bälle zugespielt" werden, das bedeutet, so oft wie möglich das Zusammenwirken der beiden Partner darstellen.

- Es muss darauf geachtet werden, dass die gesamte Präsentation eine runde in sich schlüssige Story ist und nicht zu einer „Ach ja, unser Partner bietet da auch noch an"-Show wird!

- Gleiches gilt auch für die zu erstellenden Handouts.

Je nach Bedeutung des Kundentermins kann es sinnvoll sein, hier den Termin in einem Rollenspiel zu trainieren, da Produkthäuser und Dienstleistungsunternehmen zum Teil doch eine sehr unterschiedliche Art haben, auf dem Markt zu agieren! *Kundentermin in einem Rollenspiel trainieren*

8.3.4
Gemeinsame Eventplanung bzw. Marktauftritte

Intensivste Form der Partnerschaft

Das gemeinsame Vornehmen einer Eventplanung gehört zu den intensivsten Formen der Partnerschaft (sofern sie langfristig und nicht ad hoc vorgenommen wird). Oberstes Ziel der gemeinsamen Eventplanung ist, gemeinsame Projekte zu gewinnen.

Bei der Eventplanung kommen die folgenden, in Kapitel 7 bereits beschriebenen Events in Frage:

- Messen

- Kongresse

- Seminare (sowohl kostenfreie als auch kostenpflichtige)

- Roadshows

- Anwenderkonferenzen

Zwei unterschiedliche Formen des Auftretens

Dabei sind zwei unterschiedliche Formen des Auftretens möglich. Diese hängen zumeist von der Größe der jeweiligen Partner[114] ab. Am häufigsten ist zu beobachten, dass ein Partner als Unteraussteller bei dem anderen Partner auf dem Ausstellungsstand vertreten ist. Aber auch ein gegenseitiger Austausch als Unteraussteller ist eine denkbare Variante.

8.3.5
Zertifizierungen

Unterschiedliche Zertifizierungsprogramme

Besonders im Produktgeschäft ist es notwendig, falls ein Consultingpartner für einen Produkthersteller Schulungen oder Trainings durchführen möchte, dass er sich erst dafür zertifizieren lassen muss. Derartige Zertifizierungsprogramme sehen in der Regel so aus, dass der Consultingpartner einige Mitarbeiter in eine Schulung des Produktherstellers setzt, damit diese die Grundlagen der Toolhandhabung kennen lernen.

Im Anschluss werden dann diese Mitarbeiter einer speziellen Prüfung durch den Hersteller unterzogen, wo sie unter Beweis stellen müssen, dass sie auch in der Lage sind, als Trainer des Produktes offiziell auf dem Markt aktiv zu werden. Das Ergebnis der bestandenen Prüfung ist dann das Zertifikat. Hier agieren die Toolhersteller oft unterschiedlich, manche zertifizieren nur die

---

[114] Und natürlich von der Größe des Marketingbudgets, was nicht immer mit der Größe des Unternehmens gleichzusetzen ist.

Teilnehmer, die dieser Prüfung unterzogen wurden, manche zertifizieren oft den Partner als solchen.

Für ein Dienstleistungsunternehmen ist es natürlich von Vorteil, wenn das Unternehmen und nicht die Mitarbeiter zertifiziert werden, da bei einem Mitarbeiterwechsel auch die Zertifizierung weg ist. Daher gibt es auch das folgende Modell: Sobald ein Unternehmen mehr als drei Mitarbeiter zertifizieren lässt, gilt das gesamte Unternehmen als zertifiziert, sind es weniger, betrifft die Zertifizierung nur die jeweiligen Mitarbeiter.

Zertifizierung nur für die jeweiligen Mitarbeiter

8.4
Distributoren und VARs

8.4.1
Einleitung

Zu Beginn dieses Kapitels wurde bereits darauf eingegangen, dass Distributoren und VARs ebenfalls zu den Partnern zuzurechnen sind. Sie werden in diesem Buch jedoch bewusst erst an dieser Stelle erwähnt, da dieses Buch sich hauptsächlich an deutsche Marketingmitarbeiter richtet. Das Geschäft mit Distributoren und VARs wird jedoch vom Mutterland her (und das ist bei den meisten Fällen die USA) gesteuert.

Vom Mutterland gesteuert

8.4.2
Distributoren

Für Produkthersteller ist es nicht immer lohnenswert, in einem bestimmten Land eine Niederlassung zu eröffnen, selbst wenn ein grundlegender Bedarf auf dem dortigen Markt erkennbar ist. Der zu erwartende Umsatz würde die Kosten einer Niederlassung nicht rechtfertigen. In einem derartigen Fall sucht man sich in dem dortigen Land einen etablierten Distributor.

Beim Umgang (und Auswahl) eines Distributors sind eine Reihe von Punkten zu berücksichtigen:

Beim Umgang und Auswahl eines Distributors zu berücksichtigende Punkte

- Falls es sich um ein erklärungsbedürftiges Produkt handelt, muss geklärt werden, ob der Distributor über entsprechend technisches Personal verfügt.

- Falls das Produkt branchenorientiert ausgerichtet ist, muss darauf geachtet werden, dass der Distributor in dieser Branche über ausreichend Kunden und Kontakte verfügt.

- Hat der Distributor Wettbewerbsprodukte im Angebotsportfolio? Dann ist genau zu prüfen, ob es Sinn macht, das eigene Produkt in dem Portfolio zu platzieren.

- Hat der Distributor eventuell Produkte von Partnern im Angebotsportfolio? Dann könnten hier wertvolle Synergien entstehen.

- Wie hoch ist die Provision, die der Distributor erhalten soll?[115]

- Soll der Distributor das Land exklusiv bearbeiten dürfen oder sollen gleich mehrere Distributoren beauftragt werden.

- usw.

Übernahme des Distributors erwägen

Weiterhin ausschlaggebend ist der Ansatz, den der Produkthersteller mit der Beauftragung eines Distributors verfolgt. Im Prinizp übernimmt der Distributor auf eigene Kosten eine Art Marktentwicklung in diesem Land. Als Produkthersteller macht es Sinn, nun zu überlegen, ab welcher Umsatzgröße es vorteilhafter ist, das Land selbstständig zu bearbeiten. Und was liegt da näher, als den Distributor gleich zu übernehmen?

8.4.3
VARs

Value Added Reseller

Bei VARs handelt es sich um so genannte Value Added Reseller – also Wiederverkäufer, die, bevor sie das Produkt weiterverkaufen, es in eine eigene Anwendung integrieren. Typisches Beispiel sind die VARs von Datenbankherstellern.

Für den Hersteller der Software ist dies eine ideale Form der Partnerschaft, da hier der Partner den Vertrieb nahezu alleine übernimmt. Der VAR muss nicht nur die eigene Software, sondern auch noch die Lizenzen des Partners verkaufen. Je mehr VARs für einen Softwarehersteller Anwendungen entwickeln, umso mehr Lizenzen werden verkauft.

Der große Nachteil ist dabei, dass es für den Vertrieb sehr schwierig wird, einen korrekten Forecast abzugeben, da nicht alle Projekte dem Hersteller bekannt sind.

---

[115] Üblich sind 50%.

8.5
Verantwortlichkeiten im Partnermanagement

In Kapitel 4 dieses Buches wurde bereits die Rolle des Partnermanagers erläutert. Dabei wurde ebenfalls darauf hingewiesen, dass dieser unterschiedlich innerhalb der Organisationseinheit eingebunden sein kann. Zu unterscheiden sind die folgenden Alternativen:

- Der Partnermanager wird im Marketing angesiedelt, dies macht besonders dann Sinn, wenn das Unternehmen über viele Produktpartnerschaften verfügt und im Marketing auch ein Produktmarketing existiert. Ebenfalls empfehlenswert ist diese Alternative, wenn viele Marketing- und Vertriebspartnerschaften geschlossen werden.

Zwei Alternativen im Partnermanagement

- Der Partnermanager wird im Consultingbereich angesiedelt, die Lösung ist dann sinnvoll, wenn das Unternehmen über eine Vielzahl von Consultingpartnerschaften verfügt.

Je nach Anzahl von Partnerschaften handelt es sich nicht mehr um einen einzelnen Partnermanager, sondern um eine ganze Abteilung. Denkbar sind auch zwei Abteilungen, die wie oben aufgeführt anhand der beiden Alternativen angesiedelt werden.

8.6
Gefahren von Partnerschaften

8.6.1
Einführung

Partnerschaften bergen generell nicht nur Vorteile, sondern auch Gefahren in sich. Es sei jedoch bereits hier darauf hingewiesen, dass einerseits die Vorteile einer Partnerschaft diese Gefahren deutlich übersteigen und andererseits durch geeignete Vorbeugemaßnahmen das Risiko dieser Gefahren erheblich reduziert werden kann.

Im Einzelnen wollen wir in diesem Abschnitt die folgenden Gefahren ansprechen:

- Die Gefahr des Abwerbens von Personalressourcen
- Die Gefahr der Übernahme von Projekten
- Die Gefahr des Know-how-Verlustes

Typische Gefahren von Partnerschaften

Im Anschluss gehen wir dann kurz auf die verschiedenen Möglichkeiten der Risikoreduzierung ein.

8.6.2
Abwerben von Personalressourcen

Latentes Risiko Die größte Gefahr bei Partnerschaften ist sicherlich das latente Risiko, dass fähige Mitarbeiter untereinander abgeworben werden könnten. Besonders ärgerlich ist das, wenn erst ein Unternehmen einen Mitarbeiter ausgebildet hat und dieser dann vom Partner abgeworben wird.

In den letzten zwei Jahren ist jedoch – bedingt durch die IT-Krise – diese Gefahr deutlich geringer geworden, da der Arbeitsmarkt ausreichend Alternativen bereithält. Zum Teil sind sogar Tendenzen zu beobachten, dass sich Partner untereinander Mitarbeiter anbieten, um diese nicht entlassen zu müssen.

8.6.3
Übernahme von Projekten

Eine weitere größere Gefahr, die besonders für Consulting-Häuser gilt, die untereinander Partnerschaften pflegen, liegt in der Übernahme von Projekten. Dies kann aus unterschiedlichen Gründen vorkommen:

Unterschiedliche Gründe für Projekt-übernahmen
- Der Partner versucht ganz bewusst seinen Partner aus dem Geschäft herauszudrängen.

- Der Partner wird vom Kunden angefragt, weil er durch seine Arbeit überzeugt hat.

- Der Partner wird vom Kunden angefragt, weil dieser mit der bisherigen Arbeit des anderen Partners nicht mehr zufrieden ist.

Es liegt auf der Hand, dass je nachdem, welche der obigen drei Situationen eintritt, die Partnerschaft in unterschiedlicher Form belastet wird (im ersten Fall dürfte die Partnerschaft beendet sein).

8.6.4
Know-how-Verlust

Inherentes Risiko Ein inherentes Risiko an Partnerschaften ist der Know-how-Verlust eines der Partner. Dies soll anhand des folgenden Beispiels verdeutlicht werden: Ein Toolhersteller im Bereich Testen von Internetapplikationen agiert sehr erfolgreich auf dem Markt. Die zur Verfügung stehenden Techniker sind in erster Linie im Pre-Sales-Geschäft tätig und nicht im After-Sales-Geschäft.

Das erforderliche Personal für das After-Sales-Geschäft wird über Partner dem Kunden bereitgestellt. Das bedeutet: Der Toolhersteller verkauft und installiert die Lizenzen, das erforderliche Consulting wird von einem Partner übernommen. Das führt unweigerlich dazu, dass die Consultingmitarbeiter des Toolherstellers zwar die Handhabung (und Installation) des Werkzeuges beherrschen, jedoch zunehmend von dem eigentlichen Einsatzbereich des Produktes[116] sich entfernen.

8.6.5
Möglichkeiten zur Risikoreduzierung

Die oben aufgeführten Gefahren bzw. Risiken der Partnerschaften können durch geeignete Maßnahmen reduziert werden. So lassen sich beispielsweise im Partnerschaftsvertrag die folgenden Klauseln integrieren:

Geeignete Maßnahmen

- Abwerbungsverbot: Hier können entsprechende Passagen integriert werden wie zum Beispiel eine Vereinbarung der Zahlung einer Vertragsstrafe in Höhe eines Jahresgehaltes zuzüglich der Ausbildungskosten oder Ähnliches.

Abwerbungsverbot

- Projektschutz: Hier können Vereinbarungen integriert werden, dass ein Unternehmen, das durch einen Partner bei einem Kunden tätig wird, diesen nicht selbstständig – ohne Wissen des Partners – angehen darf (zumindest über einen gewissen Zeitraum hinweg).

Projektschutz

Natürlich lassen sich nicht alle Risiken reduzieren, so liegt es einzig und alleine an dem Toolhersteller aus obigem Beispiel, ob er einen Know-how-Verlust bei seinen Technikern bzw. Consultants zulässt oder nicht.

8.7
Fazit

Partnerschaftsmanagement ist eine zentrale Tätigkeit im Marketing. Es sind verschiedene Arten von Partnerschaften zu unterscheiden. Wichtig ist, dass die Partnerschaften auch gelebt werden und für beide Seiten eine „Win-Win"-Situation ermöglichen. Die Gefahren der Partnerschaften können durch ein geeignetes Risikomanagement reduziert werden.

---

[116] Und damit natürlich auch von dem Problemfeld der Kunden, das es zu lösen gilt!

9 Das Marketingbudget

Gerhard Versteegen

9.1
Einführung in die Thematik

Für Marketingmanager gibt es wohl kaum ein sensibleres Thema als das Marketingbudget. Dieses wird in der Regel ein oder zwei Monate vor Beginn eines neuen Geschäftsjahres festgelegt und der gesamte Marketingplan beruht auf diesem Budget. In diesem Kapitel soll darauf eingegangen werden, wie man ein Budget vernünftig plant, welche Ereignisse ein Marketingbudget beeinflussen können und was innerhalb eines Marketingbudgets alles berücksichtigt werden muss.

Sensibles Thema

Ferner wird die – leider heutzutage schon fast übliche – Kürzung des Marketingbudgets behandelt. Es wird aufgezeigt, wie man als Marketingmanager reagieren kann und welchen Einfluss man überhaupt auf eine anstehende Budgetkürzung hat. Ebenfalls behandelt wird, welche Präventivmaßnahmen zur Verfügung stehen und welche Alarmzeichen auf eine Budgetkürzung hindeuten. Begonnen werden soll mit der Planung des Budgets.

Kürzung des Marketingbudgets

9.2
Die Planung des Marketingbudgets

9.2.1
Zuständigkeiten und Rahmenbedingungen

Die erste Frage, die sich dem Leser stellen mag, ist: Wer plant eigentlich das Marketingbudget? Die Antwort ist gar nicht so einfach, sicherlich gibt es seitens der Geschäftsleitung einen gewissen Rahmen, innerhalb dessen sich das Marketingbudget bewegen sollte (meist angelehnt an das Budget des Vorjahres). Auf der anderen Seite hat natürlich jedes Marketingteam gewisse Vorstellungen, was im nächsten Jahr alles an Aktivitäten durchgeführt werden soll und mit welchen Agenturen man künftig weiter oder auch neu (zusätzlich) zusammenarbeiten möchte.

Vorstellungen in Einklang bringen

Es müssen also die Vorstellungen der Geschäftsleitung mit denen des Marketings in Einklang gebracht werden[117]. Zu Beginn dieses Buches wurde bereits auf das Thema CpL (Cost per Lead) eingegangen. Ferner wurde dargestellt, dass die Anzahl der zu generierenden Leads in direktem Zusammenhang mit dem Umsatz, den das Unternehmen auf dieser Basis erwirtschaftet, steht. Damit liegt die Vermutung nahe, dass je größer das Marketingbudget ist, desto mehr Umsatz auch erzielt wird.

Diese Vermutung ist aber nur zum Teil richtig, schließlich muss das Marketingbudget:

- der Kostenstruktur im Unternehmen,

- den Gegebenheiten auf dem Markt sowie

- der Menge an Leads, die die vorhandene Vertriebsstruktur überhaupt bearbeiten kann,

Zusätzliche Einflussfaktoren auf das Budget

angepasst sein. Aber es gibt eine Reihe von zusätzlichen Einflussfaktoren, die das Marketingbudget bestimmen, diese werden in den nächsten Abschnitten aufgeführt.

9.2.2
Einflussfaktoren auf die Budgetplanung

9.2.2.1
Personelle Einflussfaktoren

Marketing hat größten Einfluss

Den größten Einfluss auf die Budgetplanung hat natürlich das Marketing selber, das eine detaillierte Planung (siehe nächster Abschnitt) vornimmt. Aber auch seitens des Vertriebes existieren Anforderungen an das Marketing, wo und in welcher Form die einzelnen Vertriebsmitarbeiter mit was unterstützt werden wollen. Diese Anforderungen sind erfahrungsgemäß mit dem zur Verfügung stehenden Budget nicht lösbar. Daher muss hier ein Konsens gefunden werden.

Ebenfalls Einfluss auf das Marketingbudget hat natürlich das Controlling eines Unternehmens, hier wird berechnet, ob die geplante Budgetgröße sich überhaupt realisieren lässt. Dies geschieht

---

[117] Man kann auch sagen, dass sich hier die beiden Philosophien: „Was ist nötig" und „Was ist möglich" gegenüberstehen.

bei der Jahresplanung, wenn die zu erwartenden Einnahmen den geplanten Ausgaben gegenübergestellt werden. Die Controllingabteilungen unterschätzen leider sehr oft die Bedeutung des Marketings und neigen zu nur schwer nachvollziehbaren „Geizattacken".

Aber auch Business Development hat einen Einfluss auf das Marketingbudget. Wird zum Beispiel geplant, das Dienstleistungsportfolio zu erweitern oder ein zusätzliches Produkt ins Angebotsportfolio mit aufzunehmen, so hat das unmittelbar Auswirkungen auf das Marketingbudget, da hier mit zusätzlichen Kosten zu rechnen ist. *Business Development*

Doch letztendlich festgelegt wird das Budget dann von der Geschäftsleitung – meist handelt es sich dann um einen Kompromiss zwischen allen hier aufgeführten Beteiligten.

9.2.2.2
Einflussfaktoren des Marktes

Jedes Unternehmen, unabhängig ob Produkthaus oder Dienstleistungsunternehmen, steht niemals als Insel für sich da, sondern ist immer Teil eines Marktes. Damit ist auch klar, dass der jeweilige Markt einen Einfluss auf das Marketingbudget hat, der sich wie folgt gestaltet:

- Wettbewerber: Ganz wichtig, wie agieren die Wettbewerber auf dem Markt? Muss man einfach gewisse Veranstaltungen besuchen, weil der gesamte Wettbewerb dort vertreten ist, oder kann man es sich leisten, fernzubleiben? Wie viel Wettbewerber gibt es, hat man eventuell eine Monopolstellung oder ist man nur einer von vielen? *Wettbewerber*

- Partner: Auch Partner haben einen Einfluss auf das Marketingbudget – welche Zusicherungen wurden getroffen und mit welchen Kosten sind diese verbunden? Wie können die Partner auch zur Kostenersparnis herangezogen werden? *Partner*

- Kunden: Sicherlich der größte Einflussfaktor stellen die Kunden eines Unternehmens dar. Welche Veranstaltungen besuchen die Kunden, welche Art von Informationsversorgungen beanspruchen sie? *Kunden*

- Existenz des Marktes: Ebenfalls wichtig – agiert das Unternehmen auf einem etablierten Markt, auf einem lukrativen Markt, auf einem stagnierenden Markt oder gar auf einem schwächer werdenden Markt? *Existenz des Marktes*

9.2.2.3
Weitere Einflussfaktoren

Neben den oben aufgeführten personellen Einflussfaktoren und den jeweiligen Marktgegebenheiten existieren eine Reihe weiterer Einflussfaktoren, die ausschlaggebend für die Höhe des Marketingbudgets sind. Im Einzelnen können dies sein[118]:

*Weitere Einflussfakto-
ren auf die Höhe des
Marketingbudgets*

- Prospektmaterial: Bei internationalen Produkthäusern kommt es häufig vor, dass das gesamte Prospektmaterial (Collateral) von dem Headoffice aus produziert wird. Das hat natürlich einen entsprechenden Einfluss auf die jeweiligen Budgets der Vertriebsniederlassungen in den jeweiligen Ländern.

- Webauftritt: Der Webauftritt von international tätigen Unternehmen wird meist vom Mutterland entwickelt. Meist werden lokale Auftritte in der jeweiligen Landessprache von den Niederlassungen im Ausland selbst umgesetzt, daher wird hier auch ein entsprechendes Budget bereitgestellt. Wird hingegen die landessprachliche Umsetzung ebenfalls im Mutterland durchgeführt, ist das Budget geringer.

- Messebau: Soll ein Stand angemietet oder gekauft werden?

- Pressearbeit: Wird aus dem Mutterland eine internationale Presseagentur beauftragt?

- u.v.a.m.

9.2.3
Erste Schritte bei der Planung

Bevor die konkrete Planung des Budgets vorgenommen werden kann, sind gewisse Vorarbeiten seitens der Marketingabteilung zu leisten. Diese sehen wie folgt aus:

Bedarfsanalyse

- Bedarfsanalyse: In einem ersten Schritt nimmt die Marketingabteilung eine Art Bedarfsanalyse vor. Hierzu wird vom Vertrieb eine Liste an Events eingefordert, an denen man teilnehmen möchte.

Tailoring

- Tailoring: Das Ergebnis der Bedarfsanalyse ist bei nahezu jedem Unternehmen dasselbe – will man alle Events, die vom Vertrieb gefordert wurden, durchführen, wird ein Marketingbudget benötigt, das durchaus vergleichbar mit dem Gesamtumsatz des

---

[118] Die folgende Auflistung ist abhängig von der Struktur des Unternehmens, es werden niemals alle Einflussfaktoren gleichzeitig auftreten!

Unternehmens ist. Daher muss hier eine erste Anpassung vorgenommen werden.

- Abgleich: Sofern das zu Beginn dieses Buches beschriebene Closed Loop Marketing durchgeführt wird, werden die verbleibenden Marketingaktivitäten mit den Ergebnissen des letzten Geschäftsjahres verglichen. Hier findet dann die zweite Anpassung statt. *Abgleich*

- Nun werden alle verbliebenen Marketingaktivitäten in drei Gruppen eingeteilt:
  - Zwingend erforderlich: Die Aktivitäten in dieser Gruppe müssen auf alle Fälle durchgeführt werden. *Drei Gruppen*
  - Wichtig: Diese Aktivitäten sollten durchgeführt werden.
  - Nice to have: Aktivitäten, die zwar den Marketingauftritt des Unternehmens abrunden, jedoch nicht unbedingt erforderlich sind.

Auf diese Weise wird der erste Entwurf des Marketingbudgets erstellt. Je weniger Aktivitäten der Gruppen 2 und 3 im Budget enthalten sind, desto schwerwiegender werden die Auswirkungen einer Budgetkürzung.

Je nachdem, ob das Unternehmen eine quartalsmäßige Budgetführung vornimmt, muss dann noch das Budget auf die vier Quartale verteilt werden.

9.3
Das Führen des Marketingbudgets

Es gibt wohl kaum eine Aufgabe im Marketing, die unterschiedlicher gehandhabt wird als das Führen des Marketingbudgets. Generell gilt natürlich, dass innerhalb der Buchhaltung das Marketing geführt wird, doch die Buchhaltung kann nur Auskunft darüber geben, wie viel Geld bisher ausgegeben wurde – nicht wie viel Geld noch ausgegeben wird. Also muss die Marketingabteilung eine eigene Budgetführung vornehmen[119]. *Buchhaltung ist hauptverantwortlich*

Als Hilfsmittel reicht hier oft Microsoft Excel aus, sofern eine kontinuierliche Rückkopplung mit der Buchhaltung stattfindet. Die Art und Weise, wie das Budget in den Abteilungen geführt wird, weicht aber häufig voneinander ab. Generell existieren die folgenden Varianten:

---

[119] Man kann auch von einer vorausschauenden Budgetführung sprechen.

- Das Budget wird projektorientiert geführt. Das bedeutet, dass alle Marketingaktivitäten und die daraus resultierenden Rechnungen auf Projekte verteilt werden.

- Das Budget wird nach Rechnungseingang für ein gesamtes Geschäftsjahr geführt.

- Das Budget wird nach Quartalen geführt.

Es ist dabei zu beachten, ob eine Rechnung nach Rechnungseingang oder erst nach erbrachter Leistung gebucht wird. Dies ist beispielsweise für die CeBIT von Bedeutung, da hier bereits Monate zuvor die Standgebühr entrichtet werden muss.

9.4
Wenn sich das Marketingbudget ändert

9.4.1
Ausgangssituation

Welcher leidgeprüfte Marketingmanager kennt nicht die Situation, dass mitten im laufenden Geschäftsjahr sein Marketingbudget auf einmal reduziert wird. Sinkende Umsatzzahlen haben einen direkten Einfluss auf die Kostenstruktur. Doch die Kostenstruktur eines Unternehmens ist meist sehr starr, das heißt, dass viele Kostenstellen sich nicht einfach so ändern (genauer gesagt kürzen) lassen. Der größte Kostenfaktor nahezu in jedem Unternehmen der IT-Branche sind natürlich die Personalkosten.

Doch hier haben die Entlassungswellen der letzten Monate bereits hinreichend gezehrt, so dass an dieser Kostenstelle kaum noch Spielraum besteht. Auch Kosten für Miete, Firmenwagen usw. lassen sich kaum noch reduzieren. Daher wird dann auf das Marketingbudget zurückgegriffen.

9.4.2
Reaktionsmöglichkeiten

9.4.2.1
Einführung

Wenn das Marketingbudget reduziert werden soll, ist dies meist ein Entschluss, der seitens der Geschäftsleitung fest gefasst wurde und der fast immer unumstößlich ist. Die Geschäftsleitung hat dabei auch bereits eine bestimmte Kürzungssumme im Visier, doch darauf hat der Marketingmanager meist noch einen gewissen

Einfluss. In diesem Unterkapitel soll aufgezeigt werden, welche Reaktionsmöglichkeiten der Marketingmanager bei einer anstehenden Budgetkürzung hat.

Im Einzelnen werden dabei die folgenden Reaktionsmöglichkeiten behandelt:

- Betrachtung anderer Kostenstellen

- Aufzeigen der Auswirkungen, wenn eine bestimmte Marketingaktivität gestrichen wird.

- Gegenüberstellung der Stornierungskosten versus anfallender Kosten

- Arbeiten mit Vertragsklauseln

- Verschieben von Zahlungszielen

Verschiedene Reaktionsmöglichkeiten

9.4.2.2
Betrachtung anderer Kostenstellen

Bereits zu Beginn dieses Kapitels wurde erwähnt, dass bei der Senkung der Kostenstruktur das Marketingbudget meist als Erstes angefasst wird. Für den Marketingmanager ist es wichtig zu wissen, inwieweit bereits andere Kostenstellen mit Reduzierungen konfrontiert wurden, denn je weniger andere Kostenstellen bisher von Streichungen betroffen sind, desto besser sind seine Chancen, dass die Streichung im Marketingbudget nicht so drastisch ausfällt wie vorgesehen.

Andere Kostenstellen betrachten

Im Allgemeinen bieten sich die folgenden Kostenstellen für Streichungen an:

- Reisekosten: Besonders bei Dienstleistungsanbietern handelt es sich hier um eine signifikante Kostenstelle. Gerade in der heutigen Zeit, wo die Billigfluggesellschaften gegenseitig die Preise drücken, können erhebliche Kosten bei der Reiseplanung eingespart werden.

- Aus- und Fortbildungskosten: Oft existieren hier noch Vorhaben, die einer Kürzung des Marketingbudgets gegenüber nicht gerechtfertigt sind.

- „Fun Events": Weihnachtsfeiern, Kick-offs, Betriebsausflüge und Ähnliches sollten auf ein Minimum reduziert werden, bevor das Marketingbudget gekürzt wird.

- Gehaltserhöhungen: Existiert hier noch das Vorhaben, mit dem Gießkannenprinzip zu arbeiten, oder wurde bereits festgelegt, dass nur bei herausragenden Leistungen eine Gehaltserhöhung vorgenommen wird?

Informationen im
Vorfeld einholen
Je nach Größe und Strukturierung des Unternehmens lassen sich hier sicherlich noch weitere Kostenstellen finden, wo eine Kürzung möglich wäre. Bevor der Marketingmanager also in ein Gespräch mit der Geschäftsleitung über eine Reduzierung des Marketingbudgets geht, sollte er sich über diese Kostenstellen informieren und seine Strategie entsprechend aufbauen.

9.4.2.3
Aufzeigen der Auswirkungen

Stornierungen als
Konsequenz
Eine Budgetkürzung hat als Konsequenz die Stornierung bereits geplanter (und eventuell sogar schon gebuchter) Marketingaktivitäten. Diese Marketingaktivitäten wurden jedoch nicht geplant, um eine Beschäftigungstherapie für die Marketingmitarbeiter zu finden, sie hatten ein klares Ziel, nämlich die erforderliche Umsatzerreichung sicherzustellen.

Das bedeutet, dass die Marketingaktivitäten, die aufgrund der Budgetkürzung nun nicht mehr stattfinden können, direkte Auswirkungen auf den Unternehmenserfolg haben. Die Kunst des Marketingmanagers liegt nun darin, der Geschäftsleitung die folgenden Aspekte aufzuzeigen:

- wie viele Leads dadurch weniger generiert werden,
- welche Auswirkungen das auf den Umsatz hat,[120]
- welche Auswirkungen es auf das Image des Unternehmens hat, wenn man beispielsweise nicht mehr auf einer CeBIT vertreten sein sollte,
- welche Auswirkungen es auf die redaktionelle Berichterstattung haben kann, wenn man plötzlich großflächig Anzeigenschaltungen storniert,
- inwieweit der Erfolg von anderen Marketingaktivitäten, die in direktem Zusammenhang mit der zu streichenden Aktivität stehen, gefährdet ist.[121] Im Idealfall können hier ganze Kettenreaktionen aufgezeigt werden.

Einfluss auf die Höhe
der Reduzierung
Das Aufzeigen dieser Auswirkungen kann zumindest auf die Höhe der Reduzierung einen Einfluss haben. Zu diesem Zweck sollte der

---

[120] Wurde bereits im Jahr zuvor mit Hilfe des in diesem Buch beschriebenen Closed-Loop-Marketing-Ansatzes das zu streichende Event bewertet, so können hier konkrete Zahlen vorgelegt werden.

[121] Ein Beispiel wäre die Aussendung eines Mailings, in dem zum Beispiel eine Anwenderkonferenz angekündigt wird. Wird dieses Mailing gestrichen, steht auch der Erfolg der Anwenderkonferenz in Frage.

Marketingmanager bereits einen Plan B bereithalten. Dieser Plan B sollte die folgenden Inhalte haben:

- Wie können, zum Beispiel bei einem CeBIT-Auftritt, signifikant Kosten eingespart werden, ohne dass gleich die Messe abgesagt werden muss? Einsparungspotential gibt es genug, zum Beispiel anstatt doppelstöckig zu bauen nur einstöckig, eventuell zusätzliche Partner mit auf den Stand nehmen, die Bewerbung der Messe kostengünstiger gestalten, an der Bewirtung und den Reisekosten sparen u.v.a.m.

- Wie können Anzeigenkosten reduziert oder auf das nächste Jahr verschoben werden (die Anzeigen auch, nicht nur die Kosten, siehe auch Kapitel 9.4.2.5)?

- Wo können Kosten sonst noch eingespart werden, ohne Marketingaktivitäten abzusagen?

- usw.

Natürlich ist es sehr unwahrscheinlich, dass alle Marketingaktivitäten gerettet werden können. Es muss aber beachtet werden, dass die Umfangsreduzierung der Marketingaktivität auch einen direkten Einfluss auf die Anzahl der dort generierten Leads oder der beabsichtigten Imagesteigerung haben wird.

Nicht alle Marketing-aktivitäten können gerettet werden

9.4.2.4
Stornierungskosten versus anfallender Kosten

Müssen im Zuge einer Budgetkürzung bereits gebuchte Veranstaltungen abgesagt werden, fallen fast immer Stornierungskosten an[122]. Hier macht es Sinn, eine detaillierte Gegenüberstellung vorzunehmen, wo auf der einen Seite die anfallenden Stornierungskosten stehen und auf der anderen Seite die Kosten, die anfallen würden, wenn das Event stattfindet.

Detaillierte Gegen-überstellung der Kosten

Diese Gegenüberstellung kann bewirken, dass die ein oder andere geplante Budgetkürzung doch nicht vorgenommen wird, sondern versucht wird, die anfallenden Kosten anderweitig zu kompensieren (siehe auch Abschnitt 9.4.2.3).

Eine solche Gegenüberstellung sollte der Marketingmanager allerdings nicht erst bei einer anstehenden Budgetkürzung führen, sondern kontinuierlich über das gesamte Geschäftsjahr hinweg, da die Stornierung eines Events auch aus anderen Gründen vorkommen kann.

---

[122] Die Zeiten, wo man von heute auf morgen eine CeBIT absagen konnte und die Messe AG im Anschluss einen neuen Aussteller von der Warteliste ausgewählt hat, sind längst vorbei – es gibt keine Warteliste mehr.

9.4.2.5
Verschieben von Zahlungszielen

Ein sehr heikler Punkt ist das Verschieben von Zahlungszielen, es ist zwar eine wirkungsvolle Möglichkeit, um die Marketingkosten zu senken, aber es gibt zwei wesentliche Aspekte, die dabei zu beachten sind:

Zwei wichtige Aspekte
- Die Kosten werden nur verschoben, nicht eliminiert! Sie fallen also auf alle Fälle an. Damit belasten sie das nächste Marketingbudget. Hier von einem signifikant höheren Budget auszugehen, wäre blauäugig.

- Börsenorientierte Unternehmen sind dazu verpflichtet Marketingkosten dann zu verbuchen, wenn die Leistung erbracht wurde. Wann der Zahlungsfluss stattfindet ist unwichtig. Hier macht ein Verschieben des Zahlungsziels also überhaupt keinen Sinn, da es keinen Einfluss auf das Budget hat.

Das Verschieben von Zahlungszielen ist demzufolge keine geeignete Maßnahme, um Budgetkürzungen entgegenzuwirken. Diese Verschiebungen können allenfalls eine kurzfristige Schönung des Marketingbudgets bewirken.

9.4.2.6
Arbeiten mit Vertragsklauseln

Kein Vertrag ist in Stein gemeißelt! Bei der Vorbereitung von Marketingaktivitäten muss immer irgendwann mit einem Veranstalter, Verlag, Sender etc. ein Vertrag geschlossen werden. Das ist der entscheidende Zeitpunkt, wo man sich verpflichtet. Doch man sollte sich den folgenden Satz für jegliche Vertragsverhandlung merken: Kein Vertrag ist in Stein gemeißelt! Gerade in der heutigen Zeit ist nahezu alles verhandelbar. Damit sind an dieser Stelle nicht die anfallenden Kosten[123] gemeint, sondern Stornierungsfristen und Stornierungsgebühren.

Im Klartext bedeutet dies: Man sollte versuchen, bei allen Marketingaktivitäten, die nicht von großer Bedeutung sind, nur dann einen Vertrag zu unterzeichnen, wenn er keine Stornierungskosten bei einer Absage enthält. Lässt sich hier keine Einigung finden, so sollte man zumindest die Stornierungsfristen so lang wie möglich offen halten.

Das soll natürlich im Umkehrschluss nicht heißen, dass man bei wichtigen Veranstaltungen eine Klausel in den Vertrag integrieren soll, die vorsieht, dass bei einer Stornierung sämtliche Kosten anfallen. Schließlich wird eine Kürzung des Marketingbudgets, dem die Geschäftsleitung vorher zugestimmt hat, nicht deshalb vorge-

---

[123] Dass die Kosten verhandelbar sind, dürfte jedem klar sein.

nommen, um den Marketingmanager zu ärgern, sondern weil sich das Unternehmen in einer Krise befindet. Derartige Klauseln wären somit geschäftsschädigend.

9.4.3
Vorsorgemaßnahmen und Alarmzeichen

9.4.3.1
Voraussetzungen

Eine Budgetkürzung kommt niemals aus heiterem Himmel, sie kündigt sich meist einige Tage vorher an. Ferner kann kein professioneller Marketingmanager von sich behaupten, dass er mit einer Budgetkürzung niemals gerechnet hätte und nun völlig von der Situation überrascht ist.

Budgetkürzungen sind vorhersehbar

Somit muss es ein wesentlicher Bestandteil der Marketingplanung sein, sich auf eventuelle Budgetkürzungen vorzubereiten. Dies kann auf unterschiedliche Weise vorgenommen werden, in diesem Unterkapitel wollen wir auf die folgenden beiden Möglichkeiten eingehen:

- Buchung von Events, Anzeigen etc. im Voraus

- Kalkulation von Einnahmen auf niedrigem Niveau

Zwei vorausschauende Maßnahmen

Eine weitere Vorsorgemaßnahmen – das Arbeiten mit Vertragsklauseln – wurde bereits im vorherigen Abschnitt behandelt.

Im Anschluss werden wir die unterschiedlichen Alarmzeichen darstellen, die auf eine Budgetkürzung hindeuten. Diese sind natürlich bei jedem Unternehmen etwas anders ausgeprägt.

9.4.3.2
Vorausschauende Buchung

Eine Vielzahl von Events haben eine gewisse Vorlaufzeit, wo sie bereits gebucht werden müssen. So beschäftigt man sich im Marketing mit der CeBIT bereits 9 Monate im Voraus. Die vollständige Bezahlung der Standfläche fällt bereits im November, also 4 Monate vor der Messe, an.

Somit können/müssen einige Veranstaltungen bereits zu einem Zeitpunkt gebucht werden, an dem die Planung des Marketingbudgets noch in weiter Ferne steht. Als Marketingmanager steht man jetzt vor den folgenden Herausforderungen:

- Was kann man verantworten, bereits zu buchen, ohne das Marketingbudget für das nächste Geschäftsjahr zu kennen?

Herausforderungen für Marketingmanager

- Welche Kosten würden entstehen, wenn jetzt eine Messe, wie eine CeBIT, gebucht wird, diese jedoch aufgrund einer drastischen Budgetkürzung wieder storniert werden muss?
- Welche Events kann man vorausschauend buchen, ohne dass bei einer Budgetkürzung Kosten entstehen?
- Welche Events *muss* man buchen, um nicht einen bleibenden Imageschaden zu erleiden, völlig losgelöst von irgendwelchen zukünftigen Budgetaspekten?
- Welches Event kann man buchen – muss aber nicht? Also wo liegt die Grauzone, wo der Imageschaden nicht absehbar ist?

Diese Fragen sind nur sehr schwer zu beantworten. Die richtigen Antworten zu finden, geht nur mit einem: Erfahrung. Ob man die Erfahrung selber hat oder sich durch eine qualifizierte Beratung einkauft, spielt in diesem Fall keine Rolle.

9.4.3.3
Bewusstere Kalkulation von Einnahmen

Innerhalb des Marketings werden nicht ausschließlich Kosten produziert. In diesem Buch wurden bereits einige Events und Veranstaltungen aufgeführt, bei denen das Marketing Einnahmen verzeichnen kann. Im Einzelnen sind dies:

Möglichkeiten, das Marketingbudget extern zu erhöhen

- Die Bereitstellung von Demopoints für Partner auf einer Messe oder einem Kongress
- Die Veranstaltung von kostenpflichtigen Seminaren
- Die Teilnahmegebühren von Teilnehmern einer Anwenderkonferenz
- Die Sponsoringgelder von Partnern auf einer Anwenderkonferenz
- Die Beteiligung von Partnern bei der gemeinsamen Anzeigenschaltung
- usw.

Bei der Planung des Marketing Budgets werden diese Einnahmen natürlich mit einkalkuliert. Wird hierbei bereits berücksichtigt, dass eventuell eine Budgetkürzung im Laufe des Geschäftsjahres ansteht, so kann der Marketingmanager sich hier einen kleinen Puffer verschaffen.

9.4.3.4
Alarmzeichen

Es gibt eine Reihe von Alarmzeichen, die auf eine Budgetkürzung hindeuten. Aufzuführen sind:

- Unvorhersehbarer Investitionsbedarf (zum Beispiel in eine neue Technologie): Waren hier keine Kosten geplant, besteht die Gefahr, dass man sich am Marketingbudget „bedient".

- Ausbleibender Umsatz: Das ist das so ziemlich sicherste Signal, dass das Marketingbudget bald gekürzt wird.

- Projektverzögerungen: Sind diese nicht finanziell abgesichert, wird es für das Marketingbudget gefährlich.

- Hohe Fluktuation: Besonders wenn im Vertrieb häufig die Mitarbeiter wechseln, werden Umsatzeinbrüche nicht ausbleiben und dann ist auch das Marketingbudget gefährdet.

- usw.

Diese Liste lässt sich beliebig ergänzen – letztendlich läuft es immer auf dasselbe hinaus: Wenn der Umsatz gefährdet ist oder bereits Umsatzeinbrüche festzustellen sind, dann dauert es nicht mehr lange, bis Budgetkürzungen anstehen.

Dies zeigt auf, wie wichtig es ist, dass der Marketingmanager ständig den Umsatz des Unternehmens im Auge behält und in den entsprechenden Meetings anwesend ist.

9.5
Fazit

Dieses Kapitel hat aufgezeigt, dass das Thema Marketingbudget eines der heikelsten Themen innerhalb des Marketings ist. Das Budget ist:

- Die Grundvoraussetzung für einen erfolgreichen Außenauftritt des Unternehmens

- Die Grundvoraussetzung für die notwendige Anzahl an Leads, die das Unternehmen erarbeiten muss

- Die Grundvoraussetzung für das zukünftige Image des Unternehmens auf dem Markt

- Leider auch der Kostenfaktor, der in Krisenzeiten als allererstes in Angriff genommen wird

Es liegt vor allem an der Qualität des Marketingmanagers sowie der Planungsperfektion, wie drastisch diese Kürzungen ausfallen werden.

Anhang A:
Verzeichnis der wichtigsten Magazine in der IT-Branche

Die folgende Auflistung gibt einen Überblick über die aus der Sicht der Autoren wichtigsten IT-Magazine in der IT-Branche. Sie erhebt keinen Anspruch auf Vollständigkeit oder Aktualität, da hier derzeit sehr viel in Bewegung ist. So sind alleine in den letzten 2 Jahren 19 IT-Titel vom Markt verschwunden.

Die folgende Auflistung wurde alphabetisch nach Verlagen sortiert vorgenommen:

- AWI Verlag UNIX open
  Lerchenstraße 16, 83308 Trostberg

- AWI Verlag LANline
  Lerchenstraße 16, 83308 Trostberg

- Axel Springer Verlag AG COMPUTER BILD
  Axel-Springer-Platz 1, 20350 Hamburg

- CMP-WEKA Verlag GmbH & Co. KG Network Computing
  Gruber Str. 46a, 85586 Poing

- CMP-WEKA Verlag GmbH & Co. KG InformationWeek
  Gruberstr. 46 a, 85586 Poing

- CMP-WEKA Verlag GmbH & Co. KG Design & Elektronik
  Gruberstr. 46 a, 85586 Poing

- CMP-WEKA Verlag GmbH & Co. KG Elektronik
  Gruberstr. 46 a, 85586 Poing

- CMP-WEKA Verlag GmbH & Co.KG Computer Reseller News
  Gruberstr. 46 a, 85586 Poing

- Computerwoche Verlag GmbH CIO
  Brabanter Str. 4, 80805 München

- Computerwoche Verlag GmbH ComputerPartner
  Brabanter Str. 4, 80805 München

- Computerwoche Verlag GmbH Computerwoche
  Brabanter Str. 4, 80805 München

- Europa-Fachpresse-Verlag GmbH & Co. KG <e>MARKET
  Emmy-Noether-Straße 2/E, 80992 München

- Franzis-Verlag GmbH Red. Elektronik
  Domacher Str. 3, 85622 Feldkirchen

- IDG Magazine Verlag GmbH PC-Welt
  Leopoldstr. 252 b, 80807 München

- IT Verlag für Informationstechnik GmbH IT FOKUS
  Mühlweg 2b, 82054 Sauerlach

- IT Verlag für Informationstechnik GmbH IT Management
  Mühlweg 2b, 82054 Sauerlach

- Konradin Verlag Robert Kohlhammer GmbH Computer Zeitung
  Ernst-Mey-Str. 8, 70771 Leinfelden-Echterdingen

- Medienhaus Verlags GmbH IT-DIRECTOR
  Bertram-Blank-Straße 8, 51427 Bergisch Gladbach

- Neue Mediengesellschaft com!online
  Konrad-Celtis-Str. 77, 81369 München

- Neue Mediengesellschaft Ulm mbH Internet World
  Höchlstr. 3, 81675 München

- OXYGON Verlag is report
  Mondstr. 2-4, 85622 Feldkirchen

- SIGS Datacom GmbH JavaSPEKTRUM
  Lindlaustraße 2c, 53842 Troisdorf

- SIGS Datacom GmbH OBJEKTspektrum
  Lindlaustraße 2c, 53842 Troisdorf

- Software & Support Verlag GmbH Der Entwickler
  Kennedyallee 87, 60596 Frankfurt/M.

- Software & Support Verlag GmbH Java Magazin
  Kennedyallee 87, 60596 Frankfurt am Main

- Springer-Verlag, GmbH & Co. KG.
  Tiergartenstr. 17, 69121 Heidelberg Informatik-Spektrum

- Verlag Heinz Heise GmbH & Co. KG iX.
  Helstorfer Str. 7, 30625 Hannover

- Verlag Heinz Heise GmbH & Co.KG c't
  Helstorfer Str. 7, 30625 Hannover

- VNU Business Publications Deutschland GmbH
  Internet Professionell
  Riesstr. 25 / Haus C, 80992 München
- VNU Business Publications PC Professionell
  Riesstr. 25/Haus C, 80992 München
- Vogel Burda Communications GmbH CHIP
  Poccistr. 11, 80336 München
- Vogel Industrie Medien Elektronikpraxis
  Poccistraße 11, 80336 München
- WEKA Computerzeitschriften-Verlag Internet Magazin
  Gruber Str. 46 a, 85586 Poing
- WEKA Fachzeitschriften Verlag GmbH Markt & Technik
  Gruber Str. 46 a, 85586 Poing

Anhang B:
Die wichtigsten Instrumente
im Marketing

Innerhalb dieses Buches wurden einige elementare Instrumente des Marketings besprochen, die im Folgenden nochmals zusammengefasst werden sollen, da sie unabhängig von der Größe der Marketingabteilung – angefangen von einer One-Man-Show bis hin zur dreistelligen Teamgröße – auftauchen:

- Eventbuch: Das Eventbuch listet alle Events und die damit verbundenen Termine (Deadlines) auf. Es dient sowohl der detaillierten Planung von Events als auch der Koordinierung mit der Eventagentur. *Eventbuch*

- Publikationskalender: Der Publikationskalender enthält alle wesentlichen Termine der Pressearbeit, also Erscheinungsdaten, Redaktionsschluss, Pressekonferenzen, Deadlines zum Einreichen von Artikelvorschlägen usw. Er ist das zentrale Steuerungselement der Pressearbeit. Bei Zusammenarbeit mit einer Presseagentur stellt er den Kommunikationskanal zwischen Unternehmen und Agentur dar. *Publikationskalender*

- Clippingliste: Die Clippingliste enthält alle Artikel, Berichte, Meldungen etc., die im laufenden Geschäftsjahr erschienen sind. Sie dient zur Kontrolle des Erfolgs der Pressearbeit. *Clippingliste*

- Journalisten- und Redakteurs-Datenbank: Diese Datenbank enthält alle Kontaktdaten sowie Gesprächsberichte, vereinbarte Termine usw. *Datenbank*

- Action-Plan: Der Action-Plan enthält alle zu erledigenden Aktivitäten der Pressearbeit. Er basiert auf der Auswertung der Clippingliste. *Action-Plan*

Die Autoren

Herausgeber:

Gerhard Versteegen
Säntisstr. 27
81825 München

Tel.   089/420 17 638
Fax   089/420 17 639

E-Mail: g.versteegen@hlmc.de
Web: www.hlmc.de

Diplom-Informatiker Gerhard Versteegen hat in seiner beruflichen Laufbahn bei unterschiedlichen Unternehmen in verschiedenen Managementpositionen gearbeitet. Nach seinem Informatik-Studium war er zunächst mit der Projektleitung größerer Softwareentwicklungsprojekte betraut, bevor er die Leitung eines

Kompetenzzentrums für Objektorientierte Technologien übernahm.

Seit Mai 2001 ist er Geschäftsführer des Management-Consulting-Unternehmens HLMC in München sowie Vice President Marketing für Zentraleuropa bei dem schwedischen Produkthersteller Tellelogic AB.

Co-Autor:

Andreas Esslinger
Basler Straße 65
D - 79100 Freiburg

Tel.:   0761/400 73-0
Fax: 0761/400 73-73

E-Mail: Andreas.Esslinger@io-software.com
Web: www.io-software.com

Andreas Esslinger ist Diplom-Betriebswirt und machte seine ersten Erfahrungen im Marketing bei einem großen Marketingartikler der Konsumgüterbranche. Danach hat er als Kundenberater bei verschiedenen Werbeagenturen unter anderem zahlreiche IT-Firmen beraten. Seit 1999 ist er Marketingmanager bei der Interactive Objects Software GmbH, einem innovativen Software- und Beratungsunternehmen, und kümmert sich dort um die internationalen Marketingaktivitäten.

Co-Autorin:

Katja Häußer
Auf der Falkenbeiz 1
81476 München

Tel.   089/79 10 08 10
Fax   089/79 10 08 13

E-Mail: katja.haeusser@scratch.de
Web: www.scratch.de

Marketing- und Werbeagentur GmbH

Katja Häußer ist ausgebildete Werbekauffrau und Kommunikationswirtin BAW. Sie sammelte zunächst 6 Jahre Berufserfahrung bei einer mittelständischer Werbeagentur in München.

Seit Juli 1989 ist sie Geschäftsführerin der Scratch Marketing- und Werbeagentur GmbH in München. Die Agentur ist spezialisiert auf Business-to-Business-Marketing und Werbung. Sie ist vorwiegend tätig in den Bereichen Informationstechnologie (IT), Pharma/Chemie, Biotechnologie, Dienstleistungen und Immobilien.

Co-Autorin:

Grace Pampus
Lossenstr. 13
80999 München

Tel.   089/89 22 30 16
Fax   089/89 22 30 18

E-Mail: gpampus@t-online.de

Grace Pampus ist seit 18 Jahren international tätig als Trainerin und Coach in den Bereichen Präsentation, Kommunikation, Persönlichkeitsentwicklung und Führungsqualität. Neben der Arbeit mit Einzelnen und Gruppen, leitete sie zahlreiche Seminare mit 10 bis 150 Teilnehmern in ganz Europa und den Vereinigten Staaten.

Literatur

[Braun2002]   Braunschweig, Stefan: Riskante Geschäfte. In Werben & Verkaufen, Ausgabe 47, 22. November 2002. Europa-Fachpresse-Verlag GmbH & Co. KG.

[Hort1999]   Hortz, Frank: Guerilla-PR – Wirksame Öffentlichkeitsarbeit im Internet. Smart Books Publishing, 1999.

[JäScho2001] Jäckel, Nico; Scholderer, Robert: Web-Advertising – Website-Vermarktung mit Bannern. Gallileo Business Press, 2001.

[Levi1998]   Levinson, Jay Conrad: Guerilla-Werbung – Ein Leitfaden für kleine und mittlere Unternehmen. Heyne Campus, 1998.

[Levi2000]   Levinson, Jay Conrad: Die 100 besten Guerilla-Marketing-Ideen. Campus Verlag, 2000.

[LeGo2000]   Levinson, Jay Conrad; Godin, Steve: Das Guerilla-Marketing Handbuch – Werbung und Verkauf von A bis Z. Heyne Campus, 2000.

[RaVin1999] Rackham, Neil; Vincentis, John de: Rethinking the Sales Force – Redifining Selling to Create and Capture Customer Value. McGraw-Hill, 1999.

[Stolp2000] Stolpermann, Markus: Kundenbindung im E-Business – Loyale Kunden – nachhaltiger Erfolg. Galileo Press, 2000.

[Vers2001]   Versteegen, Gerhard: Marketing in Krisenzeiten: Durch Outsourcing neue Ideen integrieren. In CXO>, IT Verlag, September 2001.

[Vers2002]   Versteegen, Gerhard: Software-Management – Beherrschung des Lifecycles. Springer-Verlag, 2002.

Abkürzungsverzeichnis

CAB	Customer Advisory Board
CASE	Computer Aided Software Engineering
CI	Corporate Identity
CLM	Closed Loop Marketing
CpL	Cost per Lead
CRM	Customer Relationship Management
dpi	dots per inch
EPS	Encapsulated Postscript
HLMC	High Level Marketing Consulting (www.hlmc.de)
HTML	Hypertext Markup Language
IT	Informationstechnik oder Informationstechnologie
LAC	Leseranalyse Computerpresse
PoI	Point of Interest
PoC	Point of Contact
PR	Public Relations
SPIN	Situation, Problem, Information, Need
TIF	Tagged Image File
UC	User Conference
UML	Unified Modeling Language
USP	Unique Selling Point
VIS	Vertriebsinformationssystem
WWW	World Wide Web

Abbildungsverzeichnis

Index